G

咕
噜
GuRu

并购陷阱

俞铁成 著

上海三联书店

目　录

推荐序

我前次在母校全球校友峰会演讲时用了"偶然成就人生"这个主题，当场引起参会的全球校友的共鸣，事后更不断收到一些与会校友来微信分享因此而对人生生涯的新体会。

想不到这次铁成又以自己的经历佐证了偶然机遇对他的影响，这就是 2020 年初突如其来的疫情灾难反使铁成得空，有暇一鼓作气把又一部有自己鲜明职业生涯特色的著作呈现给公众。

其实仔细想想，在企业生命史中，并购就是一个有可能改变企业生命轨迹的偶然，或者一个个偶然。因为在大多数情况下，并购对象的出现不大能事先预测到；并购的进程难以自主控制；并购的结果和长期效应难以一如预期。也正因为如此，并购常会发生，但成功率不会高且常以意外收场。

因此，以我"偶然成就人生"的演讲中的逻辑，一个成功的人生不在于如何应对朝九晚五的常规生活轨迹，更在于如何面对会大幅度或者突然改变你人生轨迹的"偶然"时刻。

同理,一项成功的并购不啻一次成功的危机管理,最重要的是如何在掌握专业"常识"知识的基础上,对付好其中真正有挑战性的"偶然"因素!

这样来理解的话,铁成这部凝聚他专业心血的"并购陷阱"著作,不仅会有助于企业家掌握并购时有系统专业常识意义的规律或游戏规则,更加着重于从实战角度总结提升了应对意外因素的有效做法,这应该是在以往许多同类主题著作上的一个有价值的创新。

相信这本专著,会帮助听着炮声厮杀第一线的企业家,更加自如地应对并真正能促成并购成功,实现企业发展的目标。

这是我推荐铁成这本书的理由。

陈琦伟

亚商集团创始人兼董事长

中国著名投资银行和资本市场专家

2020 年 3 月

自　序

2020 年 2 月 29 日下午，《并购陷阱》初稿写完了最后一个字。

我开心地长舒一口气，喝口茶。突然发现朋友圈疯传一个消息：海航集团被接管。莫非这是天意？

从经济发展来看，过去这 30 年或许是中国历史上从经济发展来看最令人激动人心的"大时代"。

我们有幸见证了阿里巴巴、腾讯、百度、京东、网易、今日头条、美的、复星、苏宁、比亚迪、宁德时代、恒瑞、万科、平安、海天、顺丰、牧原……一批企业从小公司变成千亿甚至万亿公司的过程。如此短的时间内能诞生这么多"财富大爆炸"的案例，这在中国 5 000 年历史上或许是第一次。

而在这过程中，更让我印象深刻的是一批企业从小公司突然如烟花般绽放立于中国经济风口浪尖，又很快从浪顶快速坠落。德隆、尚德、赛维、8848、人人网、海航、乐视、暴风、OFO、汉能、三胞、金盾、华信、安邦、新光……

特别是一批曾经叱咤中国乃至全球经济战场的明星级企业在2018到2019年集中出事，它们代表了一个"野蛮成长"时代的结束。

上面提到的这些公司，我与其中不少公司的老板或高管都打过交道，有的进行过深入交流，还与其中部分公司进行过业务合作。因此回想我这20多年的从业历程，就是中国企业发展的一部活生生的"大电影"。

决定这批明星企业截然不同命运的因素有很多，包括时代背景、技术革命、政治风向、老板格局等，但有个特别重要的因素就是并购重组。伴随中国最近30年经济高速发展，中国企业并购重组也波澜壮阔此起彼伏。最近几年，每年中国企业并购交易金额都在万亿以上。

前面提到的这些"流星"企业大部分都经历了惊心动魄的大并购，特别是靠并购快速崛起的公司基本都是因并购"消化不良"而快速崩盘，它们都经历了大规模的跨行业跨国界并购，在并购中遭遇了大大小小各式各样的并购陷阱。

特别让我生气和悲哀的是，一些亏损几十亿元的并购案例中，知名收购方企业所犯的错误之简单与低级程度令人难以置信，而且这些错误在不同的企业不同阶段的并购中一再上演！

我从1996年入行，至今已有20多年企业并购顾问及股权投融资经历，操作过数十起大型企业并购重组案例，见证了这个野蛮成长时代的几乎全过程。

从十几年前开始，我就在清华大学、上海交通大学、上海财经大学、复旦大学、厦门大学等多所著名高校投融资总裁班讲授企业并购实务课程，每年听我课的企业家估计都超过3 000人。现在我还兼任上海交大海外教育学院国际并购研究中心主任和多家上市公司独立董事，每年给上海交大安泰经管学院以及上海财大金融学院的金融硕士课程开一门《中国企业并购实务》课程。

这些听课的老板们的企业平均资产规模在几千万到几个亿，和前面提到的那些巨无霸无法相比，但是和他们交流时，我深切感受到并购重组这几年不仅仅是大企业热衷的资本游戏，这些中小企业也会经常遇到并购方面的各种机会。而我讲课时重点放在并购全过程的各种陷阱揭示和防范对策上面，因此每次讲课时都会特别容易引起这些老板们的共鸣。

我从1996年到2008年以并购投行顾问为主业，期间还创办过大中华区最专业的并购网站"天道并购网"；从2009年至今以做私募股权投资为主业，投出了5个独角兽级别的公司，这期间的并购业务重点转到指导帮助我投资的企业进行产业链并购整合。

国内做并购的业内大佬很多，许多也是我的好朋友，这个圈子很小。我发现一个很有意思的事情，这些大佬基本都是"做的不说，说的不做"，极少公开写文章、出书或演讲分享自己从业经历中的宝贵经验。而国内各大顶级商学院里讲授并购重组的教授几乎清一色都是"学院派"，要么是海归名校博士，要么是国内本土培养的教授，讲授的课程也都偏理论总结，缺乏实战指导意义。

因此这些年，我一直努力尝试把并购投资领域的实际工作和研究培训打通，知行合一，边做业务边提炼并购理论，通过实战经验加理论提炼的分享来帮到尽可能多的中国企业家们。

为此，我开通了"外滩并购工坊"的公众号，不定期针对社会并购热点问题发表一些"干货"，没想到一些文章获得业内巨大反响。2019年12月25日，我发表了一篇名为《2019，中国多元化企业集团崩盘启示录》的文章，当天在朋友圈刷屏，估计总浏览量过百万。

这篇文章的爆红也让我萌发了这样的想法：写本书来系统总结最近这十多年中国企业并购重组中的各种问题，并把它作为献给21世纪20年代中国企业界的一份礼物。

2001年时，我出版了人生第一本专著《公司紧缩：资本运营新境界》，这是中国第一本系统阐述公司紧缩技术、原理及应用的专著，由中国国际金融学泰斗陈彪如先生作序。这本书创作的背景是，上世纪 90 年代中国企业家们兴起的一轮多元化扩张纷纷出事，于是我提出公司不应该盲目多元化，而应该聚焦自己的核心业务，通过资产剥离、公司分立、分拆上市、股份回购及自愿清算等多种公司紧缩的资本运作手段实现非核心资产的"出清"。当时这本书在业内引起不小反响，一些央企老总和经济主管部门官员都专门找到我就此课题进行深入交流。

没想到的是，一晃快 20 年了，当年那波中国老板们犯的错误还继续在中国再次上演。而 20 年前出事的大企业平均规模才几十亿、上百亿元，现在出事的这些大块头公司资产动辄都是几千亿甚至上万亿元，因此，这轮中国企业并购潮的后遗症对中国经济的负面影响会远远超过 20 年前。

可惜的是，在中国已经出版的上千本关于并购的专业书籍中，迄今没有一本聚焦于中国企业并购失败教训的系统总结，没有一本系统阐述企业并购陷阱与风险防范并可用来指导中国企业家们未来的并购之路。

因此，我在写作之初就定了几个写作原则：

（1）实战性：本书按照并购实战流程安排内容，从并购战略规划、团队组建、尽职调查、估值、交易结构、并购合同、并购整合到反收购操作全流程，系统总结了 75 个大陷阱和 200 多个小陷阱，全是我 20 多年并购投资实战所总结的"干货"。企业家们在做并购时可以把这本书放在案头，随时根据并购进程翻阅相关章节的内容，说不定就会看到书中的某个"陷阱"和自己正在做的案例非常相像，从而避免巨大损失。

（2）趣味性：本书抛弃传统学术研究著作的写法，以趣味好看为写作出发点，力求文字通俗精干、活泼轻松，大量案例也都是鲜活生动真实发生过的,能让各层面企业家、投资者或学者都可以从中得到阅读快感,不知不觉中增加并购经验值。

(3)经典性:本书的创作初衷是 20 年后绝大多数内容仍具有实战指导意义,因此,在总结经验教训和给出解决方案指导意见时都按照"经典可传"思路而写。

书中把最近十几年中国经济领域发生的一些著名并购案例的成败经验都进行了分析,这些案例包括:吉利收购沃尔沃、联想收购IBM、建龙钢铁收购通化钢铁、陈发树收购云南白药、三胞收购 HOF、暴风光大收购 MPS、融创收购乐视、港交所收购伦交所、海航收购当当网、宝能收购万科、平安收购上海家化、宋城演艺收购六间堂……看完全书就像看了一场 21 世纪之初中国企业并购大电影,非常有意思。

这世间罕有长盛不衰之公司,马云给阿里巴巴也不过设定了 102年的生存目标。因此,即便现在风光无限的标杆企业们也应心存敬畏,即便现在身处困境的老板们也要咬紧牙关修炼企业和自己的身心等待转机。

希望本书能在中国企业家并购修炼之路上助一臂之力。

并购之路,鲜花和荆棘一路相伴。希望这本书能让中国的企业家们在并购时少点冲动与盲目,多些理性与专业,顺利过关,稳健前行。

希望自己能成为中国企业并购界的"吹哨人"。

第一章　并购战略陷阱

何为并购?

通俗地说,就是一个企业通过各种方式对另外一个企业的股权或资产进行控制的行为。

并购包括兼并与收购两类资本运作方式,许多企业家对兼并和收购的概念理解不透,感觉它们都差不多。

兼并与收购有很大的不同。判断一个交易是兼并还是收购就是看这个交易做完之后参与并购的任何一方法人主体有没有继续存在,若双方或几方法人主体在交易完成后都继续保留,则这个交易属于收购行为;若交易完成后只要有一方法人主体消失,则此交易属于兼并行为。

在日常控制型交易中,收购行为占了90%左右,而兼并行为只有两类:新设合并(A+B= C)和吸收合并(A+B= A 或 B)。

中国企业家这些年热衷于进行并购,并购交易规模越来越庞大。(图1-1)

一、 低估并购风险陷阱

中国企业家热衷并购的主要原因有以下几条:

(1)"世界500强绝大多数都是通过大量并购发展起来的";

(2)和新建工厂相比,并购能迅速进入新市场或扩大规模;

(3)"宁愿做错,不愿错过";

(4)在中国大部分行业产能过剩的背景下,并购是产业整合

图 1-1 中国企业历年并购规模

数据来源：清科

王道。

以上逻辑大致不错，但问题是，中国热衷做并购的大部分企业家对并购失败的概率没有一个基本认识。

我问许多企业家："从全球长期统计来看，你觉得并购失败概率大致为多少？"

大部分回答是："20％～30％，最多不会超过一半。"

中国企业家对并购失败概率的预期还是太低了。

并购是否总是创造价值，这在国外学术界很早就有一些研究，在此我们不妨看看几个研究成果：

麦肯锡公司的一项研究（Copeland，Koller and Murrin，1994）表明，在纳入研究范围的 116 次兼并活动中，61％是失败的，收购方公司无法收回其资金成本或使其用于兼并的资金状况有所改善。

赫尔曼和洛温斯坦（Herman and Lowerstein，1988）发现，在1981—1983 年间实行恶意竞价并购的收购方公司的盈利能力都大大降低了。

米勒(Mueller，1985，1986)发现，一个由 209 家制造业公司组成的样本，在兼并后的平均 11 年内市场占有率出现很大下降。

拉文斯克拉夫特和谢勒(Ravenscraft and Scherer，1989)根据业绩数据对 1975—1977 年美国制造业中被兼并的 2 732 个企业进行了研究，发现它们在并购后的盈利能力比并购前大大恶化了。

表 1-1 是国外一些著名咨询公司、投行及会计师事务所等对并购失败比例的统计，其中最高统计结果是 79%，平均都在 60%左右！

表 1-1　收购并未增加公司价值

资料来源	样本数（个）	时间段	失败比例（%）	衡量标准
迈克尔·福斯，《经济期刊》	224	1972—1974	79	随后四年的每股价格
麦肯锡	116	1987 全年	61	三年内的投资成本
米切尔，英国经济学人智库	150	1988—1996	70	不会两次购买(自我评价)
马克·希洛尔，《综效陷阱》	168	1979—1990	65	迄今为止四年内的全部利润
摩根集团	116*	1985—1998	44	相对于当地市场的超额利润
科尔尼公司	115**	1993—1996	58	相对于行业指标的每股价格
美智管理顾问公司	150	1995 全年	57	相对于三年后的行业指标的每股价格
永道会计事务所	125	1996 全年	66	收入，现金流，利润
美智管理公司	215	1997 全年	48	相对于三年后的行业指标的每股价格
毕马威国际会计公司	107	1996—1998	53	相对于行业指标的每股价格

注：* 为欧洲的收购，** 为全球兼并
资料来源：AMR International，2001

2015 年时，微软前一年花 79 亿美元收购的诺基亚手机业务亏损了 96%；谷歌在 2011 年花了 125 亿美元买下的摩托罗拉手机公司在

2014年29亿美元卖给联想集团;惠普2011年花111亿美元收购的Autonomy已经亏损了88亿美元。这些国际巨头尽管有全球顶级的管理和投资人才,依旧会在并购之路上不断栽跟头。

注意,我们所说的并购失败不是指并购后被收购企业破产倒闭。我建议用两个重要考核细节:第一,千万不要用并购后一到两年的业绩来进行考核,建议至少用3年时间最好用5年以上时间来考核;第二,不要和同行比,而是和自己并购之初设定的目标对比。比如我们在收购一个企业时,设定的目标是3年后目标公司净利润从1 000万元增长到2 000万元,但是3年后该公司净利润只增长到1 500万元,虽然公司业绩还是实现了增长,但是和初始设定目标相比,我们可以定义这个并购是失败的。

我们建议用5年左右时间考核中国上市公司的并购成功概率,因为绝大多数上市公司并购一个企业时都设定了3~4年的业绩对赌条件。这两年,中国上市公司出现的大量业绩爆雷事件都是发生在业绩承诺期满后的1~2年。

为什么并购的失败概率这么高?这得从并购的核心本质讲起。

并购的主体是企业,那么企业的本质是什么?在我看来,每个企业无论大小,都是一个个鲜活的生命主体,从拿到营业执照那一刻起诞生于世间,有的活了几个月,有的活了1 500年(日本的金刚组);有的永远长不大,有的几年就能从几百万成长为千亿级别的公司(中国的今日头条)。企业是由人来运作的,因此企业的本质是由一群人来运作的一个经营性商业生命体。

并购的本质是婚姻,企业并购的本质是一个企业生命体与另外一个企业生命体的婚姻。

企业并购不是冰冷的土地、机器、厂房和金钱的结合,对大部分企业而言,企业并购的本质是一群人和另外一群人的结合,企业并购成败的关键是如何把对方最有价值的一群人给留住!

不管是一对一结婚还是群婚,有一句话是共通的:幸福的婚姻总是相似的,不幸的婚姻则各有各的不幸。

幸福的婚姻(并购)因素包括:一见钟情(资源匹配度高)、恋爱中的充分了解(双向尽职调查充分)、双方家庭的认同(股东支持)、至少一方有股实的物质基础(一方财力雄厚)、感情沟通充分(团队沟通到位)、健康活泼的孩子(共同挖掘新的利润增长点)。

在当今资讯和科技高度发达、生活节奏越来越快、个人意识越来越强的时代,人与人之间的婚姻幸福概率越来越低。民政部统计,2010年中国离婚率(离婚登记/结婚登记)为21%,到2018年全国离婚率飙升到了38%,而且这种情况还呈现上升趋势。一对一的婚姻离婚率已经这么高,一群人和一群人的婚姻失败率超过50%也就很正常了。

建议所有老板们必须认真思考一个问题:一个企业如果活得很好,有很大概率健康成长为一个上市公司,上市后大股东获得的综合收益远远高于并购套现收益,它的大股东为什么要卖给你?一个企业如果活得很累,经营不佳伤病缠身,凭什么你收购过来后就能够让它恢复健康、财源滚滚?

对于目标公司原来的核心管理技术人才,当他们把手上的股份卖给你套现后,你凭什么还能留住这些人才死心塌地地给你继续服务?

很多老板会说:好企业愿意卖给我是因为我能让这个公司变得更好;烂企业我愿意收是因为我可以让它起死回生;人才能继续给我干活是因为我有足够的人格魅力……这是典型的"并购自信症",也是大部分并购失败的根源:收购方高估了自己的企业经营能力并低估了并购经营整合难度。

巴菲特在2020年2月给股东的信中如此感慨其过往几十年的并购心路:"多年来,伯克希尔·哈撒韦公司收购了许多公司,我最初将它们全部视为'好生意'。但是,有些收购让人感到失望,有几个是彻底的灾难。另一方面，可以说很多收购超出了我的期望。在回顾失衡的收购记录时，我得出的结论是，收购与婚姻相似：它们都是从一场欢乐的婚礼开始的，但随后的现实往往与期望有所不同。有时，美妙的是，结合为双方带来了超出期望的幸福。在其他情况下，幻灭很快降临。将这些对婚姻的想象应用于收购企业时，我不得不说通常是买家遇到不愉快的意外情况。收购时的幻想总是美好的。"

让我们对并购多一些"敬畏之心"。

二、 并购目标模糊陷阱

这些年，我经常接到一些老板的电话，对话大致是这样的：

某总："兄弟，最近我卖了一个大矿，手头有十几个亿，现在有什么好并购的企业吗？"

我："好啊，你希望收购什么样的公司？有什么具体点的标准没有？"

某总："……兄弟，真想不出来啥标准，这样吧，你来定，只要保证我并购能赚钱的项目都可以收购！"

我："……对不起，我帮不了这个忙，您找别人吧。"

为什么会有这么多老板在并购时找不到方向又急于进行并购呢？主要有以下一些原因：

（1）无知者无畏。这些企业家在发家致富时靠胆大敢闯，懵懵懂懂进入一个行业，奋力一搏成功创业，积累了巨额财富，因此自信心爆棚，认为自己是商业奇才，随便换个跑道一样能成功。

（2）见不得现金趴在账上。再没有文化的老板也都知道，中国这些年发钞速度超过 GDP 增长速度，因此感到钱存在银行里就等于财产天天在缩水，必须要尽快把手头现金投出去，最好还能加上杠杆进行投资并购。

（3）赶时髦追热点。中国最近 20 年诞生了太多的创富神话，许多传统行业的老板看自己辛辛苦苦几十年才攒了几亿身家，而现在许多 30 岁不到年轻人几年时间创业上市就获得几十亿财富。于是，这些充满了"羡慕嫉妒恨"的老板们不甘心落伍于时代，就开始追逐自己都搞不清基本概念的行业，比如量子通信、区块链、AR/VR、基因技术、AI、大数据、光通信、存储芯片等行业，见到这些行业里的并购机会，双眼放绿光就想收购。

（4）没有一个自己的核心主业。所有在并购时像无头苍蝇到处乱飞饥不择食的老板基本都有一个共同特点：现阶段企业里没有一个核心主业。许多企业从小作坊做成大集团，许多年之后一梳理往往都会发现，不知不觉间一个集团下面竟然有几十家子公司，横跨至少 5 个行业以上，而且没有哪一个行业是有核心竞争能力的。因为没有一个核心行业，这些老板也习惯了一心多用，不会把心思只聚焦于一个行业、一个核心企业去认真思考其发展战略，自然就不能理性地通过某个核心企业的发展战略来制订其并购战略，从而确定并购标的的条件。

一个企业对其要收购的标的公司是否有清晰的并购战略，通过其发布的标的公司"特征画像"条件就能一目了然。

十多年前，一个世界著名化工企业巨头委托我在国内帮其并购，给了我一个并购标的公司的选择标准：

（1）精细化工行业，最好和润滑油相关；

（2）首选华东地区，其次华南地区；

（3）销售额不低于 5 000 万人民币；

（4）毛利率不低于 20%；

（5）销售渠道以直销为主；

（6）核心管理团队和技术骨干愿意留下来；

（7）首次股份出让比例不低于 50%。

说实话,当我接到客户的这个并购标准清单时,感慨不已。对比之下,国内绝大部分企业在并购时的"粗糙"和"盲目"真是不堪。

为何企业并购时对标的公司的收购标准一定不能模糊呢?

其实这已经触及并购成败的一个关键环节:每一次并购都应该想清楚,我这次并购最重要的目的是什么:是收购对方的一块厂房?某套设备?几个品牌?一个特殊的原材料供应渠道?某个特定销售通路?特定的某个发明专利或生产工艺改进技术?……

几年前,遇到浙江一个县城里的电气配套制造业细分行业龙头企业老板,他说他刚收购了深圳的一个同行企业。我就好奇地问他,你已经是行业老大了,深圳这家企业有什么值得你收购?他说这个企业的厂房设备他都看不上,他看中的是这个企业的 20 多人的研发团队,里面有不少来自北上广深著名高校的高材生让他很眼红,这些研发人员已经在深圳安家落户,不可能全部挖到浙江小县城来工作,因此索性把深圳这个企业给买了,这样就等于一下子拥有了这个研发团队。听完我什么也没说,直接向他竖了一个大拇指。

世间什么东西最宝贵:时间。越是做大事业的人,时间就越宝贵。当老板不知道自己想要并购什么标的,拿着一个大喇叭满世界喊"我要收购企业"时,大把宝贵的时间就悄然流失。我 1996 年入行,从 1996 年到 2008 年都以并购投行咨询为主业(我曾在 2002 年创办了上海天道投资咨询有限公司,创立了大中华区第一个专业并购网站"天道并购网"),从 2009 年到现在以股权投资为主业(现阶段的并购相关工作是以股东的身份为我投资的各个企业进行产业并购整合提供专业支持)。在做并购咨询服务的时候,最讨厌的就是这些"只看不买型"的所谓大老板,跟他们合作的成功概率和中彩票也差不了多少,因此,后来接到这类老板的类似电话就直接婉言谢绝以免浪费时间。

1997 年,我在上海亚商咨询(中国最早从事企业并购咨询的著名专业机构之一)时参与操作的"中远集团收购众城实业(600641)"案例之所以被市场公认为当时中国股市最成功的并购案例之一,其重要原因之一就是,中远集团在收购前制订了"登陆上海"的房地产发展战略,在选择目标公司时就把精力重点放在上海的房地产上市公司中。事后证明,众城实业的原有房地产资产在并购后的整合中发挥了重要作用。因为中远集团借助众城实业收购成功打开上海市场,得到当时上海各级政府的高度重视和赞扬,这才让中远集团借助众城实业平台成功中标当时上海内环线内最大的旧城改造项目"中远两湾城"。

并购和结婚其实是一个道理,茫茫人海为什么你会选择和某个人结为夫妻?对方一定有个最让你心动并下结婚决心的特质。你在谈恋爱前先想好我的另一半最重要的特质是什么,当带着那个特质的人出现在你眼前的时候,美好与浪漫就会自然诞生。

很多老板会问,我就是不知道我想要的另一半的"最让我心动的特质"是什么,怎么办?答案是,不要一个人扛,老板带领公司核心团队一起来研究梳理公司发展战略,发展战略清楚后,自然就会发现短、中、长期为实现不同阶段发展目标所最稀缺的资源,这时并购标的的筛选标准自然就会浮现出来。

当公司发展战略制定好后,每个企业可以围绕并购战略成立一个并购规划小组,成员以内部高管为主,适当聘请几位行业及投资并购专家顾问。企业并购既是婚姻,也是战争。并购规划小组相当于战争的总参谋部。

开始规划前,并购规划小组可以先发布一个"并购规划指南"。该指南将确定谁负责公司战略层的制定工作,涉及的每个人的职责是什么,目标公司的主要筛选来源,应完成哪些报告,并购的交易结构、融资、定价、操作等决策由谁负责等。

通常并购规划小组在制订规划时要开无数次的会议,与公司各级管理人员、股东、客户、竞争对手、咨询顾问等广泛接触和沟通,在此基础上才能形成一个能指导公司相当长时间(如 5 到 10 年)并购行为的详细规划。该过程可能很痛苦,但绝对有价值。

巴菲特对收购什么样的公司已经形成了非常成熟的标准,并让整个团队都能接受并执行这个并购标的标准。

2017 年年报里,巴菲特设定的选择收购标的公司的标准为:

(1)越大越好(希望单笔交易在 50 亿到 200 亿美元之间);

(2)已经被证明有可持续盈利能力;

(3)人少、负债率低且盈利能力强;

(4)称职的管理团队(我们没法替代);

(5)业务简单(如果太多高科技,我们没法理解);

(6)价格确定且合适(当一个标的公司的出售价格还没有确定时,我们不想浪费时间和卖方精力)。

每个企业都应该根据自己的实际情况来确定当前最适合自己的并购标的的筛选标准。巴菲特的旗舰公司伯克希尔公司总部人员只有 26 人,精力和管理能力有限,但账面常年有过千亿美元的可投资现金,在这种情况下,巴菲特提出的收购标准就非常契合其现状。

在中国,许多企业家认为并购是一个高度机密的企业行为,如果大张旗鼓地进行并购规划会引起许多不良反应。但这种担心是多余的,因为并购的战略规划通常并不直接涉及具体的目标公司,它是一个企业并购的"指南针",是一种原则性和框架性的约束理念。它能让公司的所有参与并购的人以统一的战略思维去判别某一个并购计划是否合乎公司战略需要,从而大大节省整个公司花在大量无用并购信息方面的精力和时间。

总而言之,并购规划是一个在公司最高决策层领导下的很复杂、很艰辛的长期工作,绝不能敷衍了事。

永远不要打无准备之仗。

三、 并购决策陷阱

2019 年底,我应邀到一个几百位企业家参加的大型论坛做了一个并购案例研究分享。

这个案例中,一个总资产 800 亿元的中国著名的民营企业集团,近几年展开了疯狂的海内外并购,其中最出名的是在几年前出资十几亿元买了国外一家净资产负十几亿元的百货公司,该百货公司 2018 年破产,导致公司巨额并购商誉在 2018 年计提坏账时爆雷,并引发一系列负面反应,集团陷入流动性危机,目前靠地方政府出面支持艰难度日。

提问环节,一位老板问:"这种几十亿元的并购交易,买家都会聘请国内甚至国际一流的投行、会计师和律师,这家集团高管也有十多位来自全球 500 强企业、著名金融机构及政府高管背景的精英人才,为什么还会在并购时犯如此低级的错误?"

问得好!

2019 年,某上市公司和某著名券商在两年多前联合出资 50 多亿元收购的海外体育项目破产也引发大量关注,这个案例漏洞百出,无论从交易逻辑、尽职调查、估值水平、风险控制等各方面所暴露的问题在并购中都属于"小学生级别"的错误,可是为什么参与其中的著名投行、会计师、律师、银行等中介以及精英云集的公司董事会经营层能够一致看好并推动此交易完成呢?

这其中隐藏着并购领域最深层的风险秘密:并购决策陷阱。

中国从 2013 年起进入改革开放以来最大的一次并购浪潮,交易广度和深度都极为可观,无数中国企业卷入这场并购浪潮中。

一个企业家想做并购,会如何决策呢?

收购方公司内部一般会成立投资部(并购部或资本运营部)出面

寻找项目,这时投资经理会在市场上广发消息,吸引各路正规军或野路子投行、咨询公司来推荐项目;找到初步感兴趣的项目后,收购方和并购投行、会计师及律师签署正式合作协议,让中介们开展并购尽职调查及企业估值分析;尽调结束后收购方投资部会联合法务部、财务部一起组成工作小组对标的公司进行分析讨论,然后上报给分管投资的副总裁,副总裁出面和对方谈判并购交易细节;到一定阶段后,公司总裁及老板参与核心谈判;双方老板谈妥拍板后,最后在各自董事会股东会层面走决策流程。

在这个过程中,我们不妨分析下各路角色的心态:

(1)老板:公司做大最终都要靠并购,世界 500 强企业绝大多数就是靠不断并购重组才成就大业,因此我也要走并购这条路。我文化水平不高、并购专业不懂,没关系,我可以聘请最专业的高级管理人员和中介机构来帮我把关。

(2)高管:老板让我来负责投资并购,我就一定要做出案例和成绩,我在这家公司期间如果牵头负责了几亿元或几十亿元的并购案例,对我个人的职业履历、经验值积累和社会地位有巨大帮助,一单并购案例做完到发生爆雷,中间会有几年时间,我干成一单后随时可以辞职并借助这个刚完成的大交易资历寻找更大的平台发展。我具体负责并购项目,挑选投行、会计师和律师就是以我的意见为主,交易对方老板也会极力巴结拉拢我,这其中又蕴藏着不少“赚钱机会”……

在国外,大公司 CEO 如果因为收购项目出事被董事会罢免,也会获得巨额的离职补偿。美国曾经让股东们损失惨重的两个美国企业并购案例美泰(Mattel)收购 Learning Company 以及惠普收购 Autonomy,确实让当时的美泰 CEO 吉尔·巴拉德(Jill Barad)和惠普 CEO 李艾科(Léo Apotheker)丢了官,但巴拉德获得了 4 000 万美元的遣散费,李艾科也拿到了 2 500 万美元。

（3）投资部经理：老板成立投资部就是要有业绩，如果几年一个项目也收购不成，老板肯定要把我裁员。因此，我必须要做尽可能多的投资并购，做得越多，我在公司的地位就越高，老板就越离不开我，我也有升职为公司高管的机会。

（4）买方投行：我们的收费大头是在交易成功后按照交易金额向客户收取，因此这个并购案例必须做成我们才能赚到大钱，并购时多向客户老板介绍并购美好前景少提并购风险才能促成交易完成；年底投行排名也是要看完成并购案例的数量和规模，因此并购案例越多越大越好，我们要积极促成……

（5）买方会计师、律师：虽然我们的服务费用通常情况下平均一半在交易完成前就拿到手，但交易做不成剩下那一半也就收不到了，想想还是有些心痛的。年底行业排名时，我们完成的交易案例数量和规模是最重要的参考指标，如果交易总是完不成，我们在行业内的排名就会直线下降，以后就没人找我们服务了……

（6）卖方老板：买的永远没有卖的精，公司有无前景咱最清楚，现在有冤大头要来收购再好不过了。对方老板不懂行，依靠高管和外部中介，那就想办法搞定对方负责并购的中高层管理人员和买方中介的项目负责人……

（7）卖方中介：尽一切努力把项目包装到"人见人爱花见花开"的程度，只要交易成功就能收取大笔佣金，买家死活和我无关。更重要的是，卖方老板套现成功，将来还会继续和我们深度合作……

（8）买方并购资金提供方项目负责人：并购贷款很好啊，一般至少3到5年，做成一单可以轻松几年了；再说买方是知名企业或上市公司，企业加上老板个人做还款担保，风险可控，我这单做完拿到奖金先爽了再说……

分析到这里，如果你是一个准备做并购的老板，你是否感到一阵刺骨寒风正在吹来？

是的,这就是为什么那么多知名大企业聘请了一堆职场精英高管及顶尖中介机构,却最终陷入一个个并购雷区的根源:并购决策制度存在先天性缺陷!

在这个并购决策体系中,买方老板想通过并购做大做强,于是各方参与者都怀着各自的小算盘、小九九有意或无意地积极推动老板来做成并购交易,这种由买方高管及中介负责人的"合谋"最终让老板点头成交,老板背下巨额负债买了一个个"带病资产",最终公司债务危机爆发陷入绝境,高管离职远走高飞,投行、会计师和律师们继续寻找下一个有意合作做并购的老板……

我认识一位中国高科技领域上市公司的董事长S总,起家核心产品围绕5G,非常有竞争力。上市后,做了一系列并购,几乎大部分交易后来都出了问题。S总在接受媒体采访时就非常感慨:"现在回头来看,我们在2013年以前的并购基本都是成功的,但后来的并购出了问题。我后来也总结了,那些我熟悉的、亲自看的项目,其实都是成功的。但在2013年以后,我有很长一段时间是放手的。那些我既不熟悉,也没有亲自去看,放手交给团队、交给第三方、交给中介机构去看去做的项目,几乎都出了问题。虽然他们都是按照流程去做的,券商、律师、审计、评估公司、我们的团队,一个个看完,出报告,看上去也是和产业高度相关,但这种项目到底可行不可行,或者说风险有多大,就不够清楚。"

其实S总只说对了一半,那些中介机构对项目的风险并非完全看不清楚,而是在巨大利益驱使下不愿充分披露。

巴菲特对这种并购决策中的制度性缺陷看得非常清楚。

在2018年给股东的信中,巴菲特解释了为什么伯克希尔·哈撒韦公司在2017年没有做什么并购交易,因为并购市场太火爆,价格被哄抬得太贵。温和的老巴竟然用了带着一些刻薄的语气来嘲讽这个浮躁的并购市场:

"一旦一个企业的CEO希望做一个并购交易,他或她永远不会缺少关于证明这个收购是正确的分析预测报告。手下人会欢欣鼓舞,因为他们看到,随着并购后公司规模的扩大,公司业务领域增加,薪酬水平也会水涨船高。投资银行家们,冲着巨额的成交佣金费用,也会积极赞赏推动交易(永远不要到理发店去问你是否需要理发)。如果标的公司的历史业绩下滑,不利于交易成交,老板和CEO们马上会看到关于收购后会产生巨大的'协同效应'的有关分析报告。电子制表软件永远不会让你失望。"[1]

　　那么,作为真正想做并购但又缺乏并购专业知识和判断能力的老板们,面对这个可怕的由自己企业内部中高管和外部中介形成的"合谋陷阱",该怎么办? 笔者给出几条建议:

　　(1)老板们应认真学习关于企业并购的理论及实务,这方面的书和培训课程有不少,学习后至少可以有一些对并购标的基本的判断力,不至于犯低级错误。

　　(2)为了减少高管积极促成交易而可能与外面人合谋的风险,应该让核心高管持有公司股份,成为公司合伙人,促使高管站在公司根本及长远利益的角度冷静处理并购交易。

　　(3)对投资部经理等中层执行层面管理人员,在业绩考评时不要以完成交易数量和规模作为重要考核指标,应把避免了投资并购风险也作为重要考核指标来综合评判。

　　(4)谨慎选择并购投行,寻找真正有职业道德、口碑良好的机构合作,在合作时不要把投行费用的大头和交易成功挂钩,可以适

---

1 原文为:Once a CEO hungers for a deal, he or she will never lack for forecasts that justify the purchase. Subordinates will be cheering, envisioning enlarged domains and the compensation levels that typically increase with corporatesize. Investment bankers, smelling huge fees, will be applauding as well. (Don't ask the barber whether you need a haircut.) If the historical performance of the target falls short of validating its acquisition, large synergies will beforecast. Spreadsheets never disappoint.

当提高基本服务费用，发现并购风险、终止交易后给投行一笔补偿费用。

（5）对会计师和律师要选对具体项目负责人，对项目负责人的口碑、人品和过往历史做认真调查，不要只调查其完成并购交易的情况，还要对其帮助客户主动发现风险并终止并购的案例做深入了解。

（6）对金融机构和其他资金提供方积极提供的资金支持承诺冷静对待，不能因为钱来得容易而盲目负债并购，融资时注意避免"资金错配、短钱长投"的风险。

（7）寻找专业机构就每个可能的并购交易做一个"并购不可行分析报告"！许多企业家估计第一次听到这个"并购不可行分析报告"，其实这不是新鲜事物，发达国家早就有专业咨询公司为企业投资提供类似服务。

2020年2月，巴菲特又发布了给股东的信，职业惯例，我又从中找关于并购的话题，在信的最后部分，果然发现了两段让我感慨万千的文字，翻译过来的意思是："收购提议对董事会成员来说仍然是一个特别棘手的问题。交易的法律流程已经被细化和扩展（这个词恰当地描述了随之而来的成本），但迄今我还没见过哪位渴望收购的CEO会带来一位见多识广、能言善辩的批评者来反驳他的并购想法。是的，我也做不到。"[1]

接着老巴又对现有上市公司的董事会制度进行抨击，认为上市公司的董事们大多拿着高薪，为了保住自己的位子，在重大决策时倾向于附和CEO的扩张计划。

"总体而言，如今台面上摆满了CEO和员工们喜闻乐见的交易

---

[1] 原文为：Acquisition proposals remain a particularly vexing problem for board members. The legal orchestration for making deals has been refined and expanded（a word aptly describing attendant costs as well）. But I have yet to see a CEO who craves an acquisition bring in an informed and articulate critic to argue against it. And yes，include me among the guilty.

方案。对于一家公司来说,聘请两名'专家'收购顾问(一名赞成,一名反对)向董事会传达他们对拟议中交易的看法将是一项有趣的做法。比方说,最终意见获得采纳的顾问将获得另一位顾问酬劳的 10 倍作为奖励。但不要对这项改革抱太大期望:当前的体系,无论对股东来说有什么缺点,对 CEO 和许多依靠交易生存的顾问和其他专业人士来说都好极了。来自华尔街的一个古老的警告永远是正确的:不要问理发师你是否需要理发。"[1]

世界公认的顶级投资大师竟然如此反省自己和下属公司 CEO 在企业并购决策中存在的问题,中国的企业家们难道不该好好学习吗?

四、 横向并购战略陷阱

企业并购的方向在哪里?

并购方向有两个基本思路,首先是按照主营业务来进行横向(同行)或纵向(上下游)并购,其次是拓展新的业务,按照采购协同、销售协同、技术协同及天马行空(彻底跨界)的方式来进行。

毫无疑问,所有的并购方向中,横向并购被公认为最无懈可击的并购战略。收购同行竞争对手,提高行业市场占有率从而提高毛利率,提升企业竞争水平。

但是,横向并购战略真的没有风险吗?

---

1 原文为:Overall, the deck is stacked in favor of the deal that's coveted by the CEO and his/her obliging staff. It would be an interesting exercise for a company to hire two "expert" acquisition advisors, one pro and one con, to deliver his or her views on a proposed deal to the board — with the winning advisor to receive, say, ten times a token sum paid to the loser. Don't hold your breath awaiting this reform: the current system, whatever its shortcomings for shareholders, works magnificently for CEOs and the many advisors and other professionals who feast on deals. A venerable caution will forever be true when advice from Wall Street is contemplated: Don't ask the barber whether you need a haircut.

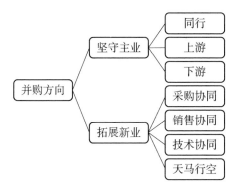

横向并购指收购同行业企业的行为，它之所以在并购中成为主流，是因为当今世界，特别是中国整体处于一个产能过剩的阶段。

在当今的中国，估计90%左右的行业产能过剩，50%左右的行业严重产能过剩。中国产能过剩的主要原因有两个：

一是随着科技进步，机器人和人工智能加上工业4.0，许多行业的生产效率有了惊人的进步。以光伏行业中的一家企业阿特斯为例，组件人均产出已经从2002年的0.005 MW/人/年上升到了2018年的2.83 MW/人/年，增加超过500倍。（图1-2）

二是和中国人的民族性格有关。我们从小都被灌输一句名言："勤劳勇敢的中华民族"。确实，中国人的勤劳举世闻名，全世界没有哪个国家像中国一样，十多亿人口整天想着两个字"赚钱"。无数个个人对金钱的终身追逐、渴望汇集在一起就会产生不可思议的力量，所以我们才能看到短短40年，中国从一个物资极度匮乏的国家变成世界第一制造大国。勤劳致富不是坏事，但是如果再加上一个"勇敢"的特征就麻烦了。当所有的人都热衷于赚钱，在资讯高度发达的今天，一个新兴行业赚钱的消息可以在一夜之间被全中国人民所知道，于是，许多人会从各个不同行业带着资金杀入这个新兴行业希望快速致富，从该行业的已有公司里挖人、偷技术、撬客户、抢渠道……这种为了赚钱不择手段的"勇敢"，正是当今中国许多战略新兴行业

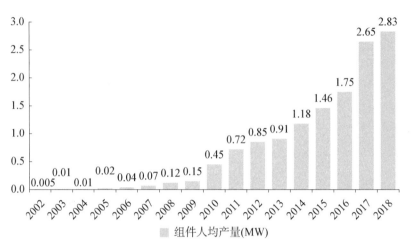

图1-2　光伏企业阿特斯历年生产效率

数据来源：阿特斯官网，东方证券研究处

三五年就变成产能过剩行业的根源。

我曾深度参与在中国光伏领域进行投资和并购，对这个行业非常熟悉。光伏行业是个典型的中国式新兴产业迅速变成过剩产业的案例。2004年，我身边几个好朋友帮施正荣成功运作无锡尚德在美国上市后，一个澳洲穷博士回国创业几年变为中国首富的创业神话刺激了许多中国企业家，于是，做化工的、卖手套的、炒房地产的等各行业的老板都杀入光伏行业，加上各地政府也把光伏行业作为首选发展战略新兴行业，提供大量的廉价土地和资金支持，加速了产能过剩。从图1-3可知，现在，中国多晶硅行业基本都处于产能过剩状态。

因此，当一个行业产能过剩的情况下，并购同行、消灭竞争对手当为上策。

在此，我想提醒企业家们两个横向并购战略操作中的可能陷阱：

1. 落后产能收购陷阱

这是个科技飞速进步迭代的时代。

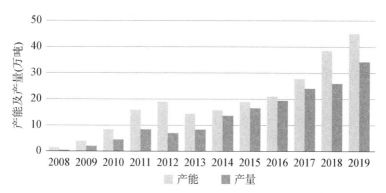

图 1-3　国内多晶硅历年产能和产量

资料来源：硅业分会、天风证券研究所

以光伏行业为例，1976年以来，光伏的成本已经从最初的每瓦80美元降到2018年的0.5美元，可谓降幅显著。即便从2010年开始衡量，光伏组件价格累计也下降了90%左右，这得益于光伏行业这十几年成功实现了全国产化替代。十几年前尚德上市时，光伏产业的原料、辅料、设备几乎绝大部分都依赖进口。经过这十几年发展，中国企业家们奋发图强，在每一个光伏制造环节都实现了进口替代，毫无疑问，目前中国光伏行业的科技和制造水平全球最强。

尤其是2016年至今，由金刚石切割线取代钢丝绳切割线技术导致单晶硅制造成本大幅下降，使中国光伏竞争力又新上一个台阶。中国光伏行业的技术创新一直处于世界领先水平，以组件为例，双玻组件、半片组件、叠瓦组件等新技术层出不穷。

如果现有的光伏组件企业想做横向并购整合，最大的风险就是收购了一个同行后发现其技术已经落伍于当今最新技术，生产效率低下，成本没有竞争力。这种横向并购仅仅让公司的产能增加，但是并不能出现"规模效益"，并购后全产能计算的单位成本仍然没有市场竞争力。

因此，我们可以看到，在今天的中国光伏领域，前十大巨头企业几乎都以自建新生产线方式为主进行产能扩充，很少会收购存量企业。因为这个行业每年都在进行技术创新,新建产能可以引进最新的生产技术,降低单位成本,而要将这种重固定资产投资的企业收购后进行技术改造,成本甚至还要高于新建成本。

所以想提醒做横向并购的老板们,一定要认真分析标的公司的技术是否已经或即将落伍于当今主流生产技术和效率,认真对比新建产能和收购现有同行企业的产品单位成本孰高孰低,在此基础上决定新建还是收购。

2. 同行冤家并购陷阱

俗话说,同行是冤家。尤其是在一些规模不是很大的行业,一个行业里的企业数量加在一起就几十家,前几大公司老板对彼此非常熟悉,从出身背景、起家经历、性格人品甚至家庭情况都一清二楚。在中国,经常看到这些行业内前几大老板经过长期的价格战、挖角战、舆论战、心理战后都成为"敌人",面上看起来还过得去,心里都把彼此当做非打倒不可的对手。

因为老板们互相看不惯明争暗斗,这些公司的高管们也因此互相竞争对立。

在这种情况下收购同行企业,而被收购公司老板与核心管理层长期与收购方关系恶劣,收购方就会在收购时遇到很大麻烦:

(1)收购过程中标的公司不配合做尽职调查。因为是同行收购,标的公司一些核心的技术可能就是生产工艺某个环节的细微调整,外行看不出来,同行高手可能一眼就能看出来。这样可能在尽调时,标的公司都不会让收购方尽调团队进入生产车间进行考察。

(2)对标的公司高管进行尽调访谈时,这些高管会非常生气以前的死对头怎么现在来居高临下对他们进行调查,因此在访谈时可能非常不配合,甚至故意提供一些虚假信息。

(3)收购完成后团队整合有风险。因为被并购方高管长期和收购方高管之间关系不和,一旦收购完成,各种矛盾会迅速激化。

一种情况是这些高管迅速大量离职,造成被收购企业陷入管理混乱局面。2006 年,国美收购永乐电器是当时最引人注目的同行并购案例之一,通过并购,国美一举成为中国家电零售老大。永乐是上海的家电零售霸主,因此在并购之前,国美作为"过江龙"进入上海市场和永乐进行了非常激烈的商战,永乐许多高层和店长对国美的野蛮打法非常痛恨。国美收购永乐成功后,虽然永乐原来老板陈晓担任了国美的总裁,但是永乐一大批店长和管理人员纷纷离职,相当部分员工投奔国美的最大对手苏宁电器。

另一种情况是收购方仗着同行业收购非常熟悉被收购公司的业务,不担心对方团队离职,采取过激的整合方案从而可能引发灾难。2004 年,上汽集团出资 5 亿美元收购韩国双龙汽车,2009 年双龙汽车破产,上汽集团 5 亿美元几乎全部打水漂。上汽收购惨案的重要根源来自上汽当时在人员整合时操之过急,把原来双龙汽车里面排名十几的一个管理人员直接提拔为韩方排名第一的老大,导致被双龙汽车罢免的原来韩方老大带着一批被上汽罢免的高管在被裁员后,在背后操控双龙汽车工会与上汽进行长期的各种反抗斗争,最终两败俱伤。

中国人有个特点,喜欢当老板,"宁为鸡首不为凤尾",因此许多行业会有小公司存在,我们称为"碎片式行业"。

碎片式行业理论上存在大量的横向并购整合机会,但在中国,做这种碎片式行业的整合,风险还是很大的。

中国茶叶行业就是一个典型的碎片式行业。中国茶叶企业数量、茶园总面积、茶叶总产量位居世界第一。据中国茶叶流通协会根据国家工商总局企业注册统计和市场主体发展数据的综合分析,截至 2015 年底,我国登记注册并实际运转的茶叶企业共有 53 976 家,与 2014 年的数量大体持平。其中,规模以上企业仅占 3%,其余 97% 均为中小型企业。茶叶行业企业数量多而分散,企业整体规模不大,作坊式小企业较多,达到一定规模并拥有种植、加工、销售全产业链的品牌企业较少。

中国是世界第一大茶叶生产国,但3 500家上市公司竟然没有一家上市公司。不是中国的茶企不想上市,中国有20家茶叶企业都挂了新三板,基本能代表中国茶叶企业最优秀的一个群体,看了这些公司2019年的财务数据不禁让人心寒,最好的公司净利润才2 450万元,而大部分公司一年的净利润都不到1 000万元!(表1-2)

表1-2 新三板挂牌茶叶公司2019年收入和净利润

证券简称	证券代码	营业收入(元)	净利润(元)
美灵宝	870120	223 008 089.32	24 499 097.67
茗皇天然	838158	147 093 185.88	14 214 737.62
谢裕大	430370	193 726 330.27	13 418 393.56
龙生茶业	871313	61 233 263.12	6 836 109.96
丽宫食品	872325	66 947 106.76	6 661 233.27
抱儿钟秀	838947	57 101 376.46	4 472 215.29
茶乾坤	831108	55 232 707.98	3 403 434.18
雅安茶厂	832057	30 680 119.72	3 276 819.68
松萝茶业	838465	201 975 982.27	2 096 376.23
白龙茶业	872517	11 375 612.32	815 114.73
白茶股份	832946	30 403 345.74	352 777.98
黑美人	831443	12 526 500.48	− 536 910.64
茶人岭	836369	26 959 344.72	− 1 181 221.29
天池股份	837681	10 837 439.79	− 1 696 294.71
博联茶叶	871812	7 874 982.13	− 2 109 609.29
恒福股份	832453	62 919 416.25	− 3 818 419.44

十多年前,中国茶叶行业流传着一句话,"7万家中国茶叶企业年销售不抵立顿红茶一家公司的销售"。当我听到这句话时很生气,于是想能否通过并购方式做个中国茶叶行业的整合经典案例。

华东是绿茶主产地,中国十大名茶中华东地区就占了一半以上。我想办法在一个名茶主产区找到当地最大的茶叶企业老板,他也是当地茶叶协会会长,这个龙头企业一年销售大概 5 000 万元左右,净利润 1 000 万元左右。

我向他提了个建议:以他的茶叶企业为核心主体,通过换股收购(龙头企业对这些副会长们进行增资扩股,副会长们不用出现金,用他们各自拥有的茶厂股权或资产评估后代替现金,用于对龙头企业增资,相当于实物增资)的方式整合其茶叶行业协会五到六家副会长的公司(这些副会长的企业平均每家销售大概 2 000 万元,净利润 400 万元),整合完成后,龙头企业的股本扩大,这些副会长成为龙头企业的小股东,副会长们原来的茶厂成为龙头企业的全资子公司或分公司。

为了增加会长信心,我说:"通过这样的整合,你的公司一年合并销售收入将达到 1.5 亿元左右,净利润超过 3 000 万元,我再给你投资几千万,你们公司就有机会在国内上市,作为中国第一家茶业行业上市公司,估计咱们股票将被资本市场热炒,你作为公司第一大股东,估计身价能超过 10 亿元!"

"10 亿? 那我不成了我们市的首富了!"会长正在喝茶,听了我的话激动得一口茶喷了出来。他的激动在我预料之中,中国无数的人都在做着发财光宗耀祖的梦,一生的奋斗目标是这样的轨迹:村首富—乡首富—县首富—市首富—省首富。"中国首富"的标准现在被抬得太高,一般人都断了念头。到今天,一些省首富的门槛也就 100 亿元,企业上市后还是很容易做到的。会长说,我马上召集副会长们开会来推进此事。

过了一个月,我一直没有接到这位会长的电话,于是打给他问进展如何。

他说,这些副会长听了一开始也很激动,但是讨论合并细节时,一些问题逐渐暴露出来,大家就没有积极性再推进了。问题主要有两个:

第一，"面子问题"。会长和副会长名片拿出来都是"××县××茶叶公司董事长"、"××县茶叶协会会长（副会长）"、"××县人大代表（政协委员）"，大家在当地都是有头有脸的知名人物，平起平坐。现在一合并，我的所有头衔都不会变，但这些副会长们的名片将改为"××县××茶叶股份有限公司××分公司经理"，"茶叶协会副会长"头衔没了，大部分副会长的人大代表或政协委员头衔也将被拿掉（中国一般只允许地方一个企业最多保留一个人大代表加一个政协委员）。这些副会长们觉得合并后社会地位会明显降低，因此很不满。

第二，"票子问题"。在这个山区小县城，一个企业一年能赚几百万，老板就可以过着非常潇洒的生活。春天茶叶上市卖完后，大部分时间没什么事干，这些副会长老板们就喜欢打牌，输了钱以前可直接打电话通知公司财务从公司账户提现金送到茶室；现在公司合并规范后，股东不能随便从公司提钱，用钱立刻不自由了。还有，原来没想过上市，茶叶行业大量都是现金交易，许多收入都不入账，入账收入也会想办法把利润藏起来，现在要上市逼着大家财务规范把利润体现，税务成本一下增加很多，万一上市不成，几年的税就白交了……

听到这里，我也只能摇摇头。这位会长讲的都是实情，在中国做并购，第一要解决"面子问题"，第二要解决"票子问题"，而且次序不能错！

企业要做大，瓶颈在哪？最大的瓶颈其实就是每个企业的当家人。老板的胸怀、眼界、见识和专业决定了公司发展的天花板。

做横向并购战略，一定要寻找那些胸怀开阔、眼界高远的有缘人一起合作。

五、 纵向并购战略陷阱

纵向并购也称垂直并购,指按照产业链进行上下游的并购。

纵向并购也是并购战略里非常经典的并购模式,大部分企业家考虑扩张时都会很自然地想到这个战略。

纵向并购战略看起来逻辑非常合理,但是在现实操作中也存在一些并购陷阱,需要每位企业家认真思索。

1. 上游并购战略陷阱

上游并购战略是指并购企业的原材料或零配件供应方。

我们还是以光伏行业进行分析。

图 1-4 是光伏行业的整个产业链,每个环节都有非常优秀的龙头企业,正因为这些优秀企业在每个环节的卓越创新,才让中国光伏发电成本十年降了 90%。

在制造单晶或多晶电池片时,一个必不可少的关键原料是铝浆。十几年前,中国的铝浆被杜邦、福禄等国际巨头所垄断。广州儒兴科技看到这个机会,不断研发,终于打破了国际巨头的垄断。儒兴起家的过程也得益于我的几位合作伙伴最早给了儒兴科技一笔数千万元的风险投资,并帮助它和无锡尚德成功建立深入合作关系,并从此打开国内市场。

儒兴科技是一家集研发、生产及销售一体的电子浆料龙头企业。公司成立以来,在电子材料尤其是厚膜涂层材料的研发和市场开拓方面取得了良好成绩,先后研发并投产热敏电阻铝浆、晶体硅太阳电池铝浆、晶体硅太阳电池背面电极浆料、PERC 铝浆、PERC 电池背面电极浆料、晶体硅太阳电池正面电极浆料等产品。主要产品晶硅太阳电池铝浆是研发较早、最成熟的产品,其质量、性能达到国际领先水平,填补了我国导电浆料的空白;晶体硅太阳电池背面电极浆料自

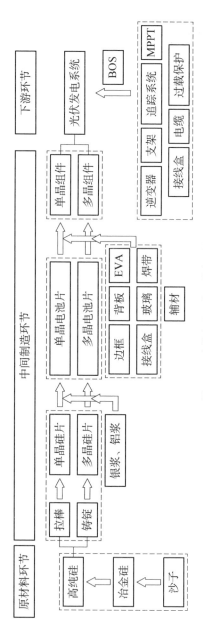

图 1-4　光伏产业生产环节产业链

2012年起出货量跃居国内首位;PERC铝浆技术水平达到国际领先水平,是国内首家成功推出PERC铝浆的企业,自2016年起出货量位居全球第一;PERC电池背面电极浆料技术水平达到国际先进水平,是国内首家成功推出PERC电池背面电极浆料的本土企业。

直到今天,儒兴科技仍然牢牢占据着中国光伏企业铝浆行业50％的市场份额,是名副其实的隐形冠军。但是铝浆毕竟是个小众市场,全球一年总需求也不到40亿元,而下游的电池片企业巨头都是几百亿元的规模。在铝浆供应紧张的时候,一些大的光伏电池片巨头一定想:是否能收购儒兴科技?从这些电池片企业角度看,这个逻辑是没问题的,控制了上游关键原材料企业,既能保证自己发展所需,同时又间接遏制了电池片同行的发展,一举两得。

但是站在儒兴科技的角度,它要是被中国某一家光伏电池片厂收购,对它就是一场灾难,因为铝浆在光伏电池片中占的成本非常低,但铝浆质量好坏直接影响着电池片的发电效率和成品率。如果儒兴科技被下游某个电池片厂收购,其他电池片巨头肯定不放心自己主要竞争对手控制企业所提供的关键上游核心原材料,肯定会减少甚至取消儒兴科技的订单,转而扶持其主要竞争对手。这样一来,儒兴科技的销售收入肯定锐减,行业龙头地位也可能就此丢失。

什么样的情况下,往上游并购对双方都合适呢?当下游非常强势,而上游处于弱势的情况下,下游企业收购上游企业的效果会比较好。

在光伏铝浆行业,前三大企业占据市场大概80％的份额,还有一些小公司苦苦经营。一个电池片厂如果每月需求100吨铝浆,而某个小厂每月只能生产50吨铝浆,那么该电池片厂收购这个小铝浆厂后,可以将其产量全部包掉,对小厂而言当然是非常好的事情。大厂和小厂在产品质量以及产品性价比上肯定有差别,电池片厂收购这种小厂的意义在于,一旦铝浆供应吃紧时,自己有控制的铝浆企业至少可以做到心中不慌从容面对。

我们再来看一个著名企业的例子。

格力电器是目前全球最大空调生产企业,而压缩机是空调最核心的关键部件之一。格力与美的都有自己全资控股的压缩机生产企业,但子公司产能远远不能满足需要,还需要外购。

上海海立(集团)股份有限公司(600619)则是全球最大的独立空调压缩机上市公司,主营业务空调压缩机拥有国家级企业技术中心和国家认可实验室、博士后工作站、现代制造技术中心,以及国际先进水平的工艺技术装备和智能制造系统,能够生产各种冷媒、不同电压和频率的9大系列1000多个高效节能机种,占有全球1/7的市场份额。

根据产业在线统计及海立调查综合分析数据,2018年中国转子式压缩机行业销量1.86亿台,较2017年同比增长4.11%。其中:自配套销量占行业销量比例达到62.57%,非自配套销量占行业销量比例已下降到37.43%。2018年,海立转子式压缩机销量2304万台,占据中国压缩机行业12.41%的份额;在非自配套市场,海立压缩机以30.40%的份额保持领先。

海立股份每年销售一百多亿,其中卖给格力电器的有十几亿,格力电器毫无疑问是海立股份最重要的客户之一。

海立股份是上海市属竞争型国有企业,因此,几年前上海市国资委曾经放风要引进战略投资者对海立股份进行混改。格力电器于是在股市上不断吸筹海立股份的股票。到2019年9月底,格力电器通过自身以及香港格力电器销售公司合计持有海立股份共17.78%的股份,站稳第二大股东地位。海立股份的第三大股东杭州富生控股持有12.11%的股份,市场传言富生控股或许会卖掉这些股份。如果格力电器把富生控股的股份再一把买下来,持股比例将达到29.89%,直逼上海电气集团36.37%的第一大股东地位!(表1-3)

表 1-3　2019 年 9 月底海立股份主要股东持股情况

股 东 名 称	持股数（股）	占流通股比（%）
上海电气(集团)总公司	2.12 亿	36.37
珠海格力电器股份有限公司	9 022.32 万	15.50
杭州富生控股有限公司	7 048.56 万	12.11
国泰君安证券（香港）有限公司［Guotai Junan Securities（Hong Kong）Limited］	2 848.77 万	10.02*
葛明	2 722.03 万	4.68
海通国际(Haitong International Securities)	2 390.85 万	8.41*
蒋根青	714.89 万	1.23
香港格力电器销售有限公司	649.06 万	2.28*
上海国盛(集团)有限公司	424.50 万	0.73
先锋国际(Vanguard Total International)	422.61 万	1.49*

注：标 * 的为 B 股，其余为 A 股

　　格力电器这一收购投资，从格力电器自身并购战略来看是没有问题的，但是对海立股份而言风险巨大。海立股份的空调压缩机除了卖给格力，还卖给美的、奥克斯等其他空调企业。如果格力电器真的控制了海立股份，试想一下，作为格力最重要竞争对手的美的还会像以前那样从海立股份大批量采购空调最核心部件的压缩机吗？

　　显然海立股份及其大股东上海电气集团把这个问题想清楚了，那就是坚决抵制格力电器的收购行为，于是上海电气也采取了各种手段增持海立股份的股票。

　　其实，对于这类拟收购标的是上游行业龙头企业的情况，最合适的做法不是去控股，而是适度参股 5%～10%，保持一个良好合作纽带，这样下游企业可以将来在上游供货紧张时凭借小股东身份优先保证供应。就像现在，格力已经持有海立股份 17.78% 的股份，就应该停下来，不能再增持了，否则会影响海立股份作为国内最大独立空调压缩机龙头企业的市场形象和销售。

2. 下游并购战略陷阱

因为下游产业通常比上游产业规模大,沿着产业链向下游进行并购扩张是许多企业做大的路径。

但是往下游并购也需要好好思考这个并购对收购方自身及标的公司竞争格局可能的负面影响,不要一看到下游出现标的公司就急匆匆去并购。

前面提到海立股份是全球独立空调压缩机之王,那么海立股份是否可以往下游延伸一步,去并购一个空调整机企业?答案显然是否定的。

首先,全球空调行业已经形成寡头垄断格局,前十大空调企业市场占有率超过80%,并且已经陷入残酷的价格战,在这种情况下,新创一个品牌或收购一个小企业把品牌做到行业前十难度太高。

其次,一旦海立股份进军空调企业,就导致海立股份与中国空调前十大巨头的关系从合作伙伴变成竞争对手,这些空调巨头肯定会想办法减少海立压缩机采购量,去扶持其他独立空调压缩机企业。

中国宝武集团是中国最大的汽车钢板生产企业,中国出产的每两辆汽车中就有一辆汽车的钢板由宝武集团提供。

我曾问宝武集团的一位主要领导,宝武集团除了钢铁,也在往新材料、金融等其他领域扩张,为什么这么多年没有涉足下游汽车行业。这位领导说,宝钢就是伴随着中国汽车行业的黄金30年成长起来的,和所有的汽车大企业关系都极好,这么多年,有过一些汽车整车企业主动找到宝武集团希望我们收购,但是我们权衡再三没有下手,就是因为,一旦宝武造车消息传开,会让下游的所有汽车业客户很不高兴,加上现在汽车也过了高增长期,进入红海洗牌阶段,我们造车也没有什么特别优势,就更加不可能了。

我又问该领导,现在宝武的主要投资并购方向是什么?他回答:围绕汽车轻量化方向的新材料,如镁合金、铝合金、碳纤维等领域。

我一听就觉得这个战略非常靠谱,因为新能源车已经势不可挡,在锂电池重量无法迅速降下来的情况下,车身重量的减轻对新能源车增加里程意义重大。

果然,2018 年 10 月 22 日,国内镁合金上市公司云海金属(002182.SZ)发布公告称,公司拟筹划引进宝钢金属有限公司为公司战略股东,公司实际控制人梅小明拟将其持有的部分股份协议转让给宝武集团旗下的宝钢金属。

往下游进军在什么情况下是有机会的?当下游行业处于市场扩张期,需求旺盛,同时行业竞争格局极为分散、群龙无首,收购下游企业有可能在乱战中脱颖而出时,往下游走是可以尝试的。在目前国内大部分行业产能过剩的情况下,收购下游销售渠道类企业也是比较有效的并购策略。

3. 纵向并购风险综合分析

(1)纵向并购使企业经营范围扩大,相应需要新增大量资金进行投资,在现有主业产生自由现金流不够充足的情况下,只能依赖于外部负债融资进行并购,这样会使企业财务杠杆提高。当战线拉长,某个环节经营一旦出现问题,就会拖累整个板块。比如,十年前,保利协鑫专注于光伏产业最上游多晶硅时,成为全球多晶硅之王,效益非常好,但是后来,协鑫集团开始按照多晶硅—硅片—组件—系统集成—光伏电站全产业链进行扩张,集团负债一下增加到 500 多亿元,当终端光伏电站出现资金问题时,通过产业链层层传导,让整个集团陷入极大危机。光伏老大位置也一度让给西安隆基股份。

(2)现在各行业竞争都进入白热化,需要极致专注在某个特定产品或领域才能有竞争力。产业链一旦拉长,各业务链条需要的关键成功因素可能差别很大,已有成功业务的成熟资源可能无法应对上下游业务所需要的关键资源需求。比如我参观过儒兴科技的生产车间,做铝浆的工厂占地面积非常小,几亩地的厂房就能做几个亿产值,其加工工艺也非常简单,最核心的是铝浆配方,因此公司人数也不多,管理半径短。如果儒兴科技也投产做一个太阳能电池片厂,一下就要几百亩地,购买大量复杂的生产设备,员工数量也会有十倍以上的增加,原来的管理能力可能难以一下适应复杂生产管理的电池片厂。

(3)纵向并购会让上游企业对下游企业形成一定的销售依赖,减少了市场化销售团队以及对外部销售渠道及客户的维护,上游公司离市场会越来越远,对技术更新换代的危机感和迫切度也会逐步降低,长期下去,很容易丧失市场竞争力。一旦整个行业出现危机,下游无法消化上游企业的产能时,上游企业的危机就会立马浮现。

六、 多元化并购陷阱

2019 年,让我印象最深的经济现象是,从年初到年末,一大批中国著名的民营企业集团接连爆发资金链断裂新闻,陷入彻骨寒冷的濒临破产重组的困境,海航、三胞、丰盛、金盾、盾安、精工、银亿、新光……

这些集团有惊人的相似之处:

(1)资产大多在 500 亿元以上;

(2)旗下大都有两家以上的上市公司;

(3)大多横跨产业 5 个以上;

(4)创始人绝大多数是 1960—1970 年间出生;

(5)公司创立时间多在 20 年以上;

(6)集团资产负债率大多在 60% 以上。

这些集团的发展路径也大致相似:

第一步:创始人先从事一个行业,从小公司做到该行业领先乃至成功上市。

第二步:创始人自信心爆棚,从产业经营转向资本经营,希望能在其他行业再复制第一个上市公司的成功经验,于是把第一个上市公司的股票质押贷款(上市公司大股东在股票上市后三年内不能出售,三年后也不能随便套现,否则一公告就会影响股价)。因为中国证监会严禁同业竞争,创始人用股票质押贷款出来的钱不能投资于原有主业,必须进入新的行业寻找投资机会。

第三步:由于各种因素,新进入的第二个产业也发展顺利,几年后又产生一家上市公司,这时集团创始人基本上就进入"天下英雄舍我其谁"的自信心爆棚阶段,于是就迫不及待地在第二家公司上市后把该公司股票质押套现,继续寻找第三个行业、第四个行业……

第四步:十年后,这些集团平均有了百亿资产和至少一家上市公司,各种社会荣誉光环纷至沓来,许多老板甚至成为全国人大代表或党代表,当地各大金融机构负责人争相给他们贷款。钱来得太容易了,于是老板们头脑发热、加速扩张,左手尽可能地从股市及银行、债市募资,右手尽可能地寻找各热门行业的投资机会下注……

第五步:中国经济狂奔猛进30年,终于在2018—2019年进入实质性大调整之际,这些多元化扩张的民营大集团突然发现自己直接从酷暑进入寒冬:公司原有主营业务进入发展瓶颈期停滞不前,新兴业务陷入竞争红海不断烧钱,公司每年产生的经营性现金流覆盖不了几百亿元的债务所产生的利息,于是被迫玩起了"十个锅七个盖"的资金游戏,拆东墙补西墙,正常融资通道堵死就从民间集资,资金利息成本也一路水涨船高。

第六步:终于有一天,这些集团下面一个规模才几亿元的小信托产品或债券产品出现违约,好事不出门坏事传千里,瞬间各路债权人蜂拥而至上门追债,集团顿时资金链断裂,债务危机爆发。

第七步:因为这些几百亿元规模的大集团都是当地龙头企业之一,也是当地重要的用工大户和税收大户,地方政府基本都会参与到拯救这些集团公司的事务中，出钱出力稳定局面；同时这些集团开始资产大甩卖套现自救。但发展至此，这些集团基本都元气大伤，能度过此次债务危机就是万幸了。

这些大集团出事的最大元凶就是"多元化扩张"。

关于"多元化"还是"专业化"经营，中国企业在 20 年前就曾经展开过轰轰烈烈的大争论。当时吴晓波先生的成名作《大败局》里面的许多案例都是源于盲目多元化扩张。笔者曾在 2001 年出版了中国第一本系统阐述公司紧缩原理、技术及应用的专著《公司紧缩：资本运营新境界》，对当时的中国企业盲目多元化扩张进行过系统批判，并提出运用资产剥离、公司分立、分拆上市、股份回购及自愿清算等多种手段处理非核心业务资产并做大做强主业。

2019 年，中国多元化大企业集团集中出事后，笔者多次感叹："中国的企业家们不长记性！"

为什么中国老板们这么喜欢多元化扩张？他们的理论依据经常有：

（1）不要把鸡蛋放到一个篮子里；

（2）之前我成功地在一个行业做大并上市，企业经营都是相通的，我可以在其他行业复制之前的成功经验；

（3）全世界企业曾经疯狂追捧的 500 强企业通用电气就是标准的依靠多元化扩张而成功的典范，中国的复星集团也靠多元化非常成功；

（4）只要我做好"多元化投资、专业化经营"，在每个行业找到最优秀的职业经理人，并加上股权激励，就可以克服新行业水土不服的风险；

（5）中国各种新兴行业层出不穷，不多元化就永远跟不上时代潮流。

确实，这些集团公司覆盖的行业里都少不了房地产、金融投资等这些年高速发展而且来钱快的热门行业。

确实，在中国前 20 年高速发展资金充沛的阶段，大多数多元化集团的扩张速度远远高于专业化集团的扩张速度。

以万亿资产的海航集团为例,海航的收购,开始是沿着航空产业链展开,但后来摊子越铺越大。陈峰在 2018 年底总结,中国 22 个大行业,海航进入了 12 个,涉足 44 个细分行业,戏称除了造避孕套的企业没有,其他都买了。当海航进入 500 强名单后,管理层不断修改目标,最后,甚至提出要进入"世界 10 强,资产 30 万亿"的目标。2020 年 2 月,海航集团终于撑不住,海南省政府派人接管海航维稳。

2019 年,资本市场给多元化集团老板们上了最好的一堂课。

谁也没想到,一个卖酱油的上市公司海天味业过去几年股价一路上涨到接近 3 000 亿! 这背后是公司的净利润从 2009 年的 7 亿元涨到 2019 年接近 40 亿元!

谁也没想到,恒瑞医药的董事长是丈夫孙飘扬,豪森医药的董事长是妻子钟慧娟,随着豪森在香港上市,窝在苏北小城市连云港创业不挪窝的夫妻俩以近千亿的身价成为了医药界的首富。

谁也没想到,全世界曾经的多元化偶像通用电气近几年从业务到财务全面崩盘,股价暴跌近 70%,连续每年亏损过百亿美元!(图 1-5)

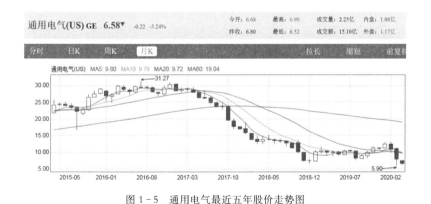

图 1-5　通用电气最近五年股价走势图

谁能想到,中国目前多元化最成功的复星国际集团(0656)2018

年净利润 134 亿元,2019 年中期净利润 76 亿元,公司每股净资产 13.4 元,每股收益 0.89 元,但股价只有 11 元,市值才 900 多亿元,相当于按净资产打 8 折(图 1-6)。郭广昌在多个场合表示复星国际股价严重低估,个人也不断增持,但市场就是很残酷,没有给好的市值表现。这根源就在于,复星国际横跨十多个行业,业务太庞杂,投资者没法看清楚公司主营业务和核心竞争力,只能把复星国际当做一个大的准金融投资性质的"上市 PE 集团"来看待,估值自然高不了。

图 1-6 复星国际股价走势图

反倒是复星旗下的复星医药很争气,复星国际控股复星医药,复星医药净利润接近 30 亿元,但市值稳定在 700 亿元左右,高点时超过 1 200 亿元,比母公司复星集团的市值还高。

通过以上分析可知,资本市场对于多元化和专业化公司的估值相差巨大,这足以让中国的企业家们深刻铭记。

因此,2019 年的这场多元化大集团"爆雷潮"最大的好处是,终于能够让中国的企业家们头脑冷静下来,好好思考未来发展到底是多元化还是专业化?

为何企业多元化扩张到一定阶段就必然出事?

道理很简单,当今的市场经济竞争太残酷,每个产业和细分行业都在进行你死我活的激烈竞争,即便你聚集全部资源到一个行业也不一定能活得长久。许多老板都是因为觉得自己所在行业赚钱太辛苦,眼红其他行业的发财机遇,于是跨界去赌一把,殊不知,当今世界各行业都是一个个"围城",城内的人觉得城外好发财,城外的人削尖脑袋想进入城内分一杯羹。

这几年,国内一些官办或民间商学院、创业营等大力鼓吹企业家们要寻找"第二条曲线",积极投资新的产品、行业来"突破瓶颈",对此笔者坚决不认同。这世间哪有那么多"第二条曲线"? 当每个老板都想寻找到"第二条曲线"时,很多新兴产业和行业立刻就从"蓝海"变成"红海",难道说"第二条曲线"失败后再去找"第三条曲线""第四条曲线"?

倒不如老老实实想好自己最擅长的专业和技能是什么,然后聚集所有的精力和资源"单点爆破",把一个产业深挖吃透,通过扎实的技术创新引领产业升级。以光伏行业为例,西安隆基股份就是在绝对红海竞争领域的光伏电池片领域,凭借金刚线切割技术的率先突破而一举掀翻传统几大光伏巨头的江湖地位,成为新的光伏霸主,最近中环股份又凭借 210 MM 超大硅片产品,希望能压住隆基股份的 166 MM 大硅片,实现弯道超车。十几年来,中国光伏企业正是靠这种技术上的你追我赶不断竞争突破,才成为全球光伏行业的领军者。

这才是我欣赏的中国企业家该有的经营战略:围绕核心产业深耕细作,依靠科技进步突破技术瓶颈,凭借资本市场实现市值同步提升,产品经营稳步推进的同时自然获得良好的资本市场表现回报。

断了浮躁多元化扩张的心,就没有那么多额外的资金需求,企业负债率也能控制在比较低的水平,企业自然就能活得安全滋润,老板也就能安静下来做真正该用心做的事业。[1]

2001 年,我在《公司紧缩:资本运营新境界》这本书中,先是从理

---

[1] 2020 年 1 月初,这部分内容我以《2019,中国多元化企业集团崩盘启示录》为题发表在著名财经自媒体"秦朔朋友圈",当天在朋友圈刷屏,浏览量估计过百万。文章影响这么大是我没预料到的,可见触动了许多企业家的内心。

论环节对多元化战略的缺点进行深入分析,然后提出用资产剥离、公司分立(Spin-off)、分拆上市(Carve-out)、追踪股(Tracking stock)、股份回购、自愿清算等方式实现对非核心资产的处置。

(1)资产剥离:这是最简单的方法,通俗的说就是卖资产套现。

(2)公司分立:上市公司把某个子公司的股份按照实物分红的模式分配给上市公司所有股东,上市公司所有股东等于同时拥有了两家上市公司。

(3)分拆上市:上市公司把某个子公司分拆出来单独上市。《上市公司分拆所属子公司境内上市试点若干规定》于 2019 年 12 月 13 日正式发布并实施,拉开了中国 A 股上市公司分拆子公司上市的大幕,意义深远。分拆上市最大的意义在于让子公司的价值能够市场化。比如我担任独立董事的苏州创元科技(000551)由苏州市几家国有工业企业打包在一起借壳上市而来,常年市值才 30 亿元左右,而其控股的几个子公司如苏净集团、苏轴集团、苏州电瓷股份等都是细分行业的领军企业之一,一个苏净集团分拆上市的市值都有可能超过 30 亿元。

(4)追踪股:这是非常有创意的一种资本运作,上市公司发行一类新股,但这类新股的价格只和某个子公司的利益直接挂钩。

(5)股份回购:企业如果账上积累了大量现金,与其乱投资不如回购股份,把钱分给股东,让股东自己决策投资。

(6)自愿清算:和破产强制清算相比,自愿清算是母公司把一个非主业但还在正常运作的子公司直接申请解散,因为处置出售子公司会耗费母公司管理层的许多精力和时间。

2019 年,宁波银亿集团申请破产重整,这家中国 500 强企业,在 2018 年的胡润百富榜上,其老板熊续强以 295 亿元的身家排名第 95 位,号称“宁波首富”。首富说垮就垮,此事引发市场巨震。

当我研究银亿集团这些年的发展轨迹,不由感慨,这又是一个盲目跨界激进并购导致的代表案例。

和其他企业跨界投资收购汽车整车企业不同,银亿集团选择了汽车零配件行业,这个战略应该是比做整车要更加稳健。

2016 年,银亿股份(000981)耗资 120 亿元收购了境外三家行业领先地位的国外汽车零部件制造商——比利时动力总成生产商邦奇、美国安全气囊发生器生产商 ARC 和日本艾礼富。这三家公司都是各自领域内全球排名前列的知名企业,银亿收购的眼光应该还是不错的,这三家公司的经营业绩也算正常,但为什么集团会突然陷入债务危机,几百亿元总资产的集团连 3 亿元的债券都违约偿还不了呢?

银亿股份从 2018 年 4 月到 2019 年 8 月市值跌去 90%。(图 1-7)

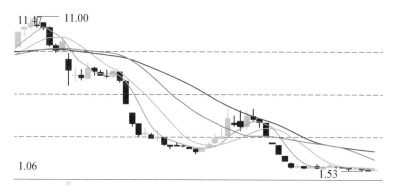

图 1-7 银亿股份的股价走势图(2018 年 4 月—2019 年 8 月)

根据公开披露信息,银亿集团原来的主业是房地产业,而且大部分楼盘在三四线城市,由于其房地产业务规模没有进入第一梯队,一直资金紧张。或许是对冲进中国房产第一梯队感到绝望,在 2016 年房地产正迎来繁荣之际,银亿股份却决定由原来单一的房地产业务变为"房地产+高端制造"双主业格局,这让其与房地产阶段性波峰失之交臂。而高端制造则选择了出资百亿元收购国外三家汽车零配件企业。这三起收购的资金绝大部分都是靠借款,因此对于本来资金就不宽裕的银亿集团,杠杆率的骤然提升会让之前的债权人高度紧张并采取风控措施,危机就此逐步酝酿发酵最终至不可控之境地。

这个转型之举应该就是银亿破产的最重要导火索。

2018年12月7日晚,上市公司TCL集团(000100)发布了一个令市场震惊的大重组方案。根据重组方案,公司管理层和战略投资人成立TCL控股,以47.6亿元的对价受让TCL集团的消费电子、家电等终端业务以及相关配套业务,包括TCL实业100%股权、惠州家电100%股权、合肥家电100%股权、酷友科技55%股权、客音商务100%股权、TCL产业园100%股权、格创东智36%股权以及通过全资子公司TCL金控间接持有的简单汇75.00%股权、TCL照明电器间接持有的酷友科技1.50%股权。同时,TCL控股将依照"人债随资产走"的原则承接重组业务的5万多名员工以及150亿元有息负债。

其中TCL实业、惠州家电、合肥家电主要从事消费电子、家电等终端产品的研发、生产和销售,酷友科技和客音商务主要为上述终端产品提供线上销售、售后服务和语音呼叫服务,产业园主要为上述终端业务提供厂房和办公物业的开发和运营服务,简单汇主要为上述终端业务的供应商提供应收账款信息服务,格创东智则主要定位为向终端业务输出智能制造和工业自动化解决方案。

图1-8是TCL集团目前的业务板块,这次剥离的是智能终端业务群及相关业务和资产。

这一方案出来,市场顿时炸锅,许多文章批评TCL集团把起家的电视机、冰箱、手机、空调、洗衣机等经营了十多年的核心业务和资产(2017年销售收入近700亿元)仅以不到50亿元的价格出售给大股东,有利益输送嫌疑。

笔者认真研究了TCL集团的有关公告和资料,认为这次重组是一次典型的上市公司因为多元化发展导致价值被严重低估而不得不

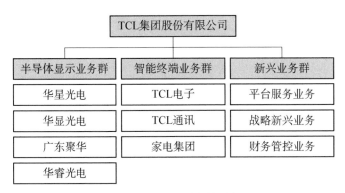

图 1-8　TCL 业务板块列表

采取的战略性公司紧缩操作，对 TCL 集团及其所有股东均大有益处。

为何多元化上市公司的估值给不高？有以下一些原因：

（1）公司多元化后，核心业务不突出，资本市场无法给这类公司按照行业归类，导致没有专业行业研究员来常年跟踪研究。在成熟的资本市场，一个公司的股票如果常年缺乏重量级研究员跟踪研究并撰写报告，这类股票很难获得大基金的青睐并重仓投资。

（2）公司多元化后，下面各业务板块发展有好有坏，亏损业务板块直接把盈利板块的利润给吞噬。比如 TCL 集团这次剥离的通讯板块 2017 年亏损近 20 亿元，直接拖累上市公司的整体业绩。

（3）公司多元化后，母公司股票估值低，掩盖了旗下市场高估值板块子公司的真正价值，这些被低估的子公司核心高管的怨气会逐渐积累，甚至爆发导致离职，投资人对此心怀疑虑因而不敢投资母公司股票。（图 1-9）

比如到 2018 年 12 月 13 日，TCL 集团主要对标企业京东方股票的市盈率是 20 倍，而 TCL 集团的市盈率只有 10 倍，整整少了一半！TCL 集团旗下十分赚钱的光电板块高管肯定对这个股票低估值现状非常不满意，给他们发的集团公司股票期权对应财富也因此大打

2015—2017，资本市场对上市公司的业务结构认知

TCL集团各产业营收分布(2015—2017，亿元)

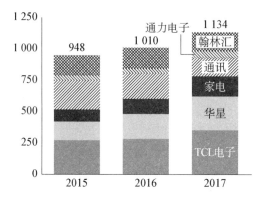

上市公司净利驱动核心华星光电有如珠玉蒙尘

TCL集团各产业净利润分布(2015—2017，亿元)

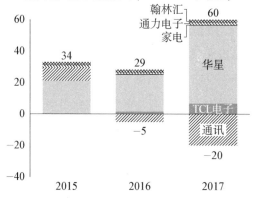

图 1-9　华星光电的业绩被 TCL 集团业绩掩盖

注：TCL 电子基于年报口径，其他业务基于内部报表数据口径；集团总营收及利润未计入酷友和华显，且不包含其他及合并抵消项

折扣。

（4）多元化后，公司总部组织人事庞大，管理成本大增，董事长和 CEO 疲于为各板块的业务奔波，不能聚焦到最赚钱的核心业务，长此以往导致长板业务不突出、短板业务变亏损。

从交易完成前后的对比,就可以看清这次资产大剥离对 TCL 集团业绩的明显提升。(表 1-4)

表 1-4　重组对 TCL 集团业绩的影响

项目	2018 年 1—6 月		2017 年度	
	交易完成前	交易完成后（备考数）	交易完成前	交易完成后（备考数）
营业总收入(万元)	5 258 184.75	2 113 297.40	11 172 744.20	5 051 029.50
营业利润(万元)	188 320.39	148 694.10	411 292.43	554 517.40
利润总额(万元)	218 575.46	179 034.40	478 974.06	626 445.80
净利润(万元)	170 083.99	155 560.70	354 470.29	530 264.20
归属于母公司所有者的净利润(万元)	158 593.83	147 063.60	266 439.60	442 174.70
毛利率(%)	18.29	15.25	20.54	19.81
净利率(%)	3.23	7.36	3.17	10.50

本次交易完成后,上市公司营业总收入大幅下降,2017 年上市公司营业总收入相较于交易前减少 612 亿元,降幅 54.79%,公司所有者的净利润反而增加 17.5 亿元!交易完成后上市公司净利率大幅提升,2017 年从 3.17% 提升至 10.50%,2018 年 1—6 月从 3.23% 提升至 7.36%,极大地提高了上市公司的盈利能力。[1]

TCL 股票的表现充分证明了资本市场对这一重组的认同,从 2018 年底到 2020 年 2 月,公司股票从 2.3 元涨到最高 7.3 元。(图 1-10)

想用曾文正公的一段话来与大家共勉:"用功譬如掘井,与其多掘数井,而皆不见泉,何若老守一井,力求及泉,而用之不竭乎?"

---

[1] 关于 TCL 重组的内容来自我在"外滩并购工坊"公众号发表的一篇文章,TCL 董事长李东生先生看到后,特地把我的文章转发到他的微博里,他写道:"TCL 集团已经公布了重大重组方案,我相信这个重组有利于公司持续发展,也能给股东带来更大价值。"

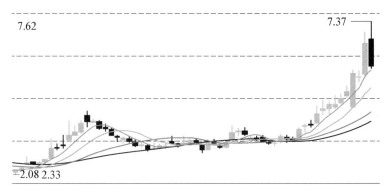

图 1-10　TCL股价在最近一年多的表现

七、救援式并购陷阱

根据被收购公司员工心理抵抗程度和交易风险高低,可以把并购分为以下四种类型。(图 1-11)

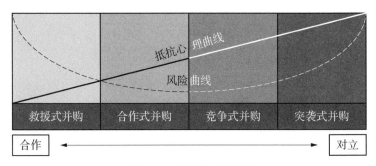

图 1-11　并购的四种类型

救援式并购指一方陷入困境,另一方去收购困境企业的行为。救援式并购既可以看成雪中送炭,也可以当做趁火打劫。中国人喜欢捡便宜货,当看到一个知名企业陷入资金链断裂岌岌可危时,就容易动心去并购。

从图 1-11 可知,救援式并购中,被并购公司员工抵抗心理曲线处于最低位时,风险程度非常高。

为什么救援式并购风险高?

(1)当企业陷入困境、资金周转出现问题时,就像一个人病入膏肓到处都有健康问题,不是靠简单地打一针特效药(资金注入)就可以解决。

(2)企业出现问题往往是从小危机开始,逐步发展成大危机的,"君子不立危墙之下",因此公司里最厉害的员工在发现危机苗头时,就很容易找到下家跳槽。一个企业最重要的资产是一批最优秀的骨干员工,当这些核心骨干都离开后,收购方注入资金也只是买了个公司的"壳"。

(3)企业出现问题后,好事不出门坏事传千里,以自媒体为代表的新媒体尤其喜欢炒作知名企业的负面新闻以吸引眼球。因此当公司出事的消息漫天飞之时,公司的品牌形象会受到严重冲击,尤其是大众消费连锁品牌,一个坏消息的扩散对品牌打击往往是致命的。2019年,中国一些知名自主服饰品牌公司出现了共同危机,在店铺租金和人员工资刚性难降的情况下,互联网电商又严重分流线下门店客户,原来拥有几千家门店的这些知名服饰品牌一个个传出业绩下滑巨额亏损的新闻。这些新闻被炒作后,其品牌形象和价值也一落千丈,消费者更加不会去购买,这种恶性循环基本就宣判了这些企业的死刑。即使有人注资把房租和人员工资稳住,品牌损毁后重新树立昔日辉煌的成功概率也极低。

(4)企业资金和品牌出现问题,供应链也会立刻出现麻烦。供应商看到负面新闻报道,会抓紧回收现金,同时新发货时缩短账期,甚至要求款到发货。

(5)2018—2019年,一批几百亿元资产或估值的民营企业出事,往往都是因为一笔两三个亿元的小额债务没有及时还款被媒体曝光,然后所有的债权人集中采取措施来抢先冻结资产,保护自己的利益,形成类似银行挤兑的资金危机。这些集团出事后,甚至会出现下属最优质资产上市公司的股份被轮番冻结十几轮的奇观!

救援式并购相当于"火中取栗",做得好可以"四两拨千斤",但做不好就是买了个"烫手山芋"或"正在融化的雪糕"。

2017 年 1 月 17 日,香港上市公司、国内民营地产巨头融创中国宣布,融创中国通过旗下公司收购乐视网 8.61% 股权,代价为 60.4 亿元;收购乐视影业 15% 股权,代价为人民币 10.5 亿元;增资以及收购乐视致新 33.5% 股权,代价为 79.5 亿元;总代价为 150 亿元。消息一出,震惊四方,当天乐视网股票涨停。见过仗义救人,但像融创孙老板这样为帮老乡眼睛不眨就真金白银掏出 150 亿元的雪中送炭式并购可谓前所未有。

乐视体系在最风光的时候,仅旗下一个上市公司乐视网的市值就过千亿,贾跃亭最春风得意时,到处被鲜花和掌声所包围。乐视做视频网站起家,从视频做到电视再做手机,一路都还比较顺利,但转折点可能是从乐视造车开始。按照贾跃亭的理论,电视、手机和汽车不算跨界,因为这三个产品都有个共同特点:屏幕。乐视要通过屏幕来把手机、电视和汽车串成一个生态链。这个逻辑听上去似乎有理,也很能打动投资人,毕竟新能源汽车的产值和想象空间实在是太大了。从电视跨到手机不难,就像小米从手机跨到电视也获得巨大成功一样,手机供应链和电视供应链有太多可以共享的部分。但手机电视和汽车之间的生产流程及供应链差别或许是高山与大海的差别。贾跃亭是造梦高手,在他的感召下,确实聚集了中美一批汽车界的高手来共同开发汽车,但很遗憾,到 2020 年的 2 月,当特斯拉已经销售 200 多亿美元、市值破万亿美元时,贾跃亭的车还停留在样品车阶段。造汽车是个资金无底洞,乐视体系原来现金流还比较健康,自从造车开始就一下爆发了财务危机。乐视的崩盘是盲目跨界多元化扩张恶果的又一个代表。

融创主业是做房地产的,和乐视的几大主营业务没有关联,乐视曾经在一些地方圈了几千亩土地,这或许是唯一能和融创主业相关的资产。

孙宏斌不是对乐视的风险没有预估,但问题是预估得远远不够。2017 年 3 月 28 日,融创中国 2016 业绩会上,孙宏斌谈到乐视,认为"乐视最多能涨到两三百个点,但最多跌 30%"。当时乐视网股价 30 元,到 2019 年 4 月股票长期停牌时股价已经变为 1.65 元,乐视网 2019 年亏损过百亿元面临退市,千亿元市值灰飞烟灭。

孙宏斌在中国商界以"硬汉"形象著称,但收购乐视后的融创业绩发布会上,当记者问及如何看待乐视时,他已经知道这 150 亿元资金将全部打水漂,不禁潸然泪下,那张照片让我每次看了都感到一阵心酸和悲哀。

心酸的当然是"男儿有泪不轻弹",悲哀的是,孙老板并购乐视这么大的事决策如此草率和随性。

乐视网、乐视影业、乐视体育、乐视电视、乐视手机、乐视汽车……每个板块都对经营团队有极高的要求。在乐视风光无限时,乐视系从政府、央企和外资挖了许多精英高管,但当贾跃亭不断传出负面新闻时,这些精英恰恰是跑得最快的。融创并购投资乐视时,原来的豪华团队已经散去大半,而融创是个纯正的房地产企业,房地产和乐视原有这些业务差别实在太大,融创无法及时输出靠谱又专业对口的一个精英团队去接管乐视原有业务及资产,只能看着乐视体系资产像一根雪糕,在阳光下慢慢融化消失。

与收购乐视形成鲜明对比的是,2017—2018 年,融创做了另外一个救援式并购,大获成功。

融创号称出资总对价 438 亿元收购万达集团旗下十几个文旅项目,交易宣布当天,融创就将第一笔 150 亿元资金打到了万达的账上。不过,在正式交割之前,融创团队就已经提前进场卖房了。借助于融创强大的销售团队,当时,项目账面上已经有 300 亿元现金。2017 年 7 月 11 日,融创的一份公告显示,296 亿元收购尾款来自万达的委托贷款,这被戏称为"万达借钱给融创收购"。这笔交易让孙宏斌非常得意,他说:"我们付了万达 438 亿,这三年里我们卖了 1 600 亿,一部分是工程款,一部分是收回来的款项。"

房地产行业核心资源不是团队,而是地块。因此,万达即使把所有项目的人员全部撤走,只要土地在,融创可以迅速派人有效接管这些项目,并很好地经营运作。

同一年做的两个救援式并购为何差别这么大? 关键在于四个字:盲目跨界。

最后,给想做救援式并购的企业家们几点建议:

(1)轻易不跨界,不熟不做;

(2)不要贪便宜,便宜往往没好货;

(3)并购之前,做好标的公司团队散尽的最坏打算;

(4)最安全的操作策略是让标的公司进行破产重整,这样既能够大幅降低债务偿还压力,又可以彻底隔离或有负债风险。

八、 恶意并购陷阱

恶意并购指在标的公司大股东不愿意转让控股权的情况下,收购方强行收购"抢亲"。

恶意收购通常发生在股市上,当第一大股东持股比例没有超过 50％时,理论上都存在被恶意收购的可能性。当然,在中国,因为存在 30％的要约收购"警戒线",一般情况下,股市上的恶意收购都针对第一大股东持股比例低于 30％的上市公司。

美国资本市场充满了腥风血雨,敌意收购甚至就是华尔街最引以自豪的一道风景线。每年美国都有不少大型恶意收购案例上演,而 2019 年美国芯片巨头博通发起的针对高通公司的 1 400 亿美元恶意收购更是举世皆惊。

美国为何成为恶意收购的沃土？这有几方面的原因：一是美国上市公司股权极为分散，第一大股东持股比例往往不到 10%；二是美国金融体系高度发达，拥有杠杆收购最充沛的资金配套来源；三是美国有全球最顶尖的投资银行，这些投行都把并购服务作为最核心盈利部门，绞尽脑汁鼓吹和推动企业并购；四是在股东分散导致 CEO 实质性控制公司的情况下，这些 CEO 和高管们大都能秉持职业道德把公司日常经营做好，不管并购还是被并购他们都会获得巨大的职业成就和不菲的业绩报酬，比如被收购公司 CEO 如果被辞退，将获得被称为"金色降落伞"（Golden Parachute）的巨额离职补偿金。

历史上最轰动的杠杆收购案例之一是 1988 年的 RJR 纳比斯克（Nabisco）公司案例。RJR 是一家大型食品和烟草公司，在这场收购战中被著名的杠杆收购公司 KKR 所收购。KKR 在这场收购战中的对手是当时 RJR 公司以 CEO 罗斯·琼斯为首的管理层。当时，罗斯想发动一场管理层收购，但收购标书公开后，KKR 也加入到这一收购战中并最终获得胜利。和其他许多杠杆收购的案例一样，这一交易并未给恶意收购者 KKR 带来预期收益，后来，KKR 在失望之余只好又卖掉了 RJR 公司。根据这个案例，后来诞生了美国商界的畅销书以及好莱坞同名电影《门口的野蛮人》（*Barbarians at the Gate*）。这本书是非常好的关于美国上市公司收购的现实案例教科书，中国做并购的专业人士几乎都带着学习的心态来读这本书，当然也有很多老板看了后心潮澎湃、脑洞大开——原来并购可以这么惊心动魄和刺激！

中国一些财大气粗的民营企业看到一个特别心动的标的上市公司，如果对方不愿和自己谈并购，一气之下就可能在股市上展开恶意收购。中国股市成立到 2020 年正好 30 年，这期间发生的恶意收购案例估计近百起,和 3 000 多家上市公司的总数比,这个比例数字不算高,但成功的恶意收购(指收购方收购成功完成控股)比例不到20%,而且,即便控股成功后,这些企业后续发展基本都出现各种问题。

因为身兼上海交通大学海外教育学院国际并购研究中心主任的原因,十几年来,我在上海交大、上海财大、复旦大学、厦门大学、南京大学等很多高校的各种投融资或资本运作方面的总裁班讲授企业并购实务课程,给上海交大安泰经管学院和上海财大金融学院的金融硕士课程讲授并购实务,每年听我课的企业家和学生估计会超过3 000 人。每次讲到恶意并购时我都会强调:

千万不要做恶意收购,因为"强扭的瓜不甜"! 婚姻如此,并购亦如是。

面对举牌,被收购上市公司控股股东的第一反应通常是组织反收购,这时"焦土战术""白衣骑士""驱鲨剂""金色降落伞"等多种经典反收购战术就会在专业并购财务顾问的指导下实施,使收购方面临一个又一个挑战和困难。随着收购战的推进,收购方成本通常都会不断提高,尤其在有"白衣骑士"或竞争对手介入竞标的情况下,收购方即使通过不断抬高收购价格而成功入主,过高的收购价格会使收购方永远无法通过整合目标企业来弥补收购成本,常见的结局就是再次"放血"出售、断臂疗伤。

在中国,恶意性质的举牌收购还会面临更大的风险,主要是中国上市公司"内部人控制"程度远高于国外,并且缺乏经理层信托责任机制。国外上市公司在面临被收购时,经理层尽管会组织一些反收购行动,但对企业正常经营仍然会兢兢业业,克尽委托人(股东)的委托责任,保证企业在收购前后的业务稳定经营。而中国目前上市公司里内部人控制现象严重,公司核心管理层及其亲朋好友通常把持着公司的各个核心部门和业务,在面临恶意举牌收购时,常会做出一些过激行为,如煽动员工闹事、企业经营大滑坡、增加或有负债等等,以吓退收购方。

近十年,中国上市公司收购大量失败的重要原因就是,收购方进入后发现了巨大的"窟窿"和"黑洞",这些陷阱在协议收购的方式下虽然不能通过专业尽职调查来完全发现,但可以通过在协议收购合同中约定原大股东对收购后出现的这些或有债务提供有效担保,来给收购方一定保障;而在恶意收购下,收购方连最基本的对上市公司的尽职调查都无法做,只能祈祷上天保佑上市公司披露的招股书和年报等公开资料已经充分反映了企业的真实情况。即使目标公司以前披露的信息都是真实的,目标公司的控股方也完全可以在被收购后人为制造一些隐蔽的"陷阱"和"黑洞",这就是现在中国资本市场起步不成熟阶段的现实!

因此,我们可以反过来看看已经发生的这些成功案例的特点:恶意收购仅仅是这些收购方整体收购策略中的一个环节,收购方使用恶意收购的同时,要么和上市公司大股东及管理层已经形成一定默契,要么就是"敲山震虎",警告潜在收购竞争方,为协议收购成功做铺垫。

2015 年,中国资本市场发生了一个著名的恶意并购案例:宝能集团收购万科股份。

万科是中国公认的最大也是最优秀的房地产企业之一,万科长期以来股份就非常分散,央企华润集团持有万科 15％ 的股份就成为第一大股东。华润虽然是第一大股东,但是万科实际长期被以王石为首的管理层牢牢控制着经营权。宝能集团的核心业务之一也是房地产,当宝能旗下前海人寿规模迅速做大、可动用投资资金非常多时,万科就被宝能这条"大鲨鱼"盯上了。

2015 年 7 月 11 日,万科发布公告,从当年 1 月至 7 月,深圳宝能集团旗下前海人寿在深交所不断买入卖出,于 7 月 10 日,持有万科股份达到 5.52 亿股,占当时万科总股本的 5%。

随后的十个交易日,宝能再次分别通过前海人寿以及钜盛华买入万科 1.03 亿股和 4.49 亿股,分别占当时万科总股本的 0.93% 及 4.07%。

前后两次交易,让宝能合计持股达到了 10%,其中,前海人寿持股 5.93%,钜盛华持股 4.07%,一举成为万科的第三大股东。

这时,万科总裁郁亮在业绩会上将宝能举牌称为对万科的肯定,并一再表示"欢迎所有的投资者来买万科的股票"。

据王石当年 12 月在北京万科内部谈话时的表态,在宝能增持至 10% 的这一刻,他与姚振华在冯仑的办公室交谈了四个小时,姚振华承诺,成为大股东之后,王石还是旗手。只是王石并不欢迎宝能,只因宝能信用不足、能力不够、短债长投、风险巨大,以及华润作为大股东角色有重要的作用。

当年 8 月,宝能系便再次通过前海人寿以及钜盛华买入万科 0.73% 及 0.08% 的股份,并通过一系列资管计划持有 4.67 亿股万科股份,占比 4.23%。至此,宝能所持万科股份增加至 15.04%,一举超过华润成为万科第一大股东。

随后,华润耗资 4.97 亿元,分别于当年 8 月 31 日和 9 月 1 日两次增持,重夺万科大股东之位,持股比例升至 15.29%。

只是,这个位置没坐多久,就再次被宝能反超。11 月 27 日,钜盛华继续增持万科,宝能系再次成为万科第一大股东,并于随后的 12 月 4 日,再次举牌万科,持股比例增至 20.008%。

股权上反超无望,战场只能转向台前。为了阻止姚振华,万科先是于 2015 年 12 月 18 日宣布临时停牌,理由是正在筹划股份发行用于重大资产重组以及收购资产。这一动作与当年"君万之争"如出一辙:通过停牌赢取时间,狙击宝能。

2016 年 3 月,万科迎来了第一个转折点,其拟以新发行股份方式收购深圳地铁资产。这一动作完成,深铁将成为万科的第一大股东。但万科没料到的是,股权被大幅稀释的华润,一改原本支持的态度,倒向宝能,与后者一样,均对该重组预案表达强烈反对。

至此,万科控制权的争夺到了拼刺刀的阶段,引入黑石、举报资管计划、工会委员会起诉等等各种狙击手段轮番登场。

故事的最后,华润决定退出这场争夺,将股权转让给深铁。同时,在股权之争期间,拿下万科 14.07％股权的恒大,将手中的股份转让给深铁,深铁最终持有万科 29.38％股权,成为第一大股东。

2017 年夏天,宝能通过前海人寿、钜盛华以及九个资管计划,持股比例已达 25.4％,是万科的第二大股东,只是在多方的压力下,姚振华也萌生了退意。持股比例的最高点定格在了 25.4％。2018 年夏天,宝能正式宣布将通过大宗交易或协议转让方式,清算处置九个资管计划所持股份。

到 2019 年底,宝能系基本从万科全面撤出,当初耗资 400 亿元左右的收购虽然没有成功,但这笔投资从财务上让宝能大赚百亿元以上。

如果有人采访到这场收购的核心参与者,写本书,估计精彩程度不会低于《门口的野蛮人》。

我们再来看一个近期轰动的恶意并购案例——港交所恶意收购伦敦交易所。

2019 年 9 月 11 日,港交所公布了一个举世震惊的收购方案,港交所拟以现金与股票方式作价 316 亿英镑展开对伦交所的收购。港交所总裁李小加表示,伦交所与港交所均为全球最重要市场的金融基础设施,两者如能成功结合,将创造一个全球布局、世界领先、覆盖亚欧美三大时区,同时为美元、欧元和人民币等主要货币提供国际化的金融交易服务,合计市值有望超过 700 亿美元的交易所集团,向全世界市场参与者及投资者提供前所未有的、适应未来市场需求的全球市场互联互通平台。

但是,9月13日,伦敦证券交易所发布了一个冷酷无情的公告,直接拒绝了港交所的求婚,认为这场婚姻无论从哪个方面看都是不合适的。"因此,董事会一致拒绝了这一有条件的提议,鉴于其根本缺陷,认为进一步接触没有任何好处。"

英国人一直以温文尔雅的君子风范著称,但这个回复港交所的"拒婚说明书"锋芒毕露、满纸怨气。

经过一番研究,我找到伦交所拒婚的两个核心原因。

(1)伦交所和港交所的发展战略存在重大差异。

伦交所在"拒婚信"中一再强调路孚特公司(Refinitiv)对伦交所的重要性,对港交所提出的并购前提是伦交所放弃收购路孚特公司表达强烈不满。

公开资料显示,路孚特是全球最大的金融市场数据和基础设施供应商之一,为超过190个国家的4万多家机构提供服务。它不仅提供领先的数据和见解以及交易平台,还通过多个开放数据和技术平台以连接蓬勃发展的全球金融市场社群,从而促进交易、投资、财富管理、监管合规、市场数据管理、企业风险和打击金融犯罪。

路孚特8月1日宣布,其股东已与伦敦证交所达成明确协议条款,伦敦证交所将根据相关该等条款以全股份对价方式收购路孚特。该交易价值总额约为270亿美元。交易完成后,伦敦证交所将成为一家总部位于英国的、世界领先的全球金融市场基础设施(FMI)提供商。

为何伦交所这么看重路孚特?

从图1-12可以看出,2019年,伦交所集团各项财务数据都有不俗的增长表现,在其收入中,信息服务业务成为第一大收入板块,占了39%,而以股票挂牌服务为主的资本市场业务仅占18%。这可能出乎许多人的意料!

伦交所集团的信息服务收入主要来自富时罗素(FTSE Russell)

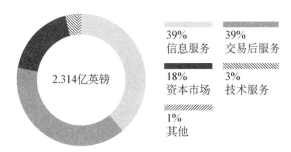

图 1-12　2019 年伦敦证券交易所集团的收入构成
数据来源：伦交所网站

公司。

富时罗素的专业产品为全球机构和零售投资者广泛使用。目前约 16 万亿美元资产以富时罗素指数为基准。30 多年以来，主要的资产所有机构、资产管理机构、ETF 发行方和投资银行都使用富时罗素指数作为其投资表现的基准，并用来开发投资基金、ETFs、结构性产品和指数衍生品。富时罗素指数也为用户提供资产配置、投资策略分析和风险管理工具。

富时罗素也是数据解决方案的主要供应商，数据产品包括自上而下的经济和人口结构信息，详尽的股票、债券及可持续发展投资基本面数据分析，数据产品用户包括企业、金融机构、商学组织和图书馆。

显然路孚特和富时罗素两个公司具有巨大的资源整合协同效应，这也是伦交所宣布收购路孚特后公司股价大涨的原因。

未来伦交所的发展方向是什么？

伦交所公布的发展战略已经明确："将伦敦证交所转型为一个全球领先的金融市场基础设施集团。"（"Transforms LSEG's position as a leading global financial markets infrastructure group."）

再看一张伦交所网站中披露的图，就可知道伦交所正在致力于成为一个以大数据分析和运营管理为核心业务的高科技公司！（图 1-13）

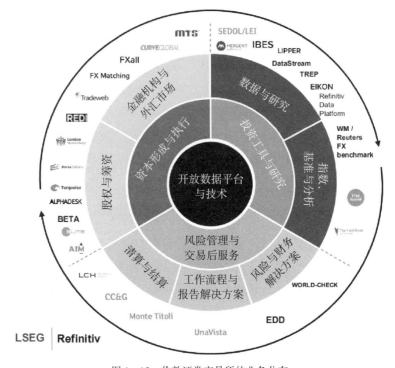

图 1-13 伦敦证券交易所的业务分布
数据来源：伦交所网站

反观港交所的并购"求婚书"，一再强调并购的目的和意义是建立一个横跨亚欧美三大时区、提供多种货币交易的全球交易平台。

从港交所 2018 年报表中可知，其收入大部分都来自交易所的交易佣金、结算、上市等传统交易所业务。

伦交所的发展重点是提供全球最顶尖的交易指数、数据及研究平台；港交所的发展重点还是传统的交易所业务扩张。两者的发展方向显然不在一个层面。

在伦交所眼里，即便搭建了一个全球化的股票上市交易所又有多少意义？而其重点发展的富时罗素业务和路孚特公司合并后可以覆盖全球几乎所有国家的股票交易指数和资产，全世界所有的大机构都会使用其产品进行全球化投资。这种交易终端及相关数据研究资源的垄断性远比地域上单纯的几个区域证券交易所的联合更加有发展空间和想象力。

得大数据者得未来，当今世界，每个行业都会诞生一个大数据巨头。

比较下来，显然，伦交所的发展战略定位和目标比港交所高了不是一点点。

并购就是一场婚姻，双方一定要在根本的价值观、眼界及格局方面彼此匹配才可能有一个美好的结局。

伦交所或许觉得港交所还停留在传统的基于地域整合产生协同效应的低级并购战略理解层面，不配和自己谈婚论嫁，但是港交所仗着财大气粗提出了全盘收购方案，而且未经商量就单方面向全世界披露求婚，让其感到一些羞辱，于是在拒绝港交所的说明中才会流露出各种不满甚至愤怒。

（2）伦交所拒绝的不是港交所，而是香港。

"我们不相信港交所从长期来看会保持亚洲最佳交易所的地位以及是在中国挂牌/交易的最佳平台。"（"we do not believe HKEX provides us with the best long-term positioning in Asia or the best listing/trading platform for China."）

下面一段则直接表达了伦交所"另有新欢"的明确态度。"我们认为和上海证券交易所建立长期互惠战略伙伴关系才是伦交所未来获得中国大量合作机遇的首选和直接渠道。"

长期以来，上交所和港交所一直在为争取大中华区证券交易龙头地位而明争暗斗。

2019年6月17日，沪伦通正式通航。同日，沪伦通启动仪式在伦敦举行，上交所上市公司华泰证券发行的沪伦通下首只全球存托凭证（GDR）产品在伦交所挂牌交易。

2019 年 8 月 24 日凌晨，富时罗素公布了其旗舰指数——全球股票指数系列第一阶段第二批次的 A 股纳入名单，共有涵盖大中小盘及微盘的 87 只 A 股入选。此外，还对部分第一批次已纳入的 A 股股票进行了市值分类调整。本次纳入完成后，A 股在富时罗素全球股票指数系列中的纳入因子将由 5％提升到 15％。这一安排将于 9 月 23 日开盘前正式生效。

显然，伦交所和上交所及大陆 A 股正进入"业务热恋期"。

和国际上几大交易所相比，港交所自身的特殊情况也是伦交所担心的问题。

"毫无疑问，港交所不同寻常的股权结构以及你们和香港政府的特殊关系将会使交易变得更加复杂。"（"There is no doubt that your unusual boardstructure and your relationship with the Hong Kong government will complicate matters."）

港交所的独特性在于：首先，它是一个独家经营香港股票市场的机构，在未得财政司司长的同意下，任何个人或机构不得持有香港交易所超过 5％的股份。其次，董事会成员包括不多于 6 名由政府委任的董事，不多于 6 名由股东选出的董事及行政总裁。（图 1－14）

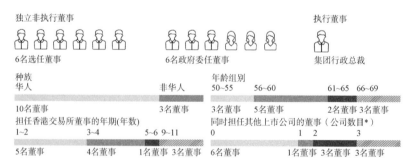

图 1－14 港交所董事会结构图

数据来源：港交所网站

这种股权高度分散性和董事会里政府委托董事的一家独大使得港交所董事长和总裁的任命权主要来自于香港特区政府。而伦交所和其他国际主要交易所的董事主要由市场选举产生。如果港交所收购伦交所成功，伦交所将成为港交所的控股子公司，从而间接被香港政府所控制，伦交所对于未来公司治理结构的担心也在情理之中。

香港近期的动荡局面更是让伦交所感到不安。

"我们认为港交所的股票价值非常不稳定。而香港最近正在发生的事情增加了这种不确定性。更进一步地说，从长期来看，我们甚至质疑香港作为亚洲战略门户都市的地位能否持续。"

港交所提出的交易方案中，四分之三是用港交所的新发股票来支付交易对价。港交所股票的价值从某种意义上就代表了香港的投资价值。而伦交所的这段话毫不留情、极为严厉，直接指出香港目前的动荡局势让他们感到香港未来已经非常危险，港交所的股票未来面临很大的下跌风险，他们不愿意用伦交所股票来交换港交所股票。

这段话打的不是香港联交所的脸，打的是整个香港的脸。曾经的东方之珠光芒万丈，但 2019 年持续的骚乱动荡让香港成为全世界关注的焦点。

一个暴徒可以随便打砸公共设施、殴打普通百姓的城市已经让香港成为"不安全城市"的代名词，香港旅游业暴跌、商铺大量关门、中学大学陷入混乱、社会分裂……代表这个地区经济发展风向标的港交所的股票又怎能独善其身？

伦交所拒绝港交所的事情并不会成为孤例，未来在香港上市的所有公司在向全世界发出换股收购要约时，都会遇到今天港交所的困境：香港动荡让全球投资人不敢接受港交所上市公司的股票！长此以往，香港证券交易所在全球资本市场的地位将进一步衰落！

作为中国研究跨国并购的一名学者,这种局面的蔓延让我忧心忡忡。

但我更加忧心的是,香港街头那些蒙面游行闹事的民众,他们不关心港交所或所有香港上市公司的未来,似乎那些离他们很遥远。殊不知,覆巢之下岂有完卵。若香港股市因这次社会动荡在全世界被列为不安全的投资市场,香港的经济将肯定雪上加霜,香港的未来更加悲观。

那么,港交所能够"强娶"伦交所吗?

伦交所的"拒婚声明"出来后,港交所也快速回复,有意继续收购伦交所。

问题是,在伦交所董事会一致通过反对港交所的声明发布后,港交所还有机会吗?

虽然港交所有关人士声明,说这个交易不是"恶意收购",但从伦交所回复的"我们非常惊讶和失望"来看,伦交所已经把这次收购和"恶意收购"近似划上等号。

港交所该怎么办呢?

这是伦交所的前几大股东情况:

股 东 名 称	占已发行普通股比例(%)
卡塔尔主权基金(Qatar Investment Authority)	10.30
贝莱德集团(Blackrock Inc)	6.90
美国资本集团(The Capital Group Companies,Inc)	6.80
英国投资基金公司林塞尔火车(Lindsell Train Limited)	5.00
合计	29.00

这个大股东持股比例也非常有意思,第一大股东为卡塔尔国家投资公司,第二和第三大股东均为美国著名资产管理集团。伦交所前三大股东竟然没有一个英国机构!这充分说明了伦交所是一个全

球化、市场化的公众公司。

因此,港交所并非没有"强娶"的机会。

既然伦交所的主要股东都是财务投资人,财务投资人一般都是以经济利益最大化为核心目标。港交所若要"强娶"伦交所,有两种方法可操作:

一是直接大幅提高要约收购价格及提高现金收购比例。伦交所的"拒婚说明"中也隐约含蓄地提到,拒绝港交所的一个原因是价格没有吸引力(港交所拟收购伦交所给出的报价是每股约 83.61 英镑,较其 9 月 10 日的股价溢价 22.9%),另一个原因是股票换股比例过高(四分之三是换股)。如果港交所把收购溢价再提高 10% 到 20%,把交易对价支付比例改为一半股份一半现金,或许伦交所就会愿意和港交所坐下来谈婚论嫁了。但这种高溢价收购是否合算又需要港交所董事会认真计算才能定。

二是分步收购。港交所完全可以和伦交所的现有主要股东逐一分别谈判,或许能够按照比较合适的价格收到 10% 甚至更多的股份直接成为伦交所的第一大股东。在此基础上,以第一或第二大股东的身份和伦交所磨合相处一段时间,再找时间发起全面要约收购。美的收购库卡就是采用了这个策略大获成功!

从我多年的并购研究经验来看,企业并购领域"强扭的瓜不甜"近乎成为真理。港交所如果不惜代价继续收购伦交所,即便成功,其后果也非常令人担忧。

在香港动荡不安的此时,作为香港资本市场的"定海神针",港交所是否更应该多花些精力和资源来为维护香港安定作贡献呢?

如果香港不稳,港交所的国际并购之路将注定布满荆棘、一路坎坷。

一切只有等待时间给出答案。

九、 竞标式并购陷阱

竞标式并购指一家公司要出售时,多家企业同时参与竞争收购。

竞标式并购大多发生在知名优质公司转让的情况下,当消息放出去(中国国有企业股权转让必须要在产权交易所公示)后,买家自然就会闻着香味过来。

2019年,世界空调龙头格力电器大股东珠海市国资委发布消息要转让其在格力电器上市公司的控股权,几十家投资机构云集珠海参与竞标,最终高瓴资本摘得明珠。

在国外,一个企业如果要出售,标准的操作模式就是聘请一个卖方投行,制订出售标书,对外发布项目出售招标信息。大部分企业出售项目都是按照这个模式来操作的。

巴菲特曾说:"我们不参与竞标。"("We don't participate in auctions.")

为何巴菲特不参加这种竞标式的收购呢?老巴喜欢合适的并购价格——说白了就是喜欢价格便宜、被低估的资产。比如2008年金融危机时,在金融股暴跌全世界一片恐慌之际,巴菲特果断出手花65亿美元买进高盛股票,在2017年公司年报里,我们看到这笔投资的市价已经涨到290亿美金。而竞标式收购最大的弊端就在于,买家互相PK导致收购成本大幅上升。

竞标式并购主要的风险在于:

1. 收购成本高

收购企业和到菜场买白菜本质上也没有多少区别。公司好还要价格合理才值得收购,就像一颗普通的大白菜再好也不值得花1 000元去买。

中国的并购大亨们可不这么想。前几年,我们常常看到,当一个中国甚至世界知名企业要出售，一堆中国大亨都会热血沸腾参与投标报价。国外企业现在出售时最喜欢看到几个中国买家争得头破血流。古人云，"人争一口气，佛争一炷香"，当这个竞标信息被媒体一报道变成焦点时，大部分参与竞标的大亨都为了"面子"咬牙挺住，最终付出高昂的并购成本和惨痛代价。

2011年11月初，刚刚上任不久的加拿大自然资源部部长乔·奥利弗到访中国，拜会了中石油、中石化、中海油的董事长。知情人士告诉记者，在这些会面中，奥利弗邀约中国的石油企业去加拿大投资，其中加拿大第十四大石油公司尼克森公司是重点推荐的项目之一。尼克森公司成立于1971年，在加拿大多伦多和美国纽约两地上市，在加拿大西部、英国北海、尼日利亚海上、墨西哥湾等多地拥有油气勘探开发业务，核心业务包括常规油气、油砂和页岩气。

中国三大巨头都对尼克森产生了收购兴趣，于是在中国三桶油之间就开始了明争暗斗，收购价格不断上升。

2013年2月26日，中海油以溢价61%、折合约151亿美元的价格收购尼克森。因中海油还需承担尼克森43亿美元的债务，所以这笔收购的总价实际上高达194亿美元。该数字也刷新了当时中国能源企业海外收购的纪录。

中海油为这一高溢价收购付出了昂贵的学费。

尼克森业务的三个重点领域为加拿大西部油砂、页岩油气及深海油气（主要位于英国北海等地区），这些资源的开采成本均高于陆上的常规油气。而其中又以油砂资源尤甚，其储量占了尼克森资源总储量的60%以上。2015年3月到2016年7月，一年多的时间内，尼克森裁员三次，累计裁员870人。2016年半年报，中海油对海外资产进行了资产减值，数额高达104亿元，被减值的资产主要是尼克森的加拿大油砂项目。资产减值后，中海油净利润同比下降152.5%，亏损77.4亿元。

每次看到这个案例我都会痛心疾首。

2017年的时候,我经历了一个案例,非常有意思。

中国某个传统制造行业有几万亿规模,前十大企业基本都是民营企业,前三大巨头资产都过千亿。中国在这个行业规模全球老大,但最高端的一种核心生产设备却依赖于德国的一家知名机械制造企业,这家企业一年向中国销售几十亿。

2017年初,突然传来消息,这个德国企业的控股股东要出售其股权,中国这个传统行业的前几大企业老板听到消息后都非常激动,每家都想去收购这个核心的上游设备公司。该行业的国家级行业协会发现这个情况后非常着急,会长找到我们基金公司,希望我们能和协会联手组建一个专项并购基金来收购这个德国机械企业。因为这个公司如果被某一个中国下游企业控制,对整个行业发展肯定不是好事,收购方会把这个公司的最新技术产品优先供自己使用;另外,这么多中国企业蜂拥去抢,最后收购价格肯定也会被抬得非常高,吃亏的还是中国人。协会和我们基金管理公司发起一个40亿元的并购基金,让行业前十大企业每家出几个亿做LP,这样等于是中国行业龙头企业联手抱团去收购。当时我非常兴奋,专门到北京向该行业协会的老领导(原来某工业部部长)汇报了设立并购基金抱团收购德国企业的方案,老部长也非常支持。

本来我以为这个案子十拿九稳可以做下来,因为中国是这个德国公司的最大市场,其主要中国客户都集中到我的基金里,理论上中国买家就只有我们一家,价格会比较好谈。

但人算不如天算。2017年,中国商务部、外交部、发改委和人民银行联合发布74号文,对中国企业海外并购做了严厉的规范,该文特别提到严格控制中国境内企业组建基金到境外收购。74号文出来后的半年内,中国民营背景的人民币基金境外收购之路基本全部堵死,这个案子我们也就没有能继续操作下去,甚是可惜。

2020 年 3 月的天津信托控股权竞标案例也充分说明了竞标式并购的"抬价"风险。

天津信托于 1980 年 10 月 20 日成立,是天津地方国资绝对控股的非银行金融机构,也是国内最早成立的信托投资机构之一。银行间市场未经审计的财务数据显示,天津信托 2019 年实现营业收入 8.46 亿元,同比下降 27.38%,净利润 6.17 亿元,同比增长 5.65%。

上实集团于 1981 年 7 月在香港注册成立,是上海市政府在香港的窗口企业,目前由上海市国资委全资控股。旗下拥有上海实业控股有限公司(0363.HK)、上海实业城市开发集团有限公司(0563.HK)、上海医药集团股份有限公司(601607.SH,2607.HK)等五家境内外上市公司。上实集团业务范围涵盖医药医疗、基建环保、房地产和区域开发、消费品、金融服务和投资五大领域。

2019 年 12 月 30 日,天津产权交易中心官网披露两则关于天津信托股权转让的信息:天津海泰控股集团有限公司(下称海泰控股)挂牌转让天津信托 51.58%的股权,转让底价 39.49 亿元;泰达控股挂牌转让天津信托 26%的股权,转让底价 19.9 亿元,这意味着天津信托的公司估值为 76.56 亿元。海泰控股和泰达控股均为天津市重要的国资集团,因此出让股权必须挂牌。

2020 年 2 月,泰达控股的 26%股权只有一个竞标者上实集团,因此上实集团顺利平价"摘标",这给上实集团在下一步增持股权时打下良好的"老股东同等条件下优先受让"的基础。

但当上实集团继续投标收购海泰控股持有的 51.58%的股权时,"搅局者"辽宁忠旺集团浮出水面。忠旺集团成立于 1993 年,总部位于辽宁省辽阳市,是全球第二大、亚洲最大的工业铝挤压产品研发制造商,是中国高端制造业的代表性企业,也是高铁"复兴号"整车车体铝型材的最主要供应商。2009 年 5 月,忠旺集团旗下旗舰企业中国忠旺在香港成功上市。

3月23日,天津产权交易中心网站显示,天津信托51.58%股权的竞价已结束,最终价格为74.17亿元。交易价格从39.49亿元起拍,上实集团和忠旺集团经过100多轮PK,最终成交价比起拍价翻了将近一倍!我也很佩服上实集团,能够一路加价直至胜出,一般的国企是很难做到的,因为国企一般会事先授权拍卖操作人员一个最高价,超过这个最高价,操作人员无权加价。显然,在这次拍卖过程中,上实集团对可能的高溢价结果已经做好充分准备。但74.17亿元的成交价意味着天津信托的估值已经被抬高到143.8亿元,对应天津信托2019年6亿元的净利润,这个估值目前看显然偏高,未来要靠上实集团有效整合资源,助推天津信托利润大幅增长,才能让这笔交易物有所值。

2. 管理层不配合风险

从前面的并购类型图(图1-11)中可以看到,竞标式并购中,员工心理抵抗曲线迅速增加。

这从人性角度分析很容易理解,就相当于在大饥荒时代,一些家庭实在穷得过不下去,家长就把小孩带到大街上,往小孩头上插根草表示要卖小孩,只要有人出价高,不管小孩是否愿意就卖掉,这小孩肯定非常生气。

在竞标式并购中,标的企业管理层会接触到潜在的各路买家代表,因为买家需要对标的公司做尽职调查,而对标的公司访谈是十分重要的环节,尤其在管理团队十分优秀的情况下,买家都会想方设法和核心团队搞好关系,希望得到团队支持并能继续留任在公司。在这个过程中,管理团队肯定在心理上对某个意向竞标者感觉特别好,对某些竞标者感觉特别差。万一最终结果是感觉特别差的竞标者成功竞标,标的公司核心团队可能一气之下就大面积离职,这对收购方而言就是巨大的风险。

2015年底,我们参与了一个某著名儿童早教连锁企业的竞标式并购,该企业在中国有几百家门店,大股东是某境外基金。这个消息出来后,许多人都去洽谈收购,我们因为有一些特殊的教育领域资源,认为可以帮助这个公司更快发展,于是花了很多精力一步步进行投标PK,到最后,基本就剩下我们基金和一个浙江做传统制造业的民营集团。该早教公司的管理团队基本都是海归背景,无论是专业还是经验都让我们非常欣赏,而这些核心高管经过和我们(也是高学历专业团队)的深入交流,也非常认同我们基金的投资理念。加上我们这类股权投资基金都是财务型投资人,一般投资后都不会插手被投企业的日常经营,这些高管会觉得和我们合作很安心。他们也和另外那家竞标的浙江企业老板有接触,直言感觉和那个老板在许多理念方面不是很合拍,他们优先希望能和我们基金合作。

经过几个月的竞标,最终结果是浙江这家民营企业以高出我们许多的价格竞标成功,当时我也感到很遗憾。但是投资就是这样,我们只能出我们认为合理的收购价格,盲目出高价收购是对我们背后基金LP的不负责任。浙江老板财大气粗,以自有资金为主进行收购,没有退出压力,对价格没有我们基金敏感。

当竞标结果出来后,我估计这家早教公司的核心团队也是很不爽,希望浙江的这个老板能够想办法把原来的优秀团队成员留下来。虽然我们没有竞标成功,但也祝愿这桩"婚姻"有个美满结局。

十、 并购民营企业陷阱

按照控股股东的所有制性质,中国的企业可以分为民营企业和国有企业。

截至2018年底,中国民营企业的数量超过2 700万家,注册资本超过165万亿元。民营经济完成了50%的企业纳税,70%的技术创新,80%的城镇就业,90%的城镇新增就业,增加值占GDP的比重超过了 60%。在所有 A 股 3 558 家上市公司中（截至 2018 年底），民营企业占了其中近三分之二。

并购民企有哪些值得关注的问题呢？

1. 搞清楚对方出售的真实目的

国企出售的原因基本就三条：国退民进、国企改制和里应外合。民企出售的原因就五花八门了。

所以，收购民企要做的第一件事就是想办法弄清楚对方出售的真实目的，这个没弄清楚前不要急于出手。

很多年前，我帮一个大集团去收购一家民营上市公司。第一次陪客户老板到外地上市公司总部见到对方董事长，寒暄两句我就直奔主题问："你们公司现在每年还有几千万利润，您现在才 50 岁，离退休还早着呢，您为什么现在要把公司卖掉？"

估计这个董事长已经预先准备好我提这个问题，马上回答："我创业 20 多年，老婆孩子现在都住在加拿大，平常两地分居，我又不愿在外面拈花惹草，晚上回到家冷冷清清，这样的日子我不想再过了，所以要卖掉公司去国外享受人生；另外，我虽然今年 50 岁，但长期高负荷工作，身体已经吃不消，一身毛病，特别是我有严重的颈椎病和腰椎病，晚上长期失眠，再这样下去肯定要得抑郁症了，钱再多，没命享受有什么意义呢？"

他这么一说我也就立刻理解了，于是双方洽谈合作意向，签署并购意向协议，我带队做尽职调查。

一个月过去，工作进展都还挺顺利，我和客户又来到这家上市公司所在地，我陪他和上市公司董事长又就某个关键问题进行谈判达成共识。谈判结束后，上市公司董事长派他的司机开着他的专车奔驰 S600 送我们去机场。这是我第一次见到老板的司机，看样子估计他不到 30 岁。

在去机场的路上，我故意问这个司机："你们老板最近身体好点没有？还是经常失眠吗?"年轻的司机白了我一眼,很生气地回答:"谁说我们老板身体不好?他经常和我们一起打篮球,体力比我们许多年轻人都好;谁说他睡眠有问题?我开车,他在后座经常就可以呼呼大睡!"

听到这话,我一把摁住旁边客户的手,示意他不要发声。到了机场,这个司机开车离开后,我和客户说:"现在必须立刻把这个项目停下来,因为卖方老板之前告诉我们的出售原因,比如身体不好、睡眠问题等,现在看来是假的,公司肯定有其他一些我们不知道的重要原因才要卖,在没有找到真实的出售原因前,现在先暂停。"

客户一听急了:"现在暂停,那前期咱们为尽调请中介机构付出的100多万元不就打水漂了?"我回答:"咱们这次收购要花费至少5亿,如果没搞清楚企业出售真实原因贸然并购后,随便踩个雷的损失都是几千万元,这100万元中介费是小钱。"

后来,我们确实也没找到能让我们信服的对方出售的真实原因,但是这就像两个人谈恋爱,本来情投意合就快谈婚论嫁之时,突然发现对方有个很不光彩的事情一直瞒住你,而被你从其他途径知道,这就会在两个人心中埋下一根刺,随着时间的推移,这根刺会越扎越深,迟早会让双方的感情破裂。

最终我们还是决定,放弃收购这家上市公司。

2. 民企资产黑洞风险

中国企业的各种税负加在一起在全世界都属于比较高的,而中国企业的竞争残酷性又在全球名列前茅,这使得许多民营企业会通过各种方法把利润隐藏起来以少交税。而国企的经营者则不敢随意弄虚作假调节利润。因此中国国企财务报表的真实性要远远高于民企。

民营企业股如果没有上市计划会想方设法隐藏利润少缴税,而上市公司财务造假一旦被发现会受到严厉处罚,因此上市民企财务报表真实性也会高于非上市民企。

所以,要收购一个没有上市规划的民营企业时要特别小心,因为公司报表可能有巨大水分,公司存续历史越久,报表的真实性越低。

在这种情况下的并购,一定要聘请非常专业的中介机构,对公司做详尽的尽职调查,从而尽可能地把公司真实情况摸清楚。

3. 民企负债黑洞风险

民企的负债黑洞也要高度重视。负债分为两类:有形负债和或有负债。

中国民营企业向银行借款时,如果没有足够的抵押担保资产,银行会要求该企业寻找另外一个企业给它做担保,而这个帮它担保的民企会提出要贷款企业为其进行反担保。一个地区经常会出现几家甚至几十家民企互相担保,形成错综复杂的担保链,在这个担保链上,一个企业出现债务断裂问题会引起连锁反应,让链条上的所有企业都跟着遭殃。所以,在做民企有形债务调查时,特别要对担保和反担保对象做认真调查,预估担保链的出事概率。

或有负债则是并购民企时更加可怕的重大隐患,国企的或有负债风险要远小于民企。针对或有负债陷阱在本书第三章会专门分析,在此不作展开。

十一、 并购国有企业陷阱

中国的国企,无论数量还是规模都是非常庞大的。

2018 年,全国国有企业(不含金融企业)资产总额 210.4 万亿元,负债总额 135.0 万亿元,国有资本权益总额 58.7 万亿元。其中,中央国有企业资产总额 80.8 万亿元、负债总额 54.7 万亿元,平均资产负债率 67.7%;地方国有企业资产总额 129.6 万亿元、负债总额 80.3 万亿元,平均资产负债率 62.0%。

2019 年 11 月,国资委印发《中央企业混合所有制改革操作指引》,虽然是针对央企(国务院国资委直接有资产处置权利的只有央企),但是各地方国资委会根据这个指引相应制定地方国企混改方案:

> 拟实施混合所有制改革的企业(以下简称"拟混改企业")要按照"完善治理、强化激励、突出主业、提高效率"的总体要求,坚持"因地施策、因业施策、因企施策,宜独则独、宜控则控、宜参则参,不搞拉郎配,不搞全覆盖,不设时间表"的原则,依据相关政策规定对混合所有制改革的必要性和可行性进行充分研究,一企一策,成熟一个推进一个。
>
> 积极稳妥推进主业处于充分竞争行业和领域的商业类国有企业混合所有制改革,国有资本宜控则控、宜参则参;探索主业处于重要行业和关键领域的商业类国有企业混合所有制改革,保持国有资本控股地位,支持非公有资本参股;根据不同业务特点,有序推进具备条件的公益类国有企业混合所有制改革;充分发挥国有资本投资、运营公司市场化运作专业平台作用,积极推进所属企业混合所有制改革。

许多民企看到这个政策出台后摩拳擦掌,我接到不少老板的电话都问我是否有合适的国企可以收购,好像收购国企就是新一轮的发财机会。

我给多家国有上市公司担任过独立董事。2016 年,江西省国资委还聘请我担任该省最大的国资平台公司江西省省属国有企业资产经营(控股)有限公司外部董事,我还担任了包括浦东新区国资委在内的很多地方政府国资委顾问,因此对国有资产资本运作还是非常熟悉的。

确实有些市场竞争型领域的国有企业有很大的混改并购商机,比如格力电器的混改就是一例,高瓴资本收购后不到半年,账面盈利就超过 50%。

但是,收购国企必须要注意以下一些风险:

1. 挂牌交易被"搅局"风险

中国国企在出售时必须要在国有产权交易所公示,央企产权转让项目正式信息披露时间不少于 20 个工作日,涉及企业实际控制权转移的应进行信息预披露,时间不少于 20 个工作日,增资扩股项目信息披露时间不少于 40 个工作日。

在产权交易所的公示信息里,会把转让公司三年的基本财务数据包括总资产、净资产、收入和净利润等披露出来。对于未上市国企,存在一个净资产估值与市场化估值的"套利空间",比如一个国企最近一期净资产 1 亿元,净利润 3 000 万元,国企转让评估值不低于净资产,可能就会把转让基准价定为 1.5 亿元,而 3 000 万元净利润的公司,按照市场化平均 10 倍左右市盈率估值,也要值 3 亿元。因此产权交易所公示按照 1.5 亿元基准价格出售一年 3 000 万元净利润的某个国企股权时,即便收购方事先和国企大股东以及管理层做了良好沟通,但消息一经泄露还是会吸引许多市场"狙击者"的注意参与竞标,多轮竞标的结果是价格一路上涨,大大压缩了套利空间。

早些年,国企在交易所转让时都会根据背后潜在接盘方企业的特征"量身定做"一套投标者投标条件来吓退"搅局者",但是后来国资委专门就此发文,规定不允许产权交易所为特定投标者设定苛刻投标条件,这就使国企股权转让存在很大的不确定性。

最近我就参与了一个搅局案例。

山东某个地方国企要转让,这个国企是中国某机械加工行业的龙头企业之一,当地有个民企已经是第二大股东,在这次国企转让过程中有优先购买权。在当地产权交易所显示公司一年净利润大概 5 000 万元,净资产 2 亿元,转让基准价格定在 3 亿元。我恰好是这个行业里另外一个民营龙头企业的投资顾问,民企老板看到这个消息非常兴奋,就和我商量是否要参与竞标来"虎口夺食"。我研究了一下标的公司资料,就提了两点建议:第一,如果收购后公司核心技术人员跳槽,我们能否有效接管;第二,不担心对方核心人员流失的情况下,收购价最多可以出到15倍PE即7.5亿元,但不建议一步到位出这个价,可以先从5亿元出价开始逐步抬价。客户按照我给的建议,迅速派人到山东那个产权交易所,交保证金参与竞标。

下面给大家提供一个规避国企挂牌被恶意竞标的"妙招",非常有价值:

第一步:假设这个拟出售国企评估后净资产为1亿元,国企的大股东可以用其在这个国企的100%股权按照1亿元价格出资,民企收购方用1.05亿元现金出资,双方共同成立一个新的合资公司,这样收购方就获得合资公司里51%的绝对控股权;

第二步:原来国企的大股东可以把在新合资公司里的49%股权进行挂牌出售,这时持有51%股权的民企收购方享有同等条件下的优先购买权,更重要的是,因为新合资公司已经被民企控股,这时基本上就没有什么民企来收购这个合资公司49%的股权,价格自然就不会被抬高。

这种两步走的交易结构,对民企收购方来说,最大的成本就是要多花将近一倍的资金,但这笔资金并没有流出到体系外,还是在该民企控制之下。

2. 国企核心团队不配合风险

国企转让肯定要通过交易所进行招标,前面已经分析过这种竞标式并购的团队不配合风险,这里针对国企的特殊情况再深入分析一下。

国企领导者一般可以分为两大类:一类是强势领导者,即该国企虽然是国有控股,但其从小到大的发展都是来自于某位强势领导者,我习惯称之为"功勋级企业家",董明珠就是这类经营者的代表。

这类领导者对公司长期控制后,当地市长书记换了几任,但这个国企老大的位置没有领导敢轻易换人;另一类是弱势领导者,即国企董事长岗位经常换人,每个老大到国企来干几年就调走,对公司影响力较弱。

并购国企时,如果遇到这种"功勋级企业家"掌舵的情况,而预计当并购后这个老大带领核心团队离职,收购方又无法及时有效派高手接管时,我的建议是一定要和这个企业家事先进行良好沟通得到其支持。否则,如果仗着有钱以及和地方政府高层的关系强硬摘牌,这个国企的老大心怀不满,会有很多手段来让这个并购出问题,最后两败俱伤。

这类功勋企业家其实是对该国企感情最深的,当国资大股东要公开引进民营股东时,国企老大最想自己来控股,但国企干部又没有出资并购的能力,因此收购方最理想的做法是和该国企老大联手来收购。高瓴资本和董明珠联合成立一个收购基金控股格力电器,资金主要是高瓴资本筹集,但在基金管理公司层面董明珠拥有极大的话语权,能够非常好地保证其团队利益。

可惜上海家化的国企并购案例就因为"功勋企业家"葛文耀的过早出局而历经坎坷。

上海家化(600315)主营为美容护肤、个人护理以及家居护理产品的研发、生产和销售,拥有包括佰草集、双妹、美加净、六神、高夫、汤美星以及启初等在内的多个品牌。

2011年,平安集团通过收购上海家化集团100%股权成为上海家化最大股东。随后几年,平安以要约收购、二级市场增持等方式,进一步增加在上海家化的持股比例。截至2019年年底,中国平安保险(集团)股份有限公司通过上海家化(集团)有限公司、中国平安人寿保险股份有限公司-传统-普通保险产品等持股主体合计持有上海家化超过50%股权。

伴随着股权结构的变更，上海家化也经历了一系列重大人事更迭。2013年，原董事长葛文耀离职，职业经理人谢文坚接任；2016年，谢文坚辞任，张东方接任上海家化董事长。

2015年开始至今，上海家化营收增长但扣非利润下滑。数据显示，上海家化的扣非后归母净利润在2014年见到高点8.74亿元后逐步下滑，到2016年时只有2.05亿元。虽然其后有所回暖，但2019年离最高点仍然不足五成。而这段时间中国本土化妆品行业快速增长，涌现了许多新品牌。

据《证券时报》·e公司记者统计，自从2013年5月13日葛文耀被免去上海家化集团董事长和总经理职务后，他已经在微博中提了约300次上海家化，内容大部分为对内斗失败的愤愤不平、指责平安对上海家化经营不善、怀念自己经营上海家化时期的事迹。

2012年11月，葛文耀突然在微博上公然炮轰平安，抱怨其"无理""为所欲为"。随即有媒体报道，平安入主家化后，双方在投资项目上意见不一，特别是叫停了葛文耀寄予厚望的海鸥手表项目，成为他炮轰平安最直接的导火索。

2013年5月13日，平安信托突然宣布，免去葛文耀上海家化集团董事长和总经理职务（仍担任上市公司董事长），并称家化管理层涉及"账外账""小金库"等重大违法违纪问题。葛文耀马上在微博上连续炮轰，指责平安不守承诺，意图变卖家化资产，进来后"家化集团便名存实亡"。

2016年11月26日，上海家化宣布董事长谢文坚辞职。同时，曾任芬美意集团大中华董事总经理的张东方临危受命成为上海家化CEO兼总经理。28日凌晨5点，葛文耀发微博称谢文坚肆意挥霍，上任三年挥霍上海家化50多亿元现金，强烈要求进行离任审计。

2018年9月17日，葛文耀再次言辞激烈地在微博发长文，指责平安改弦易张的错误决定和上海家化新管理层的经营不善。

2019 年 10 月 31 日,葛文耀发微博感叹:"单品牌、少渠道的丸美市值超过有全渠道能力的上海家化 60 多亿。"

2020 年 1 月 16 日,葛文耀再次发微博,称珀莱雅的股票市值超过了上海家化,并配上了三个流泪的表情。截至当天收盘,珀莱雅股价涨 6.44%,报 105.58 元,创历史新高,总市值 213 亿元;上海家化股价跌 0.49%,报 30.73 元,总市值 206 亿元。

我曾在接受《中国经济周刊》记者采访说:"上海家化弄成现在这样,对整个品牌损害非常大。一旦品牌受损,开始走下坡路,再想扭转回到以前的上升通道非常困难。""当年上海家化引进社会资本是被上海市政府寄予厚望的样板工程。上海市国资委今后再做混合制改革会更加小心。"[1]

上海家化走到今天这样,从根源上分析还是基因的问题,纯金融集团和纯实业集团很难成功结合。平安如果像 GE 一样,有很扎实的实体,然后还有金融业务,能帮上忙,就不会发生这样的事情。

上海家化这个案例对于所有的纯金融投资者都是一个警钟。纯金融资本去接盘一个优秀的企业,除了带来资金,其他帮助是有限的。同时,因为基因不同,纯金融资本对实业的理解不会非常到位,如果处理不好和创始人的关系,这种交易风险就非常大。一开始不是把管理层撵走,而是要学着和管理层和平相处,这是上海家化案例最大的教训。

这段联姻在当年就不被看好。我当时在新浪微博里发了一段随想:"资本低估了创江山型企业家的深厚根基和影响力,企业家低估了资本的血腥和冷酷无情;结婚前都给对方展现美好浪漫,过日子撕

---

1 《上海家化与平安系:两败俱伤的联姻?》,载《中国经济周刊》2016 年第 50 期,记者为程子彦。

破面纱暴露各自真实颜面——相爱总是容易,相处太难!从收购国企的历史看,复星对被收购国企老总一直厚待,葛总该后悔当初高价吓退复星的往事了。"

3. 国企性质转换后的融资风险

在中国,国企和民企在融资方面享受的待遇可谓天差地别。许多地方的国企,总资产 100 亿元,负债 80 亿元,资产负债率高达 80%,但是只要这个国企开口融资,当地各大银行金融机构都会放款。同样的资产负债情况换做民营企业,想再增加一分钱贷款都不可能。

一些民企很眼红国企的融资红利,因此想收购个国企来继续承接福利。我会提醒他们,一旦国企大股东变为民企,原来国企享受的融资福利会立刻消失得无影无踪。特别是对于高负债率的国企,民企控股后原来国企的债权人不光不会新增贷款,而且会立刻收紧贷款。

这个"坑"非常之大,一旦踩上可能就是灭顶之灾,民企一定要小心。

4. 国企人员整合风险

众所周知,国企最大的弊病之一是"大锅饭"、人浮于事。根据我多年和各类国企的交往,一个国企平均有四分之一的人员都是多余的。越是福利待遇好的国企,"冗员"的情况越是明显,而且,这里许多"冗员"都是当地各级领导的"关系户",动也动不了。

如果民企收购的国企存在大量冗员,收购时为了顺利成交,许多民企都会向当地国资委承诺未来几年内不会裁员,那么民企并购成功后就会养一堆"闲人",这会让民企里原来努力工作的员工感到心理不平衡。这种来自内部员工工作绩效不成比例产生的矛盾,如果长期得不到妥善处理,会产生"劣币驱逐良币"效应,优秀人才会跳槽离职,而"闲人"会无事生非,惹出许多麻烦。

十二、 被国企并购陷阱

企业经营模式根据客户不同分为 B2B 和 B2C,其实还有一种 B2G,指企业的客户为政府部门、事业单位或国企。

对中国 B2G 的企业,我们投资很谨慎,因为我看过相当多的项目,发现大部分 B2G 公司的财务都有一个共同特点:应收账款比例过高,企业经营性现金流非常差,长期为负数。这是因为这类企业没有核心竞争力支撑,去投标政府项目时除了拼关系,还要拼价格和账期。好不容易接到一个项目,和业主方政府负责官员或国企领导关系处得很好后,经常是项目还没结束,这个官员或国企领导就被调离到其他岗位,换上一个新的负责人。而"新官"常常不认"旧账",对前任积累的各种项目应付款,会想办法拖延支付,好把节流资金用于自己负责的新项目……

因此,我经常建议 B2G 的企业最好能戴个"红帽子",主动引进一个国企做大股东,这样,一方面,以国企身份去投标政府项目时有优先权,另一方面,国企控股后,企业融资能力大幅提高,不用担心资金链断裂。

2018—2019 年,中国股市出现了资本市场发展 30 年来罕见的一幕:一批民营上市公司主动引进各级国资平台公司做大股东,从央企到省属国企甚至县级国企都控股了民营上市公司。(表 1-5)

2019 年 8 月 5 日晚间,有着"中国 PPP 第一股"之称的东方园林发布了公司即将"易主"的公告,称公司实控人何巧女、唐凯拟向北京市朝阳区国有资本经营管理中心全资子公司朝汇鑫转让东方园林 5％的股份,并将 16.8％的股份对应的表决权无条件、不可撤销地委托给朝汇鑫。2018 年底,北京市朝阳区国资委通过旗下盈润汇民基金,以 10 亿元受让何巧女和唐凯夫妇所持的上市公司 5％的股权。此

表 1-5 2019 年国资收购上市公司控制权交易事件统计

首次披露日	交易标的	交易买方	买方实际控制人	交易总价值（万元）	最新进度[1]
2019/12/24	百洋股份 29.99%股权	国信金融	青岛市国资委	—	签署转让协议
2019/12/18	茂硕电源 25%股权	江西国控	江西省国资委	—	达成转让意向
2019/12/10	ST 沈机 29.99%股权	通用技术集团	国务院国资委	120 000.00	进行中
2019/11/25	乾景园林 29.99%股权	陕西水务集团	陕西省国资委	—	失败
2019/11/23	鹿港文化 5.108 6%股权	淮北建投	淮北市国资委	—	签署转让协议
2019/11/19	京蓝科技 23.72%股权	绵投集团	绵阳市国资委	—	签署转让协议
2019/11/15	英飞拓 5%股权	深投控	深圳市国资委	34 342.04	完成
2019/11/12	赢合科技 9.73%股权	上海电气	上海市国资委	95 902.21	完成
2019/11/12	英唐智控 5.23%股权	赛格集团	深圳市国资委	33 036.90	完成
2019/11/11	海联讯 24.80%股权	杭州市金融投资集团	杭州市人民政府	63 140.80	完成
2019/11/8	得利斯 29%股权	中泰集团	新疆维吾尔自治区国资委	99 431.14	签署转让协议
2019/10/21	蓝海华腾 18.15%股权	云内动力	昆明市国资委	55 128.72	董事会预案
2019/10/17	ST 生物 25.58%股权	财信基金	湖南省人民政府	—	完成
2019/10/2	中航国际控股 100%股权	中航国际	国务院国资委	299 869.00	董事会预案
2019/9/19	宝鼎科技 29.9%股权	招金集团	招远市人民政府	92 112.88	完成
2019/9/17	ST 安凯 21.3%股权	中车产投	国务院国资委	—	达成转让意向
2019/9/3	华通医药 26.23%股权	浙农控股	浙江省供销合作社联合社	—	完成
2019/9/3	直安科技 7.33%股权	株洲国投	株洲市国资委	48 600.00	完成

首次披露日	交易标的	交易买方	买方实际控制人	交易总价值（万元）	最新进度
2019/9/2	易事特 29.99%股权	恒建投资	广东省国资委	308 202.01	签署转让协议
2019/8/26	宁波建工 29.92%股权	宁波交投	宁波市国资委	124 100.00	完成
2019/8/24	康欣新材 6.41%股权	无锡建发	无锡市人民政府	43 067.72	完成
2019/8/7	维维股份 17%股权	新盛投资	徐州市国资委	95 504.64	完成
2019/7/31	华讯方舟 18.94%股权	远致投资	深圳市国资委	86 206.95	签署转让协议
2019/7/31	ST中新 51.775%股权	邳州经发：江苏荣运建设工程有限公司	江苏邳州经济开发区管理委员会	160 487.00	签署转让协议
2019/7/24	人人乐 20%股权	曲江文化集团	西安市曲江新区管理委员会	—	完成
2019/7/18	山大华特 20.72%股权	山东国投	山东省国资委	—	达成转让意向
2019/7/11	ST斯太 11.61%股权	财通证券资管	浙江省财政厅	14 243.17	完成
2019/7/2	康欣新材 6%股权	无锡建发	无锡市人民政府	40 347.73	签署转让协议
2019/6/26	重庆百货 54.93%股权	重庆商社	重庆市国资委	606 464.71	董事会预案
2019/6/24	万达信息 5.014 2%股权	中国人寿	中华人民共和国财政部	79 420.00	失败
2019/6/6	网宿科技 12%股权	广西投资集团	自治区人民政府	350 339.08	失败
2019/5/27	恒通科技 26.51%股权	中国中铁	国务院国资委	78 221.99	签署转让协议
2019/5/27	德威新材 25%股权	陕西煤业集团	陕西省国资委	—	达成转让意向
2019/5/24	国海股份 29.8%股权	宁波交投	宁波市国资委	204 587.20	失败
2019/4/29	中航善达 22.35%股权	招商蛇口	国务院国资委	128 960.96	完成
2019/4/18	宝馨科技 8.11%股权	海南控股	海南省国资委	38 654.34	达成转让意向

首次披露日	交易标的	交易买方	买方实际控制人	交易总价值（万元）	最新进度
2019/4/15	多喜爱 29.83%股权	浙建集团	浙江省国资委	125 299.79	完成
2019/4/9	同方股份 21%股权	中核资本	国务院国资委	639 846.51	签署转让协议
2019/4/2	美亚柏科 15.79%股权	国投智能	国务院国资委	194 362.23	完成
2019/3/18	金字火腿 23.88%股权	恒健投资	广东省国资委	144 170.69	失败
2019/3/9	ST 地矿 16.71%股权	兖矿集团	山东省国资委	—	国资委批准
2019/3/5	恒邦股份 29.99%股权	江西铜业	江西省国资委	297 601.57	完成
2019/2/27	慈文传媒 15.05%股权	华章天地传媒投资控股集团	江西省政府	92 923.91	完成
2019/1/31	汇金股份 20.47%股权	邯郸建设	邯郸市国资委	59 612.80	完成
2019/1/25	天银机电 28.522 5%股权	南海投资	佛山市南海区国资委	114 089.85	完成
2019/1/9	智慧松德 7.45%股权	佛山公控	佛山市国资委	23 136.67	完成
2019/1/3	中化岩土 19.29%股权	成都兴城	成都市国资委	156 579.86	完成

注：1. 最新进度统计截止到 2019 年 12 月 31 日

一指数据空缺

数据来源：wind、新财董统计

次股权变更后,北京市朝阳区国资委的持股比例将上升至 10%,加之16.8% 股份对应的委托表决权,此次权益变动完成后,朝汇鑫将成为公司控股股东,北京市朝阳区国资委将成为东方园林新的实际控制人。

东方园林是典型的 B2G 公司,前些年高速增长,终于资金转不动,被迫卖身投奔北京市朝阳区国资委。

在享受到国企福利待遇的时候,提醒一下民企被国资收购后的几点风险。

(1)审批流程加长、运作效率降低。和民企相比,国企运作最大的特点是重大事项集体决策制度,一个投资项目或重要业务合同的审批需要投资部、业务部、财务部、法务部等部门先出投资可行性报告,然后一般经过总经理办公会审批后上董事会审批。现在越来越多的各级国资委发文要求国企重大决策事项必须要党委会"前置讨论",让审批流程进一步拉长。这种集体决策制度可以让国企领导者个人的风险大为降低,但却拉长了项目运作周期,可能错过一些需要迅速决策才有商机的项目。

(2)监督机构增加,规范成本上升。一旦被国企控股成为国企管理序列企业,原来在民企当"花瓶"的党委会和工会将从"花瓶"变成实权机构。国企还有个更厉害的机构就是纪委!民企一般不会设纪委,但国企的纪委几乎都是标配,纪委书记的级别也是相当高的。许多民企老板告诉我,党委会和工会都不怕,就怕纪委,因为纪委有权对任何工作岗位的员工进行合规合法性调查,有些员工见到办公楼层突然多出个"纪委办公室"的牌子后,会莫名心惊肉跳。

(3)激励导向偏差,优秀员工跳槽。大部分国企习惯于稳健经营,每年制订经营计划时都参考上一年业绩增加一点点(通常不会超过 10%,这是"鞭打快牛"的效应)。一个国企当年比预计盈利目标多赚了一个亿,受制于级别薪酬规定,其董事长为首的高管往往也不会多发 10 万元奖金;但是如果国企投资某项目亏损了 1 000 万元,可能这个领导者就会受到各级监督机构的调查甚至处罚。在这种机制下,国企干部往往一切求稳,不愿做冒风险的投资和业务。民企则是纯粹的利益导向,多赚多得。民企被国企控股,性质转变后,一线业务部门提出的新投资项目或新业务很有可能被高层集体会议否决,时间一长,一些业务骨干可能就受不了而跳槽,给公司带来极大伤害。

每次在总裁班讲到这个环节时,老板们都会问我有什么好办法,既能戴上"红帽子"享受国企制度红利,又可以灵活运作保持市场化运作效率?

我的建议是:

(1)如果一个民企现在股权 100% 被某家族持有,那么引进国企做控股股东时,建议让国企控股 35%～40%,然后家族股东把剩下的 60%～65% 的股份拆成三个股东,让国企成为第一大股东。

(2)新公司董事会设为 5 人,国企作为大股东派 2 人,剩下三个民营股东各推荐 1 人,董事长由国企派人担任,总经理由民营股东派人担任。

(3)为了避免国企决策条线太长影响运作效率的问题,可以根据这个企业规模大小来制订分级决策制度:比如 1 000 万元以下的对外投资、担保或业务项目由总经理办公会议决定;1 000 万元以上 3 000 万元以下的对外投资、担保或业务项目由董事会决定;3 000 万元以上的项目由股东会定。这种分层决策制度就可以保证企业正常业务运作的灵活机动性。

(4)对公司核心技术和管理骨干进行股份激励来锁住关键员工,可以成立一个有限合伙员工持股平台企业,在引进国企的同时,让持股平台企业也成为股东。

(5)尽可能努力发展业务,让混合所有制的公司走向资本市场上市,成为公众公司后,企业就可以进入更加市场化的运作轨道。

十三、 上市公司并购陷阱

中国有几千万家企业,但上市公司才3 500多家,上市公司在中国绝对是一个稀缺资源。和非上市公司相比,上市公司拥有最好的融资待遇,上市公司董事长成为各级政府座上贵宾,拥有一个上市公司是无数老板的毕生奋斗目标之一。

在中国,每年能够直接获得IPO资格上市的公司,最多只有400多家,常年在中国证监会排队申报上市材料的公司也有400~500家左右,因此许多公司等不及IPO,就选择收购上市,俗称"买壳上市"或"借壳上市"。

作为20年前就操作买壳上市的一个并购业"老司机",我一直都会碰到各路买壳卖壳的朋友来寻求合作。

2016年10月的一天,接触到某中小板公司,中间人说是老板想卖掉控股权。一查公司数据,30亿元市值,第一大股东持股40%左右,总资产1亿多元,净资产5 000万元左右,没有亏损。从壳公司的角度看,完美!

我当即表态说,有客户愿意出现金收购对方第一大股东持有的28%的公司股份(买到30%股份会触发要约收购),请对方报个价。过了两天对方回复,28亿元左右。这意味着,这个壳公司要价100亿元!

这个价格既然能喊出来,就绝对不是随便乱出价,因为在此之前,我已经听到风声说近期壳费飙升到百亿元,当时只当是个玩笑姑妄听之。现在,一个真实的触手可及的100亿元的壳就这样摆到自己面前,说实话,"老司机"也震惊了。

记得我的第一反应是:买壳市场疯了;第二反应是:我放弃。

于是,我找到若干报天价壳费待价而沽的上市公司老板讨教,凭什么一个壳卖这么贵?这些老板几乎都给出差不多的答案:不贵不贵,如果360(当时360从美国退市后在国内到处找壳)或是恒大地产、顺丰这种级别的行业龙头借我这个壳,100亿元的壳对借壳方而言也就是稀释10%~20%的股份,没问题。别人出现金把壳买下来如果能嫁接到360,一定发大财……

大家可能会问,现在谁一下能掏出近30亿元的现金?这个问题在中国式杠杆收购融资体系里已经得到完美解决了:收购方自己掏5亿元做劣后级LP,找基金子公司、信托公司或财富管理公司配10亿元的优先级LP,共同发起成立一个有限合伙并购基金,然后再向银行申请50%的并购贷款,就可以获得15亿元的贷款资金。用5亿元杠杆撬动30亿元收购资金,按100亿元估值买下一个上市公司的控股权,再想办法对接360等巨无霸企业来借壳。如果操作成功,股价大涨,扣除银行贷款和优先级合伙人本金及利息后的收益,绝大部分都流向出资5亿元的劣后级出资人,收购方将大赚一票。

一个上市公司的壳卖到100亿元,这在世界资本市场发展历史上估计也创造了新的纪录。国内壳大涨带动香港股市上的壳费大涨,据说当时香港资本市场一个主板的壳费标价6亿元左右,创业板的壳费标价2~3亿元。

用任何国际先进估值模式都不会把一个净资产5 000万元的上市公司估值到100亿元,这样的神奇故事只有中国才会发生。

我不禁怀念起2014年亲手操刀的一起美国上市公司收购案例,当时帮我投资的一个企业收购了纽交所一个拥有30年历史的美国上市公司,当时该公司净资产8 000万美元,市值只有4 000万美元,最后按不到净资产的价格收购了该公司51%的控股权,在纽交所引起轰动。在美国、日本、英国等成熟资本市场,上市公司市值低于净资产的公司比比皆是,所谓的壳费根本不值一提!

前几年流行的借壳上市操作是这样的:

一个传统制造业甲上市公司,行业低谷持续2年亏损,濒临退市边缘,年亏损数千万元,总股本1亿股,第一大股东王老板持股40%,股价20元左右,总市值20亿元左右。王老板开始谋划寻找潜在重组方,消息一经放出,立刻在市场上引发轰动,因为总市值30亿元以下的壳已经非常少,更不用说总市值只有20亿元的壳公司了。各路并购中介带着一个个市场追捧的互联网、手游、影视、石墨烯、机器人、一带一路、VR/AR、量子通信等公司找到王老板洽谈合作。王老板精选考虑对比筛选,最终选择了当时最热门的某"量子通信"概念乙公司作为合作对象。为了把其他求爱者拒之门外,王老板要求乙公司必须先支付5 000万元交易定金,才能给乙公司6个月的独家谈判权。乙公司立刻照办。

乙公司第一大股东李老板持股70%,2015年净利润5 000万元,承诺2016、2017、2018、2019年净利润分别是8 000万元、1.2亿元、1.8亿元和3亿元,经过双方讨价还价,初步确定乙公司交易估值为30亿元,并请来专业评估机构做了一个评估报告,论证此估值具有合理性。

经过数月谈判和尽职调查,甲公司公布董事会决议,确定按照前20个交易日均价的90%即每股18元,向乙公司全体股东定向增发1亿股;同时向不超过10家特定对象机构定向增发6 666万股,募集12亿元现金支付给乙公司全体股东。乙公司全体股东获得了1亿股甲公司股票(价值18亿元)以及12亿元现金共30亿元的交易对价,其中乙公司大股东李老板按照70%的比例获得了7 000万股甲公司股票和8.4亿元的现金。李老板同时承诺2016—2019年的净利润不低于上述承诺数,否则将向上市公司其余股东按比例赔偿股票或现金。

交易全部完成后,甲公司总股本将从1亿股增加到2.66亿股,李老板将在重组后的甲公司中持有7 000万股,成为第一大股东。公司从一个连年亏损的传统制造业摇身一变为一个当今最热门的"量子通信"概念且预计净利润过亿且持续增长的上市公司。董事会预案一经发布,甲公司股票复牌后,数千万股巨量买盘立刻涌入,把股票牢牢封在涨停板的位置,此后,股票连续拉了六七个涨停板,一直涨到40元左右才基本稳定下来。这时候,甲公司的总市值为106亿元,李老板持有的7 000万股股票价值28亿元,原来第一大股东王老板持有的4 000万股股票价值16亿元,重组前持有甲公司股票的散户现在股票市值也都翻倍,认购6 666万股定向增发股票的私募基金们也乐开了花,短短半月浮盈就过10亿元。几乎所有的参与者都发了大财,于是买房的买房、换车的换车,皆大欢喜。

各方都在感叹,并购,原来是这么美好的事情。

可是,当整个市场都卷入这种中国式并购的浪潮时,危机已经悄悄降临。

国人的投机性在上市公司并购领域得到了充分体现,以上述案例为代表的中国式并购模型式这两年横扫了华夏大地,导致各种乱象和风险频生。

风险一:壳公司僵而不死、越卖越贵。一些主业亏损、负债累累的公司只有寥寥数十个员工看家,但市值仍在狂热的买壳大军推动下常年维持在20亿元的规模;烂公司大股东在绝对的卖方市场氛围下,仍能指点江山、意气风发、挑三拣四,并最终获大利全身而退。特别是一些资不抵债、暂停上市还未彻底摘牌的公司,竟然能屡屡在"破产重整"后改头换面重新恢复上市,更推高了烂壳的价值。市场甚至专门有知名公募或私募基金押宝重组概念股进行主题投资,并且获得极大收益。在注册制有效推广之前,估计这种壳公司的走俏行情还将持续一段时间。许多小股民在盲目的押宝重组股的过程中损失惨重。特别要提醒的是,随着中国股票发行注册制的实施,上市公司壳资源的价值将面临断崖式的跳水,投资小盘壳重组概念股的风险将急速放大。

风险二：并购只看概念不重战略。中国式并购很少能从企业战略并购和产业链整合的思路来进行策划，卖方选择结婚对象的主要条件就是六个字：市场热门题材。这种急功近利的粗暴的并购逻辑还将在市场横行相当长时间。长此以往，中国股市必将为这种股价刺激导向型的交易付出沉重代价。

风险三：资本掮客满天飞。中国上市公司每年并购重组金额至少超过1万亿元，按2％的交易佣金计算，这其中隐含的财务顾问费用就有200亿元以上。这么巨大的一块蛋糕刺激了无数人进入并购领域，投行、咨询公司、会计师、律师、PE甚至猎头公司、地产中介公司的员工都摇身一变，成为并购顾问专家。当一个老板想买壳时，大量资本掮客就会蜂拥而至，向缺乏上市公司并购专业知识的老板兜售各种壳并尽力撮合，这些中介只关心是否能做成交易拿到佣金，并购几年后，上市公司出事就和他们没有关系了。

风险四：借重大并购题材操纵股价。上市公司的并购信息发布后，被并购上市公司股价通常会大涨，许多收购方从来没有买过上市公司，也不了解何为"信息敏感期"和"内幕交易"，在收购过程中有意无意地把消息透露给亲朋好友，结果亲朋好友在股市上就买进股票。这些收购方老板还没有意识到这个行为已经触犯刑法，等待他的是巨额罚款和判刑入狱。许多老板心怀侥幸，认为找一个千里之外和他没有任何血缘关系的朋友偷偷买点股票不会被发现，但是他不知道的是，中国证券交易所现在已经用人工智能和大数据对所有上市公司的交易进行动态监控，至少90％的内幕交易应该都会被查出来。

风险五：估值只看市盈率和对赌承诺。许多上市公司股票市盈率在40倍甚至更高，于是，这些公司老板就认为，按照不超过15倍的PE（市盈率）收购一块资产，能大大提高公司的每股收益，从而自然提高公司股价。用40倍的股票按照10～15倍PE估值收进来资产,并得到交易对方三年利润承诺和相应的对赌赔偿保障,这种交易表面上看非常安全,因此收购方往往忽视了对交易标的公司进行严谨的并购尽职调查,任由对方胡乱承诺利润、虚报估值。如某传统日用消费品行业上市公司收购某手游公司时,该手游公司净资产1亿多元,收购估值近40亿元!尽管收购溢价率如此之高,该上市公司股价在重组消息发布后仍然大涨200%。这其中孕育的泡沫和风险实在令人担忧。

在国际并购领域,中国上市公司最看重的PE指标并不是首选参考指标,EV/EBITDA(企业价值/息税摊销折旧前利润)才是主流的并购估值参考指标。PE中的E(净利润)在中国人的小聪明手段下,会被无数的手段调节得面目全非,因而带有很大的欺骗性,许多被上市公司高价换股收购的目标公司,净利润很高但应收账款巨大,经营性现金流极其糟糕。EBITDA则因相对重视企业的真实现金流要客观很多。

在国际上,上市公司收购一块资产也都是基于战略性资源整合为主要收购理由,并购错了就承担决策失误的后果,很少会像中国上市公司这样强制交易对方做三年净利润承诺及对赌补偿。原因很简单,收购完成后,标的公司董事会高管一定有部分成员由收购方派人担任,未来三年经营业绩好坏是双方共同经营管理的结果,怎么能让卖方单方面承担利润不达标的风险呢?

这种中国式对赌并购的交易结构,已经导致一些卖方会这么算账:在前述案例中,如果乙公司大股东李老板承诺2016、2017、2018、2019年净利润分别是8 000万元、1.2亿元、1.8亿元和3亿元,估值30亿元成交,4年总承诺净利润6.8亿,卖方大股东做假账再加上各种税收成本,一共需要贴进去12亿元,4年过后就不管标的公司死活撒手不管。假设到2019年,李老板股票按照均价50元成功套现35亿元,那么整个交易结束还能获得24.4亿元(35亿×80%+

8.4亿－12亿)的现金,足够过后半辈子好日子了!

前几年上述这种中国式并购大爆发后,2017年到今天已经出现大批上市公司业绩雪崩式的下滑,其原因就是,原来高价购买的公司在经过三年利润承诺期后原形毕露,上市公司计提大量并购商誉减值。

没有金刚钻就不要揽瓷器活,所有收购上市公司后出现重大问题的案例,几乎都来自于买家没有能力注入长期高盈利性资产所致。

上市公司"壳"成本从几年前最高接近100亿元跌到2020年初还有15亿~20亿元左右,因此收购上市公司需要买家至少装入能每年持续性净利润1亿元以上的优质资产才能把公司市值给稳住。

十四、 并购境外公司陷阱

从2013年开始,中国企业在全球展开大规模并购,以海航、安邦、万达、复星等民企为代表,中国民企巨头们不断在美国、欧洲等区域收购一个又一个知名国际品牌企业,引起全球商界一片惊呼,中国企业从2013年掀起的的境外并购浪潮像极了20世纪80年代日本企业在全球的并购狂潮。

2017年,中国四部委联合颁布的74号文给这轮中国企业境外并购浪潮当头浇了一盆凉水,该文对房地产、酒店、影城、娱乐、体育俱乐部等领域的中企境外投资进行了严格限制。当时我看到这个文非常震惊,因为这几个重点限制领域行业恰恰是中国民企前几年海外并购最喜欢的领域。

中国企业境外并购会遇到的主要陷阱包括:

(1)老板不懂境外并购基本知识,过度依赖中介操作被骗;

(2)老板不懂境外企业估值和中国企业估值方式的重大差异,出价过高;

(3)企业没有一个能够长期驻扎在境外帮助老板忠诚尽力管理

被并购公司的中高层并购管理团队，导致并购失控；

（4）中外企业重大文化差异导致并购整合始终不畅，最终引发境外公司优秀人才大面积流失；

（5）并购时杠杆过高（我曾经操作过的一起美国上市公司收购案例中，银行给我客户的并购贷款比例高达70%），并购后标的公司产生的分红无法覆盖并购融资成本；

（6）地缘政治冲突风险。由于中国在国际舞台上越来越强势，一些传统世界强国开始正视中国崛起并采取各种反制措施。特别是中国企业收购国外一些敏感优质资产时，会遭遇所在国政府的多种刁难。

下面我用中国企业这几年在英国并购的不断爆雷案例进行分析。

中国企业一直对收购英国知名企业情有独钟，最近5年不断有大手笔并购案例宣布，但这些并购案例在2018—2019年集中爆发财务危机，让中国买家损失惨重。

2014年4月，三胞集团旗下的南京新百（600682.SH）出资15.6亿元人民币收购了英国百年老店House of Fraser（HOF）89%的股权。2018年8月13日，HOF宣布，旗下三家经营主体公司进入破产托管程序。这一操作，对母公司南京新百造成了2.11亿英镑（约合人民币18.44亿元）的计提商誉减值。

2016年5月，暴风科技和光大资本通过上海浸鑫收购了一家英国体育媒体服务公司MP & Silva Holdings S. A.（以下简称"MPS"）65%的股权，收购价格约47亿元。按此计算，MPS的估值已经超过72亿元。2018年10月17日，经法国网球联合会FFT申请，英国高等法院下令将MPS进行破产清算。FFT申请的理由竟然是MPS一直未向其支付500万英镑（660万美元）的版权费。

2015年初，复星集团与拥有170多年历史的英国最大旅行社

Thomas Cook集团建立战略伙伴关系,此后复星方一直在增持Thomas Cook的股票。截至2019年6月,复星旅文持有Thomas Cook约11.4%的股权,其母公司复星国际持有约7%的股权。复星集团以约18.4%的持股成为其最大股东。2019年9月24日,Thomas Cook突然宣布破产。

2014年7月,弘毅投资宣布斥资约9亿英镑(约95.5亿元人民币),全资收购英国头号休闲餐饮品牌PizzaExpress。2019年10月,PizzaExpress宣布面临财务困难,正在与贷款机构进行紧缩谈判……

我们不禁要问,收购英国企业为何这么困难,这背后有哪些值得中国企业家吸取的经验和教训。

从上述案例进行分析,可以发现几个特点:

1. 标的公司高负债、财务负担重

根据万得数据库,2015年9月30日,Thomas Cook的总资产为574亿元人民币,而负债高达538亿元人民币。南京新百收购HOF的母公司高地公司2014年1月的总资产为9.14亿英镑、负债为8.08亿英镑。

高负债收购给收购方增加了巨大的财务负担和并购商誉。

南京新百于2014年合并了HOF公司4季度报表数据,由于购买日可辨认净资产为 - 213 911.99万元,本次交易价款为156 225.58万元,当期实际形成商誉为370 137.57万元。而随着HOF宣布破产,南京新百计提了巨额并购商誉,并因此引发上市公司巨额亏损,成为其控股股东三胞集团陷入资金困境的导火索。

光大资本旗下基金收购MPS估值高达72亿元,MPS属于轻资产公司,净资产估计也很低,这个收购给收购方也会带来几十亿元的并购商誉。

2. 标的公司人员多、管理团队薪酬成本巨高

截至2013年10月,南京新百收购的HOF员工总数为4 871人。

HOF 在英国境内开设了 59 家门店,在爱尔兰开设了 1 家门店,在中东城市阿布扎比开设了 1 家特许经营店,总销售面积超过 490 万平方英尺。HOF 在英国前 15 大商业购物圈中的 14 个设有门店,大部分门店都位于城市中心、主要街道或购物中心,且零售面积普遍超过 10 万平方英尺。

英国的用工成本高是举世闻名的,不知道当时三胞集团怎么就敢在英国主要城市聘用 4 000 多名员工? 在发达国家,员工聘请容易,解雇成本是极高的。

南京新百的收购报告书里还提示了一个重大人力成本风险:"标的公司参与了固定收益养老金计划,即雇主需要根据参与人员的薪资水平与服务年限,在其退休后每月支付一定额度的养老金,支付额度通常由保险精算师定期按照一定的公式测算,由财务上与标的公司完全独立的养老金信托基金管理。……这些固定收益养老金计划属于标的公司的长期负债。截至目前,标的公司的养老金计划缺口金额约为 7 400 万英镑。养老金计划的缺口金额受未来支付金额的适用折现率、英国养老金政策、养老金计划投资收益等多重因素影响。虽然南京新百在本次交易完成后没有立即补足养老金计划缺口金额的义务,且本次交易已经通知了养老金信托基金,但倘若信托基金仍然要求补足缺口金额,或者该缺口金额进一步增加,则标的公司现金流状况将受到不利影响。"

这是并购中典型的或有负债风险之一,这个养老金缺口金额将近南京新百收购金额的一半。

国外大公司的 CEO 薪酬也是企业沉重的负担之一。已经破产的 Thomas Cook 曾一次性向非执行董事支付了超过 400 万英镑,其中包括比利时董事长弗兰克·梅斯曼(Frank Meysman)获得的 160 万英镑;首席财务官迈克尔·西利,自 2014 年以来,共获得约 700 万英镑的报酬;瑞士 CEO 彼得·方科豪森(Peter Fankhauser)近五年来赚取了近 2 000 万英镑,约合人民币 1.8 亿元。在破产前最近一次开支中,他获得了 72.5 万英镑的薪水,8.2 万英镑的福利和 2.17 万英镑的养老金。一家人租住在英国萨里郡的别墅里,别墅共有 6 个卧室,月租金近 6 000 英镑,配有室外泳池,还有一个很大的院子。

英国人现在发起了"拯救 PizzaExpress"的运动,因为这个品牌承载了太多英国人的美好记忆。该公司在全球拥有 650 多家餐厅,员工总人数达到了 1.4 万名,服务超过 80 万客户,是英国最大的餐饮品牌之一。1.4 万名员工的负担实在太重了,希望弘毅投资能够找到解决办法。

3. 英国经济发展缓慢,中国市场开拓不力

英国是世界前十大经济体,欧盟内第二大经济体,仅次于德国。但是英国的许多传统优势产业在近几十年逐步被美国及亚洲国家所取代,仅有金融、贸易等服务业还有一定的竞争优势。近年来,由于脱欧导致的英国社会分裂状况也影响着英国的经济发展。老百姓的消费信心指数一直在低位徘徊。

在这种经济不景气、消费信心不足的大背景下,英国零售、航空、旅游、体育、传媒等业务自然会收入下降,而这也给高速增长中成长起来的雄心壮志的各路中国企业家们收购英国企业的机会。而这些中国企业收购英国企业的逻辑可以用"中国市场＋国际品牌"来总结,即收购后将英国的知名品牌和业务带到中国发展。如复星收购法国地中海俱乐部(Club Mmed)后,就帮助它在中国多处成功落地。

但国外的知名品牌在进入中国时,往往遇到水土不服的问题。南京新百收购 HOF 后,将其在中国的店取名为"东方福来德",但英方管理层从品牌的风格呈现到管理和体验流程都有诸多意见,英方和中方管理层多次就这些问题发生冲突。南京新百并没有借助HOF 的品牌和经验完成传统零售的转型,袁亚非曾经豪言"未来计

划在中国新开 50 家店",但到 4 年后南京新百转让 HOF 时,只开了两家店。

Thomas Cook 在全球共有 97 架飞机,2 926 家店铺,是仅次于 TUI Group 的欧洲第二大旅游服务品牌,在欧洲家喻户晓。可是复星成为其主要股东后,并未成功将其国外的知名度引进国内,这个品牌对中国绝大多数老百姓都是极为陌生的。中国旅游市场已经被携程、同程艺龙、飞猪、途牛、驴妈妈等电商平台所占据,而传统线下开店的 Thomas Cook 在中国没有迅速建立互联网平台并推广,肯定难以开展业务。

中国企业收购的许多是英国消费领域的知名品牌企业,在消费信心不足、需求下降和房租人力成本刚性上涨的情况下,人多店多就会变成极大的负担。

4. 中英企业文化差异导致并购整合难度极高

中国的企业文化大多建立在传统儒家思想之上,强调等级、奋斗、无条件服从等,而英国的企业文化建立在基督教思想之上,强调民主、平等和个人意志。

中国企业家往往认为员工加班天经地义,即使加班也不一定严格按照国家规定付加班费。英国企业员工则对加班有极大的反感,认为上班时间认真工作,下班时间都属于个人空间,老板没权力随意要求加班。英国的工会组织非常强大,让不少中国老板叫苦不迭。

英国企业高管一般会根据企业规模而不是企业盈利状况来定薪酬,因此高管的基本薪水非常高。中国企业则会更多地考虑企业实际盈利状况,给高管发放基本工资和高绩效奖金。

英国人思维偏保守和固执,企业制订了三年发展规划,各部门各岗位就会严格按照预算执行。中国企业家则具有更多的灵活性,虽然制订了三年规划,但会随着市场变化及时调整各部门预算。这是个共性问题,中方往往为了缩减成本要求压缩一些非核心部门的预算开销,而西方企业被压缩部门负责人则极力反抗,并购后许多矛盾因此产生。

近代史上,英国长期是世界第一强国,并曾多次入侵中国、长期统治香港,现在中国企业来收购英国知名公司,让许多英国人感到不舒服,和一些中国老板相处时,还时不时会流露出昔日霸主的居高临下的心理状态,也让中国老板不爽。

2019年11月11日,英国第二大钢铁企业英国钢铁集团宣布,来自中国的民营钢铁企业敬业集团将出资7000万英镑收购该企业,敬业集团计划在未来10年投资12亿英镑,用于工厂和机械的升级改造,改善新公司的环境绩效,提高能源效率,从而使公司的运营更具竞争力和可持续性。

看到这个消息,笔者既佩服敬业集团的胆识,也担心敬业集团是否会重蹈之前中国企业在英国并购踩过的雷。

敬业要跨过前面所说的几道槛才能成功:第一,承担大量债务;第二,承接英国钢铁集团5000名工人和2万名配套产业链工人;第三,在英国之外有效拓展市场;第四,一个中国不太知名的民营钢铁企业收购了英国第二大钢铁企业,两个企业文化的融合挑战巨大。

2020年3月9日,敬业集团收购英国钢铁项目交割仪式在英国斯肯索普英钢会议中心举行,标志着这家民营钢铁企业成功收购英国第二大钢铁公司。

衷心希望敬业集团能吸取前人教训,用心对待这次收购,有好的结果。

第二章　并购团队组织与执行陷阱

企业并购就像一场战争,打仗的时候如何组织部队是非常重要的。

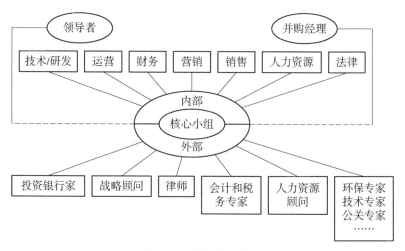

图 2-1　并购团队的构成

图 2-1 是我画的并购作战部队结构图,可以看出,并购团队不但需要投行、律师、会计师等外部中介机构,还需要企业内部各个部门的合作参与。

一、外部中介依赖陷阱

许多老板看了上图会疑惑:为什么并购时要企业内部各个部门都参与?难道并购不是主要靠并购投行、会计事务所和律师事务所等专业机构来完成的吗?

我会带点调侃的语气这样回答:"你和太太当初从认识到结婚,难道都是靠媒人帮你谈恋爱,你不和女朋友充分恋爱交流,就直接领结婚证?"

在并购中,中介机构非常重要,但再怎么重要也取代不了收购方主体。并购投行主要发挥穿针引线的作用、会计事务所主要做财务尽调及估值等工作、律师事务所主要做法律尽调及并购协议起草修订等工作,而除了财务和法律之外的关于企业技术、生产流程、采购、营销、销售、研发、人力资源、企业文化等方面的尽调,就不是会计师或律师能做的活。并购投行属于"万金油",什么都懂一些,但涉及每个具体企业所在行业的核心技术,投行一般都远远不如收购方企业自身了解得透彻,所以,除了财务和法律以外的企业调查内容,一般都是并购投行带领收购方相关业务部门的精兵强将一起到标的公司去进行。

并购的一个非常重要的环节就是高管访谈,一般我们会排一张高管访谈计划表给标的公司老板:周一上午和对方研发总监访谈、周一下午财务总监、周二上午采购总监、周二下午营销副总、周三上午生产副总、周三下午人力资源主管……

当周一上午和标的公司研发总监访谈时,我作为并购投行负责人,肯定要求收购方从研发部派两个技术高手陪同我去访谈。比如要收购一个医药企业,并购投行项目负责人大部分都是学金融、会计或法律的,哪里能搞得懂复杂的医药化学分子式?通过半天访谈,收购方派出协同尽调的技术高手要及时写一个"××医药公司研发总监访谈纪要",里面会包括对方技术研发方面的优缺点分析总结、注明最核心的专利、建议哪些研发骨干留任等。

同样,采购、生产、销售、人力资源等方面也都需要收购方对应部门派精兵强将参与尽调访谈。

收购方各业务部门通过这种方式,就会对标的公司对应部门的业务有直接一手的感知,而一线部门在这种调研访谈中所获得的信息及提出的建议对并购是非常重要的参考信息。

交易成功后进入并购整合阶段时,因为在并购过程中收购方各核心部门与标的公司对应部门负责人已经有了接触和互动,事先都会对并购后相关部门的关键整合问题做应对解决方案,并购整合就会比较顺利。

可惜的是,在我接触到的国内大量企业并购中,老板们还是习惯于把并购的活交给外部中介,企业内部一般就是投资部、财务部和法务部配合外部中介进行工作。

二、 团队老大选择陷阱

每个并购项目都需要一个"并购领导者"。

"兵熊熊一个,将熊熊一窝"。这个并购团队老大如果不称职,并购一定会出大问题。在并购团队老大选择方面,中国老板中常会发生的问题包括:

首先是所有并购项目都要自己做,老大亲自来抓。

根据我20年的并购工作经验,做一个10亿元的并购案例和做一个5 000万元的并购案例,所经历的并购流程、所花费的时间精力虽然有差别,但绝对不是按照交易金额差20倍,平均相差也不会超过一倍。

当企业一年只做两三单并购时,老板亲自挂帅当并购项目负责人是可以的。但是当公司规模很大,每年要做十次以上并购时,老板不可能有充足的时间精力来管理好每个并购项目,必须要学会抓大放小。比如,对于一个100亿元总资产的企业集团,老板可以负责交易额5亿元以上的并购案例,1亿到5亿元之间的并购交给分管副总来操作,1亿元以下的项目交给事业部老大来负责。

其次是当老板不亲自挂帅选择让手下担任并购项目领导者时，会出现许多"选择盲区"：

1. 领导者不懂财务

一些老板挑选并购项目老大，经常首先考虑的要素是人要忠诚可控，至于这个老大懂不懂财务没关系，反正有专业投行和会计师在旁边会提供帮助。这个想法是非常危险的。

中国企业现在的并购和30年前粗放的模式完全不同了，在并购谈判桌上关于财务方面的问题占据了相当比重。给团队老大一个企业三年的资产负债表、损益表和现金流量表，如果他不能在两三个小时内把企业的财务特点和潜在财务风险分析到位，如果团队老大对基本的估值模型没有透彻的理解，如果团队老大对财务报表里重要科目下面隐藏的可能做假账的会计处理手段一无所知……这个并购肯定会出事，尤其是一些不良买方中介为了拿到成功佣金，会帮助卖方一起来骗收购方团队老大，这时老大不懂专业财务知识就很容易陷入骗局。

2. 领导者缺乏产业实战经验

并购项目团队老大除了懂财务还必须要懂产业。一些老板喜欢从跨国投行或投资基金重金挖人到公司负责并购投资，这些职场精英往往精通财务和投资知识，但是缺乏对并购标的所在产业的深入了解和从业经历。这样的团队老大在领导并购时往往会陷入另外一个误区：忽视标的公司真正的核心产业竞争力价值，只关注各种财务数据的横向纵向分析对比。

像这类投行投资背景的专业人才，应该放到企业里先沉到一线业务中磨练一两年，然后再来负责产业链并购就比较合适。

3. 领导者身价过低导致"腐败"风险

比如上海一个资产几百亿的房地产集团现在准备收购一个小的房地产项目公司，老板预期交易金额2亿元左右。这么小的收购，老板肯定不会花精力去当项目领导者,于是挑选了一个总裁助理小李来当这个项目并购老大。

小李是清华大学博士毕业,学的是建筑,到公司才两年,是老板重点培养对象。小李家里很穷,到上海这个房地集团的待遇是年薪50万元。小李一表人才,到上海很快就找了位上海本地的女朋友。小李每年自用加上谈恋爱开销30万元,两年才存款40万元。这时女方的母亲给小李下了"最后通牒":"小李,我和我女儿都觉得你不错,但我丫头马上要30岁,时间拖不起了,你今年必须在上海中环买一套至少100平米的房子,我就让女儿和你结婚!"上海中环现在平均房价至少6万元起,一套房子600万元,首付20%也需要120万元,小李看着银行卡上的40万元不禁愁眉苦脸。

小李带着沉重的心理负担开始负责这个老板交代的2亿元的房地产并购项目,交易对方老板是个商场老江湖,马上感到小李状态有问题,于是派人在背后调查小李的情况。获知小李准丈母娘逼婚的信息后,卖方老板某天晚上约小李到家里喝茶聊天,直接抛出合作条件:"李博士,我给你充分的资产评估资料,能帮你在老板面前证明我这个房地产项目现在价值2.5亿元,如果你能帮忙按照2.5亿元收购我这个项目,交易完成后我送你一套中环的房子(你找个人代持),交易全部结束后你赶紧辞职,我再推荐你到一个更大的房地产集团做副总裁,年薪200万元!"

小李踏入社会才两年,人生第一次面临如此巨大的赤裸裸的利益诱惑。如果他把这份爱情看得比生命都重要时,或许,压力之下很可能答应对方,从而犯下错误。

这种行为如果被揭发,收购方找到证据完全可以把小李送进监狱。即便如此,收购方多付出的钱也很难拿回来了。

4. 领导者面相凶险

并购虽然是一群人和另一群人的"群婚"行为,但在谈恋爱时,双方的团队老大代表双方,进行一对一交往。

我一直坚信"相由心生"。特别是当一个人过了 40 岁,他(她)前 40 年走过的路、看过的书、干过的好事坏事等,都会在面相上显露出来。两个人谈恋爱时,谁也不会喜欢一个面相凶险,一看就是内心阴暗不正的人。

我喜欢的并购领导者的性格特征包括:善良、正直、宽厚、大气、能扛事。

5. 领导者不愿去外地工作

这个坑已经被许多中国老板踩过,就是并购团队老大为首的核心项目管理层不愿扎根外地,去帮助老板管理整合被并购企业。并购前,老板并未和并购团队老大就此事做沟通,团队老大以为就是帮老板完成收购交易,因此短期出差是没问题的。结果交易完成后,老板突然说:"你们负责操作并购项目对企业很熟悉,和对方关系也很好,派你们到外地这个公司再驻扎两年,帮我管理整合,每个派出去的员工薪水上涨 30%。"

如果企业总部在上海、苏州或杭州等经济发达生活安逸的大城市,突然在几百公里甚至上千公里之外的小地方收购了一个企业,这时如果总部派不出一个精干忠诚的管理团队去接管,在当地随便招几个管理人员,这些新招员工很可能被标的公司老管理团队同化从而导致管理失控。

跨国并购更是如此。2005 年,在华人企业里已经很国际化的台湾明基电脑雄心壮志收购西门子手机业务部门,结果 2006 年底就宣布并购失败并剥离西门子手机。明基电脑创始人李焜耀痛苦地反省,并购失败的重要原因之一就是,低估了跨国并购所需的大规模属地化外派经营人才的短缺。

我接触后发现,中国目前许多做跨国并购的企业,高管团队里老板不懂英语,其他人员精通英语的比例也不到 20%。常常是老板被各类中介忽悠，一激动到国外买了个公司，后来发现手下中高层管理人员几乎无人愿意远隔千山万水到国外去一呆就是两三年。这些管理骨干基本都是家庭的顶梁柱，上有老下有小，若到国外去，家庭牺牲是很大的。在没有办法的情况下，中国老板们只好继续重用原来的核心管理层，管理渐渐失控。

三、 中介机构合作陷阱

并购中介在并购中的作用是毋庸置疑的，很多老板从来没有接触过这些中介，因此在选择中介机构时也会陷入一些误区。

1. 只需要会计师和律师，不需要并购投行（顾问）

在中国，从事并购投行的主要有两类机构，一类是证券公司和银行为代表的大型金融机构下属的投资银行部或收购兼并部门，另一类是民间从事并购投行的咨询公司（上海亚商、北京的华兴资本、东方高圣、易凯资本、汉能投资、万盟投资以及我于 2002 年创办的上海天道投资咨询等，就是属于这种民间精品投行）。

很多企业家会觉得，并购投行做的事情要么自己会做，要么可以由会计师和律师来执行，并不一定需要一个常随左右的并购顾问。

我想，企业家产生这种误区的主要原因是对并购顾问的主要作用还不很清楚。因此有必要先把并购顾问的主要职能在此列举一下：

（1）帮助企业进行并购的战略规划；

（2）帮助企业寻找合适的并购对象并进行有序筛选、接触；

（3）帮助企业设计完备的谈判方案、参与谈判过程；

（4）帮助企业设计最佳的交易结构；

（5）帮助企业设计融资方案并安排融资计划的实施；

（6）帮助企业进行尽职调查；

（7）帮助企业起草初步的法律合同；

（8）帮助企业进行并购后的整合工作，等等。

从这个简单的清单中我们可以看出，并购顾问实际上是企业进行并购时的"全程教练"，从最初的战略规划到最后的并购整合，所有的环节几乎都要参与。会计师或律师通常只着重于企业在财务或法律微观层面的操作，对大的战略规划、并购设计、谈判以及整合等工作通常不会很精通，而这正是专业并购顾问所做的事情。

我经常打比喻，企业并购相当于拍一部电影，并购投行相当于"总导演"，从头到尾都要参与，会计师和律师相当于"化妆师"或"道具师"，负责其中一个环节的工作。

一个好的并购顾问拥有多年的从业经验，拥有国内外广阔的人脉关系和社会资源，拥有多个行业成功顾问的案例积累，拥有一批专业技术和操作经验皆丰富的专业人士。因此，在并购中有没有贴身并购顾问是差异很大的。在国外，一个大集团除了有常年的财务顾问和法律顾问，还都会有个常年的资本运作顾问或并购顾问，对企业重要并购投资行为提供专业服务。

2. "月亮总是外国的圆"

国外并购投行发展了上百年，中国才三十年，因此许多企业在并购时会首选境外中介机构。

高盛、JP摩根、摩根斯坦利、罗斯柴尔德、美银美林……这些国际顶级"大行"的名字读起来就让人不由产生一种敬意。这些巨头每年经手的并购交易总额可以高达数千亿美元。是啊，经过几十年甚至上百年的发展，国外的一些大的并购顾问拥有国内同行似乎永远也不可能赶上的雄厚资本、国际网络、丰富经验和精英人才。（图2－2）

但是，在中国本土发生的并购交易中，外资顾问就一定比本土顾问优秀或者适合吗？

在我看来，目前，中国企业如果要到境外收购企业，聘请国际化

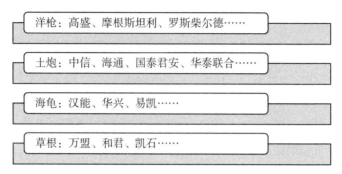

洋枪：高盛、摩根斯坦利、罗斯柴尔德……

土炮：中信、海通、国泰君安、华泰联合……

海龟：汉能、华兴、易凯……

草根：万盟、和君、凯石……

图 2 - 2　中国目前的并购顾问格局

的中介机构十分必要；但要在本土收购公司，完全可以聘请本土的并购顾问。

和外资顾问相比，本土顾问在境内并购业务中具有以下优势：

（1）对中国国情的深刻认识，其中包括风俗习惯、思维方式、办事条线、企业文化等；

（2）本土建立起来的深厚的人际关系网络；

（3）对中国并购涉及的复杂的各种并购法规政策的深刻理解和运用；

（4）对中国上市公司和资本市场运作的深刻理解；

（5）对本土化的做事风格和谈判习惯非常熟悉。

这种对比也许看起来比较枯燥，但实际上都是非常实在的总结。比如中国的并购所涉及的法规政策就非常复杂，财政部、证监会、商务部、人民银行等多部委所颁发的很多法规条例中，都包含着与并购有关的内容，而且各部委办关于并购方面的政策又经常调整。如果不是长期扎根在国内开展这方面的业务，一个刚进入中国不久的外国机构根本无法了解这些政策中所孕育的真正政策含义和运作空间。

比如，如果要收购一个中国上市公司，我相信外资的并购顾问肯定没有本土的并购投行有效，因为外资投行部不可能一下子为收购方提供许多备选的目标公司，而且对中国上市公司并购相关的最新法规政策动向也没有本土机构熟悉。

再比如，在中国的并购中，许多交易的成交需要大量中国式的社交方式、公关方式和谈判方式才能推进和完成。如果照搬西方的固定操作模式，在中国很难实行下去。

我记得在 2000 年 8 月，财政部为了筹集补充社会保障基金等原因，暂停了上市公司国有股转让给非国有企业的审批工作。当时一家中外合资公司（中方是民企）请了一个外资顾问要收购中国的上市公司，该顾问并不知道这些最新的政策变化，硬要该企业去收购某国有上市公司，为此公司浪费了大量精力和金钱。后来我无意中在一次朋友聚会时遇到该公司负责人，立刻建议其停下这些工作，该负责人当时就很感慨：请了一个不了解国情的并购顾问，代价太大了。

3. 重品牌、轻团队

这是中国许多企业在请并购中介时经常犯的错。当企业放出风来要请一个并购投行时，国内外各投行负责人闻风而动，都会找上门来寻求合作，有的还会调动关系托当地的市长甚至省长打招呼关照。

这些投行到企业都会由投行部总经理、并购部总经理、分管副总甚至总裁带队做路演，把公司的辉煌历史业绩展现得无比动人。

我会提醒这些企业老板，这些知名大机构为了签合同，老总经常会亲自来企业沟通，态度特别好，一旦合同签完，你想再见到这些投行老总就难了。我有个朋友就是找了业内排名前三的某大券商，当时是券商分管投行的副总裁亲自飞到朋友所在地小城市谈合作，把他感动并签约。后来我朋友想再去拜访这个大券商副总裁，对方总是找理由不见，而日常给企业服务的项目团队负责人，竟然是个刚毕业才三年、没有独立做过一个大项目的年轻人。

不管请券商、会计师还是律师，具体项目负责人的经验水平要比所在机构品牌重要得多！

就在写这段话的时候，我还在微信上指导一位苏州客户，他们犹豫不决是找一个国内知名大律师所（项目负责人不是所里的高级合伙人），还是找一个小律师所（所长亲自负责），我上网把这两个律师简历查了以后，建议客户找小律师所，但是提醒他，在签服务协议时，一定要把所长律师亲自服务作为重要内容写进去。

4. 除了投行、会计师、律师，其他机构坚决不请

在前面那张并购作战组织图（图2-1）里，并购中介机构除了投行、会计师和律师外，还有人力资源顾问、环保顾问、技术顾问、公关顾问等。

一些老板一听我说要请这么多顾问，马上脸就黑了，我赶紧解释，投行、会计师、律师是标配，其他顾问是选配，企业不一定都要请，缺什么补什么。

比如，有些老板一看到人力资源顾问就上火："我们公司有人力资源部经理啊，为什么要请一个专业的人力资源顾问公司？"

我问："你们家人力资源部经理是不是亲戚？"

"对的，是我老婆表妹。"

"她是不是没有学过专业的人力资源管理专业？"

"对的，在××大专读了中文专业。"

"你是不是觉得人力资源特别没有技术含量，就是平时发发工资，缺工人时登个招聘广告，三八节组织女员工看场电影，中秋节给大伙发盒月饼？"

"是啊，俞老师，人力资源不就这么点事吗，干吗还要请外部人力资源顾问公司？"

以上是一段经典对话，反映了中国许多老板的真实心态。

前面提过，把并购做好的关键是如何把对方最有价值的一群人给留住，把人才留住第一靠"面子"，第二靠"票子"，而"面子"和"票子"都属于人力资源的范畴。当收购方和标的公司在组织结构、薪酬体系和企业文化方面存在重大差异时，一个不专业的只会发工资登招聘广告的人力资源部经理，不可能胜任复杂的并购过程中的人力资源尽调及并购后的人力资源整合工作。

同理，如果跨行业收购，收购方对标的公司行业非常陌生时，必须要请一个专业的技术顾问；当标的公司属于化工医药中间体等高污染风险的行业时，必须请一个专业的环保顾问……

5. 中介机构磨合陷阱

一些老板总是对从事服务工作的中介人员骨子里看不起，因此，当他花一两百万元请了投行、会计师或律师进场服务后，和这些日常干活的年轻人交往时经常表现出居高临下的傲慢态度，好像"我付了钱你们就得给我干活"。

每次我看到客户流露出这种傲慢态度迹象时，都会赶紧给他泼冷水，要他千万对这些中介好吃好喝地伺候着。我说，虽然你只花50万元请了个会计事务所对标的公司尽调，你对项目小组成员如果态度不好，他们在尽调时可能就不会用心工作，稍有疏忽可能就会漏掉一个几千万元甚至上亿元的财务或法律窟窿。

因此，我以前开并购咨询公司带队尽调时，都会想办法安排这些会计师律师吃好住好，中间有休息时间时，还请他们到 KTV 或酒吧唱歌跳舞放松一下。

记住，对专业人士的尊重就是对自己钱包的尊重。

四、 中介机构收费陷阱

并购至少需要投行、会计师和律师，但是如何给他们付费是个挺深的学问。许多老板完全不了解这里面的游戏规则，多付了许多冤枉钱。

常见的中介机构收费陷阱包括：

1. 作为买方选择多个并购顾问

在我的经验中，买方一般选择一个并购顾问即可，最多不超过两个。因为收购时需要一个系统的并购战略为指导，如果请多家投行，各家机构对公司都提出不同的并购策略，会导致并购思路混乱，执行起来也会乱套。而且每家机构都会收一笔数量不菲的前期费用。

2. 不了解投行收费基本模式

国内外投行收费模式有挺大的差别。

国外投行收费比国内要"狠"许多。国外投行收费主要包括如下类型：聘用费（retainer）、固定费用（fixed fees）、独立财务顾问费（opinion fees）、成功费（success fees）、实报实销费用（out-of-pocket fees，包括投行支出的法律费用、通讯费用、旅行费用等）、项目进展费（progress fees）、交易宣布费（deal announcement fees）、分手费分成（percentage of break up fees）……

许多老板第一次看到外资投行提供的顾问合作协议都会一阵发晕，被这么多复杂的收费名目所吓倒，由于这些老板自己不懂，身边也没有一个专业的资本运作顾问帮忙把关，很容易付出超过正常水平的费用。

我的老朋友、原来国泰君安证券并购部负责人武飞先生多年前曾把国外投行的收费标准做了个研究。（表 2 - 1）

20 年前，国际投行做并购一单最大就可以收到 6 000 万～7 000 万美元，20 年过去，并购规模扩大了至少 20 倍以上，现在国际大行一个并购项目，收入往往都是几亿美元。在国际大行的投行收入中，并购投行业务收入在国际大行投行收入中经常都超过 IPO 投行收入。

表 2 - 1　2000 年国外投行的并购收费标准　（单位：百万美元）

费用结构	均值	标准差	最高	费用结构	均值	标准差	最高
买方支付的费用				卖方支付的费用			
全部	2.339	5.725	60.000	全部	4.427	7.251	68.500
占交易额的比重(%)	0.378	1.071	30.681	占交易额的比重(%)	0.837	1.845	87.209
顾问费	0.486	3.111	115.00	顾问费	0.473	1.790	27.500
建议费	0.148	0.948	15.000	建议费	0.264	1.315	20.000
交易管理费	0.016	0.198	5.000	交易管理费			
交易发起费	0.000	0.003	0.150	交易发起费	0.007	0.214	7.000
公平意见费	0.090	0.500	8.000	公平意见费	0.224	0.886	15.000
聘用订金	0.012	0.082	2.000	聘用订金	0.042	0.322	10.000
卖方陈述费	0.000	0.012	0.500	卖方陈述费	0.004	0.159	6.700
成功佣金	1.674	4.877	135.000	成功佣金	3.376	6.022	53.500
中止费	0.134	1.139	20.000	中止费	0.179	1.845	40.920

　　我一直告诉身边的企业家朋友,除非你是做跨国并购大项目,一般情况下不要找外资投行特别是高盛、摩根斯坦利等大行。国内项目找国内的券商或并购顾问公司足够了。到境外做并购找高盛等顶级投行服务,要做好不管项目能否做成都要付出至少 100 万～200 万美元的心理准备。因此,交易额在 10 亿美元以下的项目,建议找国外的一些专门做并购服务的精品投行来操作,这样成本低而且服务会更到位。

　　国内投行一般比较简单,我以前自己开并购咨询公司时基本都是这样收费的：签订合同时,买家付一笔定金 20 万元,交易结束后根据交易金额大小收一笔成功佣金,中间发生在上海市外的差旅费用实报实销。

　　国内外投行的成功佣金基本都参考"雷曼公式"来定：比如交易额 5 000 万元以下部分收 5%,5 000 万～1 亿元部分收 4%,1 亿～5 亿元部分收 3%,5 亿～10 亿元部分收 2%,10 亿元以上部分收 1%。

许多老板不了解这个"雷曼公式",被中介忽悠,统一按照成交额的5％来收费,当这种收费应用于买方时,买方顾问就会在利益刺激下做大交易额让买方老板付出高收购金额。

由于并购投行收费大头是成功佣金,这个佣金会在协议里根据"交易额"来定,而这个"交易额"的理解如果发生偏差,就会让中国老板多付冤枉钱。比如在国外并购中,一些外资投行会在服务协议里约定成功佣金根据"企业价值 EV"来确定一个比例收取,很多中国老板根本不了解 EV 是什么,以为就是他收购企业股权所付出的金额。实际上 EV ＝ 股权价值 ＋ 负债 － 现金,在公司有大量负债的情况下,EV 值会大大高于股权价值。因此企业一定要和顾问机构把"交易额"的精确定义弄清楚。

3. 卖方顾问的收费陷阱

对买方企业,我一般建议找一到两个顾问,但是卖方一定要多请几个顾问机构。

一些机构会仗着自己牌子大,在做卖方顾问时强迫企业签署"独家委托协议",我建议卖方尽量不要签署这种"卖方独家顾问协议"。原因很简单,如果签署了独家顾问协议,半年或一年的独家委托期过去后企业还没有找到买家,作为顾问机构不会赔钱(他们已经收了一笔交易启动费用),而标的公司往往状况更加恶化,越来越难以出售。

因此,卖方最好多找几家顾问机构,谁帮卖成,大头佣金就奖励给谁。

大家还要注意一个陷阱,卖方顾问在合同中往往都有约定,在服务期间(比如一年)内,投行介绍给卖方的潜在买家,如果在卖方顾问服务期满后卖方与该买家达成交易,投行一样要按照之前的合同约定向卖方收取成功佣金。

我就遇到过一个企业老板,他曾经找了个小咨询公司做卖方顾问,咨询公司介绍了几个买家,每家谈一次就没下文。过了一年合同服务期满后,当初咨询公司介绍的一个买家主动又来找我这个朋友谈收购,又过了半年交易达成,而达成交易的重要原因是我这个朋友做了很多关键性让步并花费很多精力、资源来促成交易。

当这个交易成功信息披露后,原先给我朋友做卖方顾问的咨询公司发了一个律师函给卖方,要求卖方根据合同约定支付5％的交易成功佣金费一共是3 000万元人民币。我这个朋友非常生气,不肯付钱,理由是:(1)他和该咨询公司合同已经过期;(2)该咨询公司当初仅仅介绍这个买家和他见了一次面,在后续交易中没有任何帮忙。于是双方进入法院诉讼闹得一地鸡毛,最后法院还是判决我朋友赔付几百万元了事。

所以,企业在聘请卖方顾问时,一定注意把顾问费拆成两部分:一部分是交易信息提供费(finder's fee),一般按照交易金额的0.5％～1％收取;另一部分是交易专业服务费,指成功佣金扣除交易信息提供费的部分。

4. 律师收费陷阱

在并购中,律师收费有两种模式:一种是总额包干,按工作进度付费;另一种是按小时工作量收费。

许多老板一看国内律师收费总额报价100万元,立刻觉得很贵,而按照小时报价,合伙人每小时3 000～5 000元人民币,就感到好像可以接受,于是就选择按照小时收费。结果当交易做完,律师向企业结算工作量远远超过100万元,这时双方就会爆发矛盾甚至打官司。

因此,我一般建议企业选择总量包干的方式聘请律师,因为按小时收费的模式容易在工作小时的确定上产生分歧。

几年前,我在美国帮客户收购上市公司时,客户请了华尔街一个美国著名律师所的高级合伙人,由于项目进展顺利,这个合伙人一天主动请我们吃饭。吃饭结账后他开了个玩笑,这顿饭我们聊的都是工作,也要算三个工作小时来向我们收费。我心里默默一算,这顿饭要值 6 000 美元……

五、 项目寻找陷阱

并购战略确定,并购团队也组建完毕,如何找项目又成为许多老板头痛的事。

经常见到一些企业家在寻找并购标的时出现以下问题:

1. 满世界放消息,效率低下

他们会发动所有能找到的中介发布并购意向,结果满城风雨,很多中介带着各种靠谱或不靠谱的消息上门来推销,企业陷在一堆"标的公司介绍"的材料里,不知如何分辨有效信息。结果半年过去,大家发现这个企业一个项目也没收购,中介圈都知道这个情况后,就会把这个企业贴上"只看不买型买家"进行封杀,后面会出现没有中介愿意来介绍项目的另一个极端。

在我开并购咨询公司那几年,没有少被这种"只看不买型买家"所坑,浪费了大量宝贵的时间和精力,现在想起来都觉得很可惜。

2. 忽视企业内部资源,过于依赖外部中介

很多企业花钱请了投行后,就把寻找并购标的的重任都交给投行。

如果企业并购的是自己陌生的行业企业,依赖外部机构找标的是可以的,但是,如果企业找的是同行业内的标的,我强烈建议发动企业内部中高管资源来找,这个效果往往比投行效果更好。

(1)公司董事长、总经理一般会参加各种行业协会。从国家级协会到省市级协会,都会根据企业影响力大小邀请企业老板担任协会理事长、副理事长、理事等职务。同行之间平常忙于激烈的市场竞争,很难坐下来心平气和地谈婚论嫁,因此,要利用行业协会每年组织的大型行业年会、论坛或展会的时机来推进并购。建议老板们在

开会之前就先对同行企业做一番梳理,找到最想谈并购的潜在目标。这样开年会的时候,有意识地和潜在标的公司的老板开会坐一起,吃饭坐一桌,晚上再一起去喝个小酒唱个歌,等到感觉气氛差不多时就可以问对方:"××总,咱们不打不相识,这么多年下来也算老朋友了,你有没有想过我们两个企业之间进行战略性重组?"注意,千万不要说"××总,你有没有想过被我收购?"否则可能对方一生气当场翻脸!因为"战略性重组"是一个比较模糊的说法,包含了参股、控股、共同成立一个合资公司等多种可能性。

(2)公司销售总监冲在市场第一线,要及时向老板汇报新出现的可能对本公司产生威胁的新锐竞争对手信息。作为老板,收到这些市场一线信息必须高度重视,研究本公司产品能否在性价比上和新企业抗衡,如果确信打不过,则可以考虑趁这些企业还没长大,直接去收购控股。

(3)当公司的利润被上游某些特种原材料价格所严重影响(比如很多中药企业的利润就被上游某些特种中草药价格的大涨大跌所控制),在这种情况下,采购总监要向老板提供最好的可供收购的上游核心原料或零部件企业并购标的公司信息。

(4)公司研发部也要派一两个人专职收集主要竞争对手的一举一动,比如,对方总经理换人、对方公司新招了个副总、对方公司新申请了三个专利、对方公司生产车间失火……这些信息看起来似乎有些"八卦",但是当我们想收购这个公司时,你会发现这些信息就非常重要了。现代企业的竞争除了是产品的竞争,还是这种"企业竞争情报"的竞争。曾经有个企业听我建议,派专人紧盯其一个主要竞争对手,突然有天打听到一个消息,说这个企业董事长得了绝症,心灰意冷之下可能会出售公司控股权,于是企业老板第一时间过去慰问这位董事长,从而获得了优先并购的机会。

当一份长长的目标公司名单最终由并购顾问交到企业家手中

时,企业家不能指望由并购顾问来完成下一个重要的搜索工作——"精选"。

我们设想一下,如果一个企业每周接收 10 个左右的目标公司信息,其精力将会被耗在分析、筛选中。因此,企业必须成立一个专门的工作小组,并建立一个有效的"筛选系统",从事"沙里淘金"的工作。

这个"筛子"可以分为几个层次:

第一层:必须要具备的条件,包括行业、规模和价格等;

第二层:收购方非常看重的能够帮助收购方业务发展的条件;

第三层:对目标公司发展非常重要的条件。

第一层是最硬的指标,如果有一个条件不满足就可以砍掉该目标公司。第一层过滤完之后就是第二层以及第三层。后两层不是绝对都要满足,但可以用此作为在两个目标公司之间排除一个的依据。

通过以上的介绍就会知道,并购搜寻的过程是相当复杂繁琐的,并购顾问在其中只能发挥一小部分的作用,大部分的工作其实还是要靠企业自己的力量来完成。当然,如果没有并购顾问的专业网络服务,企业也几乎不可能迅速获得大量的目标公司的信息。

所以,在并购搜寻阶段,企业和并购顾问应该"联手作战"。

最后提醒一下,现在是人工智能和大数据的时代,一些专业机构把几千万家企业按照各种标签进行处理,还能获得这些企业的纳税报表数据,可以迅速根据企业要求,筛选出潜在并购标的对象。因此,企业家们以后找并购标的公司会越来越容易,而如何正确地联系接触这些标的公司会变得越来越重要。

六、 第一次接触陷阱

和标的公司接触时要十分小心和慎重,因为恋爱时第一印象太重要了,所以才有"一见钟情"的说法。

一些企业家在第一次接触并购标的时,往往会犯以下一些错误:

1. 接触方式直接而粗鲁

在中国和美国做并购交易,第一次接触方式有非常大的差别。

记得 2014 年我帮客户收购美国纽交所上市公司时,当时是上海的一位大律师介绍了美国这家公司的基本情况,我一看行业、规模、业务都和我的一个投资企业非常匹配,于是我打电话给这家企业老板,他一听也很兴奋,委托我代表他推进并购。第二天,我就拟了一个直接的收购意向函,通过律师发给美国上市公司 CEO。

但是在中国,这种对方人都没见过面的情况下,你直接发个收购函肯定不妥。中国人做事讲究含蓄柔和,特别是找对象更是如此。

但我见到有些土豪老板账上趴着一堆钱后,见到一个心动的标的公司,就直接派人冲到对方公司表达收购想法,这样的结果一定不会好。

我经常用一个方法来联系外地的并购标的公司:通过当地政府。一般我会联系标的公司当地的招商局(各地招商局都有网站,而且相当多网站把招商局局长的手机号都披露出来),由于我们基金是国内知名基金,基本上各地招商局都会热烈欢迎我去当地考察。一般我都会事先发给当地招商局局长一个考察名单,里面至少有四个当地企业(其中包括我的客户真正想并购的那个企业,如果考察名单就直接写一个我们拟并购对象,肯定会引起企业家的怀疑和警惕)。到了当地后,经常是当地的市长或分管副市长中午接见我们,下午由招商局局长陪同我把四个企业走马观花考察一遍。到了晚上,我会打电话给我们真正想并购的那个企业老板,约他出来单独喝茶。因为下午已经见过面,他也看到当地政府对我们的热情态度,我能再约他喝茶一般都会很开心。一回生二回熟,这时就可以聊到并购主题了。

有些老板仗着自己是"中国500强"甚至"世界500强",利用各地政府招商引资首选"500强"的心理,对地方政府领导不够尊重,直接发函给对方政府表示想收购对方某某企业,希望政府做好接待工作,这种收购函发出去基本都是石沉大海,因为很多地方虽然穷,但是"人穷志不短"!尊重是互相给的。

2. 接触地点选择不当

有些老板第一次和标的公司老板见面谈并购,喜欢选择一个五星级酒店充满情调的豪华大厅酒吧,他忘了并购虽然也是谈恋爱,但这种企业之间的恋爱是需要严格保密见不得光的。

上海浦东香格里拉大酒店大堂有个非常大的风景无敌的茶酒吧区,估计坐满能装得下200人,窗外是黄浦江两岸的迷人风光。这个酒店位于陆家嘴金融贸易区的最核心位置,因此是许多金融界人士最喜欢约着见面谈事的地点之一。好几次我在那个酒吧坐着,旁边传来的对话就是某某上市公司并购的话题。

中国证监会现在位于北京金融街,旁边就有威斯汀等几个豪华酒店,同样是在这些酒店大堂酒吧,你只要经常去,就常能听到隔壁位子在谈的一些敏感并购信息。

不去酒店大堂,那么去买家或卖家的办公室谈判总不会错吧?我的回答也是否定的。我曾经参与过一个行业老大(非上市企业)收购行业老二(上市公司)的项目,这个行业很传统,十几年后就剩下这两个巨无霸规模做到几百亿元,剩下都是些小虾米企业。两个公司高管团队明争暗斗十几年,彼此都非常熟悉。双方第一次见面时,行业老大邀请行业老二的老板到他办公室聊并购的可能性,当时办公室就这两个老板,没有旁人,但是第二天,行业老二上市公司的股票就直接封涨停板,显然消息泄露了。老大公司的老板很郁闷,于是问我问题可能出在什么环节?我就问他:"那天行业老二公司的老板到你办公室时,有没有被你手下哪个副总看到?"回答是"正好有个副总路过看到这一幕"。我说应该就是这个副总的问题，他肯定会猜测，两个生意场上的"死对头"，今天怎么破天荒聚一块了？估计有什么大事要发生……

吉利收购沃尔沃时，李书福团队和沃尔沃及其大股东美国福特汽车的高管团队正式见面谈判，不是在吉利的大本营中国台州，不是在沃尔沃总部瑞典，也不是在福特总部美国，而是跑到英国伦敦的一个律师事务所会议室来进行。

七、 出售信息过早泄露陷阱

这么多年，我在总裁班课堂上重复最多的话之一就是：

"卖企业是一个高风险的事，尤其是在大股东和管理层分离的情况下，收购方老板更要对出售企业的信息尽可能做好保密工作。"

许多老板经营陷入困境时，会着急把公司卖掉，于是到处托人找买家，信息很快就会扩散出去，公司的高管很快就会听到风声，这些高管的亲信跟班中层很快也就知道，中层的跟班又会得到消息。当上上下下的员工都知道老板在偷偷卖公司后，这公司会很快人心惶惶，许多人无心工作，开始在外面找退路。

公司的竞争对手这时会抓住机遇在市场上扩散此消息，他们会劝被出售公司的客户以后不要买这个公司的产品，因为该公司被卖后产品的售后服务可能得不到保证；他们会游说该公司的供应商给企业供货时要款到发货，因为该公司被卖后货款可能不能及时结算；最可怕的是，他们直接通过猎头到该公司内部去挖优秀的管理和技术人才，平常挖不动的人才此刻就很容易挖过来……

2002年，我创办中国第一个专业的并购网站——天道并购网，到2009年我把网站清盘。创办网站也是受当时刚兴起的阿里巴巴的影响。有天我突发奇想，马云在网上买卖企业产品获得巨大成功，我能否在网上买卖企业的股权？于是热血沸腾，设计网站架构，请人编写程序上线。这个网站里面的并购俱乐部板块发展顺利，一年时间就集聚了当时国内做投资并购的几千名专业人士注册为会员。但网站最核心的交易板块一直没有做起来，就是因为几年下来在网站里面"出售信息"栏目发布的并购项目信息少得可怜，一年也就100多个。那时我对并购的理解还不深，现在知道，根源就在于民企卖企业是不可能轻易对外宣扬的，更不用提发布到公众网站上了。

一些老板会和我辩论，国企股权出售不都是在公开的产权交易所网站上发布信息吗？这些国企为什么不担心私企中因公司出售信息过早泄露而引发的那些问题？

我的回答是：国企的核心管理及技术人才也会对公司挂牌有担心，但是不会像民企反应那么强烈，因为都有心理预期。而且民企若想摘牌并购成功，必须要和这些管理层进行事先良好沟通，并且一般都有对原有国企员工继续保障就业的承诺。

民企想出售时不适宜公开叫卖，那通过什么途径寻找意向买家呢？

建议有条件的企业家聘请专业顾问来找买家。

我的业务以资本市场为核心，客户也是以上市公司和拟上市公司为主。我作为群主组了个微信群"中国上市公司董事长群"。到2020年2月，已经有近百家中国上市公司董事长在其中，许多市值都超过百亿元，最大的市值超过3 000亿元。因此我的并购投行业务也主要是围绕这些上市公司展开。

这些上市公司老板白天处理各种事务，一般都是晚上9点后给我打电话谈合作。前不久有个上市公司老板打电话给我，说他想把公司卖了，这事属于极为敏感的上市公司重大交易事项，他想来想去还是只信任我，第一个找我帮忙。第二天，我根据这个上市公司的规模和行业，把消息发布给两个有实力的大集团公司董事长。一般情况下,这两家企业过个三四天就会给我回复是否感兴趣往下推进。没想到第三天,委托我的上市公司董事长晚上又给我打电话,他说:"你是否把我信息告诉给某某集团了?"我说:"是啊,正在等对方确认消息。"他说:"今天白天这个集团就有人打电话向我手下的总经理确认此事是否属实,还好我只偷偷告诉你一个人,今天总经理找我来确认时,我当场一口否定,说我目前没有卖公司的想法,是俞总想做我们公司生意自己在外面瞎说的! 兄弟你就帮我背一下黑锅哈……"

上面这段不知你看明白没有?

八、 并购谈判陷阱

江山是打出来的,并购是谈出来的。

许多并购交易直接因为谈判破裂而告吹,许多并购因为一方谈判经验不足而给后期的整合带来巨大隐患,因此必须高度重视并购谈判细节中的种种风险问题。

1. 老板出席谈判频率不当

很多企业并购做的不多,当要进行一个并购项目时,老板往往不放心,总要亲自上场,而且从头到尾只要有可能,就亲自带队谈判,以求全程第一时间掌控项目进展。这种做法很不妥,我们建议老板在并购中即便扮演"并购领导者"的角色,也要控制住自己时时冲锋在前的欲望,控制住出场次数。

老板应该在开始谈判并购大的框架战略方向时参加,然后中间并购细节就不宜出面。因为在涉及并购关键点如估值、价格、交易结构、对赌、人力安排等问题时,老板如果亲自出面谈,话一旦说出口就很难反悔,把自己的后路给堵死了。老板在后方坐镇,可以遥控前方谈判团队,进退有余地。

2. 谈判人数过于庞大

并购谈判和其他商务谈判有明显区别,就是每场人数必须要控制好。

涉及到上市公司的并购谈判尤其要控制人数。如果是收购上市公司,一般我都会建议第一次见面时双方最多4人(双方老板再加上各自助手或专业顾问)。这样是为了控制敏感并购消息的扩散面,以防引起不必要的股价异常波动和潜在的内幕交易风险。

我认识一些老板在买壳时第一次到上市公司所在地,前呼后拥带上十多个高管及投行顾问,以显示诚意和重视。这种做法非常不妥。

当并购进展到中局时,谈判也要控制人数,一个大的并购团队可能会高达几百人,但这并不代表每场谈判都要派上十几人。

应该根据每场并购谈判的主题精心挑选人员,我的经验是每场谈判一方人数最多不宜超过8人。这8人要事先做好分工,有的担任首席谈判代表,有的担任副首席代表,有的扮演红脸,有的扮演白脸,有的扮演清道夫……

3. 谈判地点选择不当

在并购时,有些老板没有意识到"主场"的重要性,听从对方安排,到对方指定的办公室或会所谈判,他不知道对方已经在这个谈判地点事先埋好摄像头,把并购谈判全程都录了下来……

4. 谈判态度根据对方名片头衔的高低而有明显差别

记得我刚从事并购顾问不久,就犯了一个终身难忘的错误。那是20年前我参与的一个并购项目,交易快到收尾阶段有一场重要的谈判,对方来了一个新面孔,是位20出头的年轻女孩子。我们换了一下名片,我一看对方头衔是"投资部经理助理",心想级别这么低、人也很年轻,估计刚到公司,于是全场谈判我几乎没有和这个女孩子交流,脸上估计也是一副不爱搭理的表情。

这场谈判挺顺利,结束后我问对方谈判负责人这个丫头是什么背景。对方老总说:"这丫头是我们老板的独生女,刚从国外名校毕业回来,将来迟早要接班,老板先把她放到投资部来锻炼锻炼。"我顿时冷汗直冒……

从那以后,我再不会因为谈判对方的名片头衔高低而有态度的明显不同。在许多民营企业,财务总监在老板的心中地位高于总经理,办公室主任地位可能高过任何一个副总……以前我开并购咨询公司时,一些集团给我印了"投资顾问"的名片,要是对方看不起这个"顾问"对我态度冷淡的话,他不知道他已经犯了大错。

5. 作为收购方态度傲慢

并购谈判时,收购方的谈判代表经常犯的错误就是居高临下态度傲慢,尤其是双方规模实力差别较大时,买方经常会流露出"救世主"的心态,让卖方谈判人员心里非常不舒服。

其实,作为买方,即便处于上风,这时在谈判桌上态度应该更加温和平等,这样往往能起到"事半功倍"的效果。

可惜的是,我在20多年的职业生涯中,多次见到并购谈判时因为买方"仗势欺人"、逼迫太甚而导致双方不欢而散的情形。

中国企业在收购国外企业更加要注意这点,尤其面对美国、英国、德国、日本等传统强国的企业,这些地区的企业老板和高管看重的是中国买家的"荷包",希望中国企业能慷慨解囊帮他们脱困,但是在谈判时内心又非常敏感,会极力维系昔日帝国的"荣光"。这时,如果中国企业仗着有钱在谈判桌上态度傲慢,交易基本都会泡汤。

6. 作为卖方卑躬屈膝

当一些企业经营不善期望有人来拯救时,在并购谈判桌上卖方企业的老板或首席谈判代表常常会表现得唯唯诺诺、卑躬屈膝、一味让步。

这种谈判心态对卖方往往是致命的。我如果做卖方顾问,每次都会给谈判团队事先鼓气:不管买家实力多么强大,既然对方坐到谈判桌上，就说明我们企业肯定有对方看重的价值，在双方落位的那一刻大家都是平等的！

如果卖方谈判代表一味让步迎合买家，反而会让买家得寸进尺或心里犯疑：标的公司是否已经到了马上会垮掉的地步？或者有什么巨大的问题黑洞？

7. 挑选谈判人员重视智商忽视情商

很多老板文化程度不高，自己对并购不够专业，因此在并购挑选谈判代表时一味看重人员的学历和毕业学校，最好找一堆哈佛、剑桥、清华、北大的博士来代表自己进行谈判，在谈判桌上介绍起团队成员时可以眉飞色舞得意洋洋。

根据我的经验，这些名校高学历的"精英"在财务、法律、投资等业务层面上确实专业，但在并购谈判桌上往往缺乏情商和交易经验，很容易落入对方设计的谈判陷阱或套路。

当年和德隆集团高层交往时，我认识的一位德隆高管，最多只有本科学历，英语也不好，但是和唐万新从新疆一路杀到上海，并在全国攻城略地进行并购，积累了极为丰富的并购谈判经验。我因为业务关系和他曾作为对手谈判过，当时我带去的一个资产几百亿元的国企董事长私下和我感叹，德隆这个学历不高的老总太厉害了，在谈判桌上大开大合收放自如，让一批博士、硕士学历的国企高管都自叹不如，从头到尾被对方带着走。

最后总结一下：并购谈判靠看各种谈判书籍没用，必须靠真刀真枪的实战才能积累宝贵的并购经验和技巧！

第三章　并购尽调陷阱

尽职调查(due diligence)又称谨慎性调查,是指投资人在与目标企业达成初步合作意向后,经协商一致,投资人对目标企业与本次投资有关的一切事项进行现场调查、资料分析的一系列活动。

"有一半的并购减少了股东财富,价值下降的主要原因就在于尽职调查不充分。"(美世咨询公司,Mercer Management Consulting)

"尽职调查有一些基本的方面,每一个方面都像是一块块平整的石块。你必须翻开每一块石头,看看底下有没有毒蛇。如果你不把所有石头都翻起来看看,就可能留下一条隐藏的毒蛇,说不定它哪天会爬出来咬你一口。再说一遍,在调查企业时,你不能遗漏任何一块石头。"

上面是从国外一些有关并购的书籍中摘录出来的对尽职调查的解释。尽职调查这个词从诞生到成为行业标配也不过20多年时间。记得1996年时,我的恩师、上海著名金融投资教授、亚商集团董事长陈琦伟老师还专门把"due diligence"这个词写在黑板上,让同学们讨论应该怎么翻译才合适。那时,这个词随着外资投行进入中国开展业务才逐渐流行起来,刚开始国内业界翻译成各种名词:"审慎调查""尽职责任""忠诚了解"等,后来不知谁最先翻译成"尽职调查",这个词就成为行业标配了。

一、 轻易被尽调陷阱

一些企业经营不善资金紧张时,老板们心态会很急,和一个意向买家刚见了第一面,第二天就迫不及待地打电话给对方,希望对方派团队到其公司来做并购尽职调查。

这种做法是很危险的,我通常建议:不要因为公司困难就迫不及待地让对方进场尽调,任何买家来尽调必须要有个重要前置条件——签署并购意向协议!

打个比方,两个人谈恋爱一段时间了,突然一天女方向男方逼婚,说咱们能不能下个月就领证结婚?男方一愣,心理犯嘀咕,说:"好啊,但是你先把衣服脱掉让我做个体检,看看你有没有身体缺陷?"

这个比喻是有些粗鲁的,但是并购尽调就是"婚前体检"。我一般给老板们就这个"婚前体检"提出几点建议:

1. 不能随便"脱衣服",必须要有前置条件

在中国传统点的家庭,男女双方从恋爱到领证中间一般还有个重要的仪式:"订婚酒"(一般是双方家庭成员在一起摆桌酒见证庆贺,男方还会给女方送枚订婚戒指)。在并购中也是如此,并购中的"订婚酒"就是"并购意向协议","订婚戒指"就是并购保证金(现在国内买壳交易的并购保证金经常都要四五千万元了)。

那么这个并购中的"订婚酒"——意向协议包括什么内容呢?我认为,一个并购意向协议或并购框架协议至少要包括以下几个要点:

(1)估值基础:"双方同意共同聘请一家有证券从业资格的会计师事务所对公司上一年度年底报表进行审计,按照审计后净资产溢价 50%(或者按照审计后的净利润的 12 倍)作为估值基础。"

(2)交易结构:"收购方计划以现金方式收购标的公司 70% 股权,其中 40% 股份通过收购老股方式操作,30% 股份通过增资扩股方式操作。"

(3)现金支付节奏:"收购方首付 20%,股权过户后支付 40%,余款在协议签署后一年内付清。"

许多老板问我为什么要这么麻烦?我说只有这样,你才能找到

真心想"娶"你的哪个人。从双方第一次见面到达成这个并购意向，可能需要3～5次谈判、可能需要花费一个月甚至更长的时间。许多"只看不买型买家"和你见两次面谈不拢交易条件，就不会再和你见第三次面，而真心想收购你的买家会一直盯着你谈下去。由于并购尽调对标的公司有一定损害，轻易不能让人进场，必须要慎重。怎么能随意"脱衣服"让人体检呢？

2. 即便进入"体检"程序，也不能把衣服"脱光"

一般做尽调前，买方会给标的公司发一个尽调清单，这个清单复杂的会有十几页纸，把企业方方面面的详细内容全部一网打尽。有些卖方老板没有经验，就让公司负责人按照这个清单老老实实准备材料。他们不知道这样做太傻了。

我的建议是：即便被尽调，企业也有权利把自己最核心的商业机密保护好。脱衣服体检也要有个限度，保护自己隐私的内衣、内裤必须穿好。

两年前，我曾在一个100多位新三板企业董事长的培训班讲并购，讲到建议大家一定不要随便"脱衣服"让人尽调"体检"时，有位学员激动地站起来发言："同学们，我真后悔没早听俞老师的课。去年有三个主板上市公司先后来找我谈并购，我没有经验，每次都是见了一两次面什么都没签署，就让对方派一堆人到我公司做尽调，每次尽调都搞得公司里面鸡飞狗跳、谣言四起，尽调结束后，这三个公司都找各种理由不收购我，弄得我很伤心，公司也损失不小……"

我听了也挺难受，希望他以后能吸取教训。

并购里到处都是陷阱，各大高校总裁培训班请我讲过一次课后基本都会长期和我合作，就是因为学员们反映我的课程非常务实，能帮助解决实际问题。

二、 买方尽调陷阱

买方对卖方做尽调是大家都能接受的,但是很多老板不知道,卖方也要对买方做尽调,来确定对方是个"好人"。

很多卖方老板都忽视了这点,别人来谈收购,他就想当然地认为对方是有实力的,否则不会来收购自己的企业。

在我20多年的职业生涯中,遇到过很多没有实力的公司包装成大集团大基金去忽悠卖方老板,也遇到过一些有实力但心怀不良目的的买家把标的公司控股后掏空的事情。

因此,只要我做卖方顾问,一定会要求卖方老板对买家做一定的尽职调查,当然,这需要一定的费用,更重要的是,要掌握一些卖方对买方的尽调技巧。

不良买家在控股标的公司后,一般会对标的公司做什么坏事呢?

1. 直接占用标的公司资金

大股东操纵标的公司,通过往来款、采购预付款、购买信托产品、提供融资租赁、支付保证金、开具商业承兑汇票等形式,向收购方划转资金,让收购方无偿占用,几年后再以坏账核销名义一笔注销。

2019年6月20日中珠医疗(600568)披露的公告显示,2018年4月,其以信托理财的名义,向中珠集团控股的子公司发放两笔3亿元的贷款;中珠医疗子公司横琴中珠融资租赁公司,与一家医院签订融资租赁合同,但后者出现违约。事后查明,涉事医院为中珠医疗二股东实际控制。此外,中珠租赁还在2018年向非关联公司贷款3.1亿元,资金最后流入控股股东中珠集团手中。

辅仁药业截至2019年3月末尚拥有货币资金18.16亿元,但2019年7月24日晚间公告则表明,截至7月19日,其账面货币资金仅有1.27亿元——近17亿元巨额资金"凭空"消失了。辅仁药业突然上演这么一出，惊动了监管部门。上交所随后发出问询函，要求辅仁药业对未按期划转现金分红款的原因、办理过程，资金余额是否存在流动性困难等做出说明，并核实控股股东、实际控制人有无资金占用、违规担保等情况。

藏格控股（000408.SZ）实际控制人的手法就显得更为隐蔽。2018 年 1 月至 2019 年 4 月期间，藏格控股的控股股东西藏藏格创业投资集团有限公司及其关联方利用虚假贸易业务预付账款、钾肥销售业务应收账款非经营性占用藏格控股资金共计 22.14 亿元。

2. 低价掏空优质资产

大股东把标的公司里最优质的资产找人评估成低价，卖给自己能控制的第三方企业。

3. 通过关联交易低买高卖

有的大股东会把低价收购来的项目股权高价评估作价后卖给标的公司。

交易所和上市公司之间就像"猫与老鼠"，进行着永不停息的博弈。

某上市公司计划以自有资金 3.71 亿元向控股股东的关联方收购标的 100% 股权，定价依据为收益法评估结果，增值率达到 180.27%。但标的公司盈利能力薄弱，2017 年、2018 年 1—9 月分别盈利 1 486 万元、1 724 万元，净资产收益率低于上市公司，且交易对方未提供任何盈利担保或业绩补偿承诺。对此，深交所对交易定价的依据及公允性高度关注，发函要求公司充分说明收益法评估的价值分析原理、计算模式、折现率、预期各年度收益或现金流量等重要参数及评估依据的确定理由。随后，并购交易对方主动下调 10% 的交易作价，并增加了业绩承诺安排。深交所继续追问，要求说明下调交易作价的原因及理由。在多次发函督促披露后，最终该公司和交易对方主动终止了交易。

4. 为大股东恶意担保

大股东操纵标的公司对其贷款融资时进行增信担保,这种隐形掏空行为特别恶劣。

ST新光(002147)2019年6月17日披露,截至2018年12月底,已逾期未起诉的担保金额合计已达36.1亿元。截至2019年6月28日,违规担保金额仍达30.57亿元。ST刚泰(600687.SH)的违规担保金额更为巨大,2019年5月9日公告显示,2016年11月至2018年6月,在未履行相应决策、信披的情况下,公司为实际控制人、控股股东及其一致行动人等借款担保,担保本金合计达42.77亿元。这两家公司都是上市公司原有主业出问题,然后两个房地产集团去收购控股,结果收购后也玩不转,反而出现这种巨额违规担保事件。

上市公司因为信誉好、资金充足而且股东又相对分散,收购百分之二三十股份就有可能控制一家上市公司,在这种情况下,围绕上市公司的掏空行为频繁曝光,让监管机构头痛不已。

那么卖方对买方做尽调应该注意哪些要点呢?

1. 尽调方式要隐蔽

前面也分析过,买家对卖家的尽调一般是光明正大进行的,而中国人好"面子",卖家对买家尽调建议要"隐蔽"进行,否则买家一听卖家要对自己反尽调,很可能火冒三丈当场翻脸。

2. 寻求专业机构帮助尽调

买方并购会找投行,而卖方也应该聘请一个专业顾问来帮助自己出售企业。有经验的投行顾问会调动其广泛的社会人脉网络资源对潜在买家做背后尽调。

3. 潜在买家的并购历史要特别关注

我给卖方做顾问时,会特别重点调查潜在买家的过往并购历史。如果一个买家历史上从来没有收购过其他公司,我会很小心对待,因为这种并购"小白"没有并购操作及整合经验,将来合作磨合问题会很大；如果这个买家有过收购历史，我会研究他收购过的公司，调查这些公司被收购后业绩是否增长、核心骨干是否留下、员工裁员比例是否在合理范围内，等等。

4. 充分利用互联网调查工具

我平常用得比较多的是"企查查"软件，用企查查调查一个公司时，我最喜欢看的是诉讼相关情况，包括：一个企业的原告或被告信息、股权冻结解冻信息、限制高消费信息等。如果潜在买家有一堆诉讼问题，我会建议卖方提高警惕。

三、 机密泄露陷阱

许多企业在被尽调时不注重保护自己的核心机密，结果尽调时机密流失，买方放弃收购，让卖方损失惨重。

这个机密怎么来定义呢？一些企业会疑惑在被尽调时，这个保密的"度"在什么地方？

巴菲特在投资时一再强调企业要有"护城河"，就是企业能够比同行赚取超额收益的核心竞争力。这个竞争力可能是品牌、技术、配方、渠道、巨额复制成本，等等。

一个企业被人收购，一定要想好对方最看重自己的是什么？

如果对方看重的只是土地、厂房等普通实物资产，这些都是公开透明的可评估价值的资产，在买家尽调时尽可能配合提供所有资料。

如果对方看重的是自己的核心技术，那就要千万小心。

中国有许多企业所谓的"核心技术"是非常脆弱的，经不起调查。

几年前，我接触了一个精细化工领域的企业，这个企业的产品非常小众，全国就只有不到 20 家企业能生产，而且生产工艺源头都是中国科学院某教授的技术，这个教授在实验室完成了小试、中试，然后这不到 20 家企业通过各种途径获得该技术后,自己完成最后一道规模放大生产工艺。

这些企业有个共同的技术痛点:夏天出粉率高、冬天出粉率低。我看的这家公司老板非常得意地告诉我,他们攻克了这个行业痛点。基于我是个文科生,加上对我个人的信任,老板带我到生产车间参观。我这种外行眼里,精细化工企业都是大同小异,就是各种大大小小的反应釜被各种管道连接起来,看不出什么特别。老板特地提醒我看车间的连接管道,"核心机密就在这个管道内,同行的管道比我短了 50%,我不断改进摸索终于发现,把输送管道延长一倍,就可以把出粉率稳定在一个很好的水平,冬天夏天没有多少区别。"

这种生产工艺的某个点上的调整算核心机密吗?对这个企业来说当然算!但是这种核心机密不能申请专利(顶多申请实用新型专利,但一申请就会被同行破解),只能算"know-how"性质的生产工艺改进技术。

这个企业老板找我,是有同行的大企业想来谈并购控股他们企业,他请我做顾问把关。

我一听是同行来谈并购立刻非常警惕,提醒他:如果同行提出想到车间来参观调研,一定不能让对方任何一个人进入车间!

同行之间的并购,核心机密泄露风险是最大的。许多没有经验的卖方企业以为和买家签署了保密协议,就可以随便让对方进入自己的核心生产基地考察调研。但是,一旦被买家找到公司核心生产工艺的秘诀,买家就可以放弃并购,节省一大笔并购成本。

我还提醒,对方请的投行、会计师和律师也一个都不能进入车间,因为买家可能会让其技术高手混进中介调查团队来"浑水摸鱼"。

这个老板被我提醒后,感慨了一声:"并购怎么弄得和间谍战一样!"

我说:"企业并购既是婚姻,也是战争。"

企业大致可以分为两种类型：物理型和化学型。物理型公司就是把该企业产品拆解开来，每一个零部件都可以复制，然后组装出整个产品；化学型公司就是，公司核心技术是一个神秘的配方，比如可口可乐、云南白药、片仔癀、伟哥、王老吉等类型产品的生产企业。

物理型公司的核心机密或许就是某段生产流程的改进，某个组装工艺的调整，某个产品外形的变化，因此比较容易被复制。

而化学型公司的"神秘配方"就是其"护城河"。

可口可乐总裁曾有一句名言："即使一夜之间大火烧掉了我所有的有形资产，只要可口可乐的牌子在，第二天我就可以从银行贷到足够的钱重新建立可口可乐的生产线。"给银行带来这份信心的正是可口可乐的"神秘配方"。

如果我是可口可乐的老板，现在有人要收购可口可乐，在尽调阶段是绝对不可能拿到这个"神秘配方"的。并购协议签署后收到50%的钱时，要把可口可乐的配方全部提交给买方吗？我肯定也不答应，因为对方拿到这个配方或许后面的尾款就赖账不付或无限期拖延支付。我一定在并购协议里谈好，当我收到整个交易款的80%或90%时，才会把可口可乐的全部配方知识产权移交给买家。

四、 财务尽调陷阱

财务尽职调查是并购尽调中的基础调查工作，往往也是收购方最看重和最愿意花钱请中介机构来做的工作。

每个会计师事务所都愿意接这种并购尽调的业务，因为它不需要像审计一样出盖章审计报告并承担报告责任，绝大多数财务尽调报告只是供收购方参考，会计师事务所通常不会对调查内容的真实性负责任。因此，在财务尽调时，首先就面临着请什么样的会计师事务所的问题。

我们一般建议,中国企业境外并购最好请国际会计事务所。

表 2-1　美国会计师事务所 top 10

排名	会计师事务所	2018 年名次
1	Deloitte	1
2	PwC	2
3	EY	3
4	KPMG	4
5	RSM US	5
6	Grant Thornton	6
7	BDO	7
8	CLA	8
9	Crowe	9
10	CBIZ & MHM	10

全球会计师事务所公认"四大",即表 2-1 中的前四名德勤、普华永道、安永和毕马威。但是如果收购金额不到 2 000 万美元,请四大所其实是非常不合算的,我合作过上表中排在第六位的 Grant Thornton 和第七位的 BDO,对一些小型境外并购项目来说,这两家的服务质量和性价比不比"四大"差。

在中国,本土会计师事务所发展非常迅猛,在国内 IPO 领域,国内几家大的所已经超过"四大"。但是从 2018 年总收入来看,"四大"还是占据了前五强中的四席。(表 2-2)

表 2-2　中国 2018 年会计师事务所收入排名 top 10

排名	审计机构名称	收入总额(亿元)
1	普华永道中天会计师事务所	51.27
2	德勤华永会计师事务所	40.87
3	安永华明会计师事务所	38.93
4	立信会计师事务所	36.68
5	毕马威华振会计师事务所	30.07

排名	审计机构名称	收入总额（亿元）
6	瑞华会计师事务所	28.52
7	天健会计师事务所	22.18
8	致同会计师事务所	18.36
9	信永中和会计师事务所	17.3
10	大华会计师事务所	17.09

许多中国老板有"大所迷信症"和"500强企业迷信症"，在他们眼里，世界500强企业有丰富的并购经验，加上他们并购都会请"四大"做服务，因此，500强企业并购时财务尽调应该不会有什么大的问题。

2012年6月，全球工程机械领先企业卡特彼勒收购年代煤矿机电设备制造有限公司，包括其全资子公司郑州四维机电。年代煤机是中国成长最快的采矿液压支架制造商，旗下子公司四维机电在河南省郑州市拥有一座面积60万平方米的厂房，为中国井工采矿业客户生产和销售液压支架设备。交易价格预估为50.64亿～56.93亿港币之间。

该收购是卡特彼勒当时在中国最大的一笔，却不幸"触雷"。2013年1月，卡特彼勒宣布，发现郑州四维机电内部存在多年蓄意串通的财务会计不当行为，导致卡特彼勒2012年第四季度的商誉减值非现金损失约5.8亿美元，合45亿港币，接近收购价格。

卡特彼勒方面的人士介绍，公司是在2012年11月发现了四维会计记录中录入的库存和实际库存存在差异，此后开始对四维的财务数据进行详细审核，发现四维涉及虚增利润，包括不当成本分摊、过早以及不实的收入确认等问题。

陷入质疑的与这起收购有关的尽职调查机构及年报审计机构皆未发声，卡特彼勒方面明确："我们坚信我们的（尽职调查）程序是严谨和稳健的,包括卡特彼勒人员以及外部的会计、法务与财务顾问参与。大家需要了解的非常重要的一点是,郑州四维当时是一家有经审计的财务报表的上市公司。"

这个案例充分证明,即便是 500 强的并购老手,在财务尽调中请了"四大",也可能陷入严重的财务造假陷阱。

下面具体介绍企业财务造假的一些手段:

1. 虚构收入

有几类企业我在尽调时会特别小心。

(1)以海外业务为主的企业。客户在千山万水以外,去核查真实性的成本很高。

雅百特(002323)曾通过伪造境外项目虚增收入,它伪造了巴基斯坦的政要信函,虚构公司拿到了海外项目,虚增利润 2.6 亿元,占其当年净利润的 73%,甚至惊动了外交部。此外,雅百特还通过伪造虚假的建筑材料出口合同,利用子公司将货物在境内外倒手虚增利润。

(2)文化传媒类企业。这类公司只要找个广告公司签一个广告代理销售合同,就可以在报表上确认收入(往往都是应收账款没有现金的收入)。

2013 年 9 月,粤传媒(002181.SZ)收购上海香榭丽传媒股份有限公司(下称"香榭丽")股权,以 2013 年 6 月的净资产评估作价 4.5 亿元,加上此后粤传媒对香榭丽两次增资 4 500 万元,粤传媒为香榭丽合计支付 4.95 亿元。2014 年 6 月,香榭丽完成股权过户。

两年零三个月之后,香榭丽因资不抵债、官司缠身申请破产。至 2016 年 6 月 30 日,香榭丽的净资产为 - 5.2 亿元,当年前 7 个月亏损 2.28 亿元。2017 年 9 月,粤传媒以 1 元钱的价格将香榭丽转让。

后来,粤传媒收到证监会的行政处罚书,这次重大资产收购时的财务造假内幕得以呈现。

据行政处罚书披露,香榭丽在收购前3年全部亏损。香榭丽方面通过制作虚假合同虚增收入和利润。在2011～2013年,香榭丽制作虚假合同共计127份,虚增净利润3.06亿元。

(3)农林牧渔类企业。农业企业造假防不胜防,蓝田股份、万福生科和獐子岛就是著名案例。

农业企业有时并非老板有意作假,而是其业务特点决定了存货无法有效核实、大量现金交易无法准确记账。

几年前,我曾到苏北一个林业企业谈投资,该企业租下海边近万亩没法种粮食的盐碱地来种一种速生林品种"竹柳",这个竹柳长得既像竹子也像柳树,最神奇的是一根1米高的小苗一年就能长到几米高,第二年把几米高的竹柳截成几段扦插又可以长成几米高……

我看到公司报表,销售七八千万元,净利润接近5 000万元,第一反应是利润造假。但是到现场看就知道,真有这么多利润。因为这些竹柳1生5、5变25、25变125……几年下来,原始竹柳的成本已经可以忽略不计,一眼望不到边的树林里,就是神仙来,也没法分辨哪棵树是当初第一批买的母树苗。所以公司销售收入扣除销售费用几乎都是利润。

我看到这个情况就放弃投资想法,虽然是个很好的赚钱很厉害的农业企业,但这种财务报表报到证监会注定会被发审会否决——利润调节空间太大了。

A股水产第一股獐子岛的扇贝经历了"离家出走又重新回家"的剧情,这些离奇的情节甚至成了网上的段子。

自2014年以来,獐子岛多次发生"绝收"事件。2014年10月30日,公司宣布进入收获期的100多万亩扇贝绝收;2018年1月31日,公司披露,扇贝再次遭灾,预计2017年最少亏损5.3亿元,受灾是因为"降水减少、饵料短缺等原因,扇贝越来越瘦、品质越来越差,长时间处于饥饿状态的扇贝没有得到恢复,最后诱发死亡";2019年一季度,獐子岛再次公告扇贝受灾。

扇贝毕竟生活在海底,审计与监管人员无法深入到海底去查验存货,不过獐子岛造假之事并非无据可查。在 2014 年獐子岛宣布绝收原因为"遭遇冷水团"这一自然灾害后,2 000 多名岛民以按手印的方式实名举报,称扇贝绝收是因为提前采捕以及播苗造假。

2019 年 7 月 11 日,监管层下发文件披露,獐子岛涉嫌财务造假。尽管不能下海查验,但通过跟踪采捕记录、单月拖网捕捞轨迹图,对比不同年度的存货图与贝底播图以及各时点相关数据记录,发现獐子岛 2016 年存在虚减营业成本和营业外支出 1.3 亿元,2017 年存在虚增营业成本超过 6 000 万元,2014 至 2016 年间共计虚增营业外支出近 2.5 亿元。

(4)大规模连锁消费企业。门店数量巨大意味着作假空间巨大。

对于有大量连锁店的企业尽调也要当心,因为一般情况不会对几千个门店挨个调查,只能采取取样抽查的方式,这时如果企业用心提前准备好抽查门店的数据,就容易隐藏真相。另外,这类连锁企业现在都是通过互联网来管理销售,如果在销售软件里做手脚,也很难被发现。

2020 年初,美国著名做空机构浑水公司发布了 89 页的调查报告,指出中国最大咖啡连锁企业瑞幸咖啡存在严重造假。

报告作者称,通过 92 个全职和 1 418 个兼职调查员,收集了 25 000 多张小票,进行了 1 万个小时的门店录像,并且收集了大量内部微信聊天记录,认为瑞幸的平均每店货物数据,在 2019 年第三季度虚增 69%,2019 年第四季度虚增 88%。

造假证据之一是,随机选取 151 家线下店,调查员在门店开门和关门时分别下了一单,正常而言,两张取票码的差值即为当天订单量。与此同时,还记录了来店人数进行对比,自提的按人头算,外卖配送按包装袋数量算。一天下来,取餐码显示的订单量,明显大于真实的订单量,因此瑞幸的取餐号存在跳号现象。由此,做空报告得出瑞幸咖啡订单平均膨胀率为72%。瑞幸2019年第四季度单店单日的真实销量是263杯,而不是瑞幸管理层声称的444杯。

瑞幸咖啡于2月3日晚间发布公告回应,称该报告毫无依据,论证方式存在缺陷,属于恶意指控。

4月2日,瑞幸咖啡在美国SEC新公布的一份文件显示,公司过去的确存在造假行为,在2019年Q2至Q4虚假交易22亿元,受此影响,公司股价当天盘前跌幅超过80%。

2. 少记费用成本

少记费用是指通过少记甚至不记费用的方式来隐藏费用。比如武汉凡谷(002194)在2016年2—3季度少计自制半成品的领用,导致成本减少近4 000万元。三峡新材(600293)在2011—2013年三年间累计少记1亿元的原材料成本。ST昆机在2013—2015年实际内退657人,但在财务记录中内退人数为374人,通过少记内退人数少记管理费用2 649万元,并通过少记高管薪酬少记管理费用312万元。

东北制药(000595)在1996年报告了1 920万元的净利润,公司公告称,根据当地财政部门的批复,把已经发生的"折旧费用""管理费用""利息支出"等累计约1.4亿元挂列为"递延资产"。而如果按照正确的方法记账,虚增的1.4亿元的资产应该记为本期费用,这将导致该年亏损1.2亿元。

3. 账面现金陷阱

财务尽调时查银行电子系统和对账单来确认银行账户现金的真实性是个基本的尽调程序,但是如果银行提供的对账单或网银显示结果造假怎么办?一般尽调机构不会质疑中国大银行特别是国有商业银行的职业操守。

偏偏 2019 年康得新案件爆发,让市场震惊,发现连银行对账单也不能相信。

钟玉原为国企技术人员,1988 年联合创办康得集团前身北京海淀康得机电公司。在经过改制后,钟玉成为大股东。2001 年,钟玉成立了康得新复合材料公司,并于 2010 年以"全球最大预涂膜生产企业"的身份在 A 股上市。上市后康得新一度被称作为"中国的 3M 公司",股价曾飙涨至千亿元市值,被视为中小板的白马股代表。

但随着 2019 年初连续两笔共计 15 亿元的债券违约,存贷双高以及大股东资金来往不明等问题,康得新债务危机被正式踢爆。

2019 年 4 月 30 日,＊ST 康得披露 122.1 亿元存放于北京银行西单支行。不过,公司 3 名独董和会计师事务所却对 122 亿元存款的真实性提出强烈质疑。

随着深交所的连环问询,＊ST 康得与北京银行的协议曝光。原来,控股股东康得投资集团与北京银行签订了《现金管理合作协议》,其账户余额按照零余额管理,即各子账户的资金全额归集到康得投资集团账户。

这意味着,上市公司＊ST 康得有 122 亿元在账上,但按照这个联动账户的设置,钱会被划到控股股东的集团母账户。这就导致了公司网银显示有 122 亿元存在北京银行西单支行,然而,西单支行却回函称"账户余额为零"。

这次证监会也出手了,要求北京银行说明支行是否串通康得新管理层舞弊。

2019 年 7 月 5 日晚间,康得新发布公告称:2015 年 1 月至 2018 年 12 月,康得新通过虚构销售业务方式虚增营业收入,并通过虚构采购、生产、研发、产品运输费用方式虚增营业成本、研发费用和销售费用。通过上述方式,康得新 2015 年至 2018 年分别虚增利润总额 23.81 亿元、30.89 亿元、39.74 亿元和 24.77 亿元,四年累计虚增利润总额 119.21 亿元。

康得新案让中国数一数二的瑞华会计师事务所也就此拉开崩盘的序幕,令人不胜唏嘘。

以前我尽调过一个项目,公司账上显示有 5 000 万元定期存款,我们到开户行也核实确实有这笔定期存款,但后来深入调查发现,这笔钱根本不能动,因为老板已经把这个定期存款的存单质押给其他公司做贷款担保!

4. 经营性现金流量陷阱

企业经营,“现金为王”。许多规模做到十几个亿的企业老板竟然还看不懂企业的“三张表”(资产负债表、损益表和现金流量表),这是非常危险的事。

还有许多老板只关心资产负债表和损益表,对现金流量表不懂或者不会去及时跟踪考察,也会发生资金流突然断裂的问题。

现金流量表里记录了企业的投资现金流净额、融资现金流净额和经营性现金流净额。毫无疑问,最重要的是经营性现金流净额。

一个企业利润再好看,如果其经营性现金流持续为负数,说明公司主营业务收入产生的现金流还不足以覆盖主营业务付出的各种成本,因此需要通过融资弥补经营性现金流缺口。这类企业基本会呈现“高应收账款、高存货”的财务特征。

经营性现金流要好看的造假方法是虚构收入及现金以及压缩费用成本。

2019 年,康美药业收到中国证监会的《行政处罚及市场禁入事先告知书》(简称“《告知书》”),《告知书》中详细披露了康美药业自 2016 年以来的财务造假情况。

据证监会调查,康美药业在 2016 年、2017 年、2018 年半年报和 2018 年年报中虚增营业收入 89.99 亿元、100.32 亿元、84.84 亿元和 16.13 亿元,虚增营业利润 6.56 亿元、12.51 亿元、20.29 亿元和

1.65 亿元,累计虚增营业收入 291.28 亿元,累计虚增营业利润 39.36 亿元。

最令人匪夷所思的是货币资金项目。康美药业 2016 年虚增货币资金 225.49 亿元,占公司披露总资产的 41.13% 和净资产的 76.74%;2017 年虚增货币资金 299.44 亿元,占公司披露总资产的 43.57% 和净资产的 93.18%;2018 年上半年虚增货币资金 361.88 亿元,占公司披露总资产的 45.96% 和净资产的 108.24%。

这意味着,两年半,公司累计虚增货币资金 886.8 亿元!

5. 其他一些财务陷阱

(1)其他应收款陷阱。其他应收款数额巨大往往意味着公司大量资金通过这个通道被关联方占用,而且可以长期占用不用付利息。

(2)毛利率异常陷阱。公司的毛利率是公司盈利能力的最重要指标之一,毛利率如果异常高于上市公司同行业平均水平则要引起警惕。

2012 年 4 月 12 日,证监会网站公布了茶油第一股广东新大地生物科技股份有限公司 IPO 招股说明书。随后许多记者及分析人士纷纷调查写文章质疑新大地存在的严重财务造假行为。毛利率严重异常是其中一个环节,根据新大地的说法,由于自主创新优势和油茶全产业链循环发展模式的竞争优势,公司取得了比同行业更高的毛利率。2009 年公司茶油的毛利率为 60.66%,综合毛利率为 40.99%。而据中商情报网数据,近几年全国规模以上油茶加工企业的平均毛利率在 20% 至 25% 之间。后来证监会介入调查,终止了新大地的上市之路。

(3)大量固定资产投资陷阱。一些企业通过把资金大量投资于偏远地区的重资产项目,在这些固定资产投资的采购和施工环节可以套取大量资金。

2019 年 7 月 16 日,有研究人士对大族激光财务问题提出质疑,主要指出,大族激光在 2011 年提出在瑞士建设欧洲研发中心项目,起初预算金额 5 000 万元人民币,期间多次增加预算并更改完工进度,8 年时间预算狂增至 10.5 亿。截至 2018 年底,工程进度仅64%。大族激光此项超过净资产 10% 的项目没有按照要求完成信息披露。

文章质疑此项目的真实性,并引用中国商务部官网转自瑞士《卢塞恩报》的一则新闻报道,大族激光董事长高云峰在 2012 年购买了瑞士 EberliSarnen AG 建筑公司 28% 的股份,并委托该公司改建同为高云峰资产的位于瑞士的五星级酒店,酒店预计 2019 年完成,计划投资 1 亿瑞士法郎(约等于 6.95 亿元人民币)。

该酒店的建设时间、投资金额与大族激光同在瑞士的欧洲研发中心有很大的相似性,对此,质疑者提出大族激光所有欧洲研发中心的资金可能被大股东挪用建造五星级酒店,而"欧洲研发中心"只是个幌子。

《证券时报》·e 公司记者就此向大族激光董秘办人士提出问题,该人士表示,大族激光在 2010 年发布公告,授权董事长高云峰 1 000万美元的审批权限,全权办理设立欧洲运营公司相关事宜。2012 年8 月立项筹备运营中心建设,初始预算是 5 000 万元,但当时对项目建设困难预期不足,后期发现瑞士施工前置报批流程非常繁琐,项目直到 2014 年才开始启动。项目中心在一个小镇上,可能涉及到和居民用地有一些冲突,此后方案做了调整又重新走报批流程,到 2016年开始正式施工,预计 2020 年底开始投入使用。

该人士否认了文章提出的质疑,称:"欧洲研发中心是上市公司独立项目,与大股东投资项目之间不存在关系,不存在资金被挪用的情况。"

关于大族激光是否真的挪用资金建造五星级酒店还没有定论,但在这笔巨额境外资金使用信息的披露上,大族激光确实没有做到位。

（4）大量长期在建工程陷阱。一些企业有大量在建工程，去实地考察后发现这些厂房已经投入使用早就该转入固定资产。在建工程未转入固定资产，就可以少提折旧，增加公司利润。

（5）大量应付工资陷阱。一些公司资产负债表上连续多年有大量的应付工资余额，但这些应付工资绝大部分其实并不是真的要发给员工的，这只是这个子公司领导调节利润的一种手段。每年总公司都会对子公司下利润指标，如果超额完成了，子公司就会把多余的挂在应付工资中，如果完不成指标，就会冲回应付工资。总之这个应付工资科目被用作了调节年度利润的蓄水池。

6. 税务陷阱

目标公司如果通过各种手段享受了税收优惠政策，并购尽调时必须要认真分析这些税收优惠政策能否持续。

一些企业获得省级高新技术企业可以享受 15％的优惠所得税政策，并购时必须要研究公司获得高新技术企业的条件到底是否符合。我们接触过很多企业，为获得省高新资格，在研发人员数量、研发费用比例等关键数据上弄虚作假。这种企业很有可能被发现申报数据造假行为，从而取消高新技术企业资格。

还有大量企业注册在西藏、新疆等少数民族地区或江西赣州等革命老区，这些区域都有国家特殊税收优惠政策。但是也得当心这些政策的可执行性，就像前几年大批影视公司集体注册到新疆霍尔果斯，结果被叫停整改。

五、 法律尽调陷阱

法律尽职调查就是为了获知目标企业的重要信息并以此判断收购中和法律纠纷相关的风险和陷阱。

许多老板对选择尽调律师所也没有方向,我的建议有几条:

第一,境外并购大项目选择境外律师行,小项目选择在境外有分支或合作机构的中资大所;

第二,境内并购项目以中资所为主,根据交易规模大小选择"门当户对"的律所;

第三,尽调团队负责人的经验水平比律所品牌更加重要,因为许多律师事务所都是"加盟制",一些号称全国前十大的律师所是由许多小律师所合并而成,每个合伙人挂着律师集团的旗号招揽业务,但是和"个体户"类似。

2018年,《亚洲法律杂志》(ALB China)对中国和国际前30大律师所做了个排名(表2-3、表2-4),供大家参考(这里只列了前20名,我们一般也都在前20名里找合作律师所)。

表2-3　中国本土律师事务所 top 20　　　　（单位:名）

2018年排名	律所	合伙人数量	律师数量	律师总人数
1	盈科律师事务所	2 230	4 354	6 584
2	大成律师事务所	1 611	4 032	5 729
3	德恒律师事务所	597	1 896	2 521
4	锦天城律师事务所	574	1 764	2 338
5	国浩律师事务所	612	1 323	1 935
6	中银律师事务所	323	1 373	1 817
7	金杜律师事务所	329	1 428	1 762
8	北京德和衡律师事务所	111	1 182	1 306
9	中伦文德律师事务所	576	727	1 303
10	中伦律师事务所	293	918	1 211
11	隆安律师事务所	161	908	1 163
12	金诚同达律师事务所	288	593	905
13	浩天信和律师事务所	263	610	902
14	泰和泰律师事务所	260	610	885
15	海华永泰律师事务所	119	560	780

2018 年排名	律所	合伙人数量	律师数量	律师总人数
16	北京天驰君泰律师事务所	245	450	744
17	广东广和律师事务所	212	505	726
18	君合律师事务所	197	437	686
19	观韬中茂律师事务所	174	505	683
20	四川明炬律师事务所	75	507	657

表 2-4　外资律师事务所在中国的业务排名 top 20　（单位：名）

2018 年排名	律所	国家	中国		
			合伙人数量	律师数量	律师总人数
1	贝克·麦坚时 Baker Mckenzie	美国	14	51	73
2	高伟绅 Clifford Chance	英国	11	61	72
3	摩根路易斯 Morgan Lewis & Bockius	美国	9	10	60
4	西盟斯 Simmons & Simmons	英国	25	7	48
5	欧华 DLA Piper	英国/美国	25	9	47
6	霍金路伟 Hogan Lovells	英国/美国	12	24	41
7	罗夏信 Stephenson Harwood	英国	10	29	39
8	普衡 Paul Hastings	美国	5	34	39
9	年利达 Linklaters	英国	5	30	39
10	史密夫·斐尔 Herbert Smith Freehills	英国/澳大利亚	11	25	38
11	凯易 Kirkland & Ellis	美国	7	17	36
12	其礼 Clyde & Co	英国	9	22	35
13	CMS	英国/德国	8	23	33
14	众达 Jones Day	美国	15	12	32
15	安理 Allen & Overy	英国	7	22	28
16	高盖茨 K & L Gates	美国	13	10	26
17	盛德 Sidley Austin	美国	7	7	26
18	亚司特 Ashurst	英国	3	22	25
19	礼德 Reed Smith	美国	4	5	22
20	世达 Skadden Arps Slate Meagher & Flom	美国	2	19	22

并购法律陷阱包含企业方方面面的内容,因此尽职的律师所和不尽职的律师所对一个项目的调查结果可能天差地别。

下面对并购中的一些主要法律陷阱进行提示:

1. 股权陷阱

并购的标的是企业股权时,第一要做的就是把公司从成立至今的股权演变情况及围绕股权可能的各种纠纷陷阱查清楚。主要查的内容包括:公司股权结构及股东持股比例,股东认缴注册资本数额与缴付期限,股东已实缴注册资本数额及是否存在逾期缴纳,股东已实缴注册资本的出资方式、非货币出资的作价依据及是否履行了相关过户手续,股东历次股权转让的情况及是否存在纠纷,公司历次增资扩股的情况及是否存在纠纷,股东是否存在虚假出资、出资不实及抽逃出资的情形,是否存在隐名股东、股权代持情形,公司章程或股东间的协议是否对股东权利、义务做出特殊性约定(主要包括股东享有的优先权、不同的分红权、股权转让是否受到限制等),是否设定股权质押等权利负担。

我遇到过好几次并购的股权陷阱,一开始没有摸清楚对方的股权底细,等尽调后才发现对方的大股东持有的股权根本就交易不了,有的是地方政府明文规定不得由省外企业并购,有的是基金小股东有强制"领售权"或"跟售权",有的是股权被多个债权人多轮质押,有的是管理层和老板有低价购买期权约定等。

当收购国有企业或集体企业改制过来的民营企业时,我们会特别当心,因为这类企业以后要在国内上市,证监会会要求当地省级政府部门出具当初改制合法的文件,以证明这个改制规范,不存在国有或集体资产流失的情况。这类企业往往都在二三十年前改制,当初操作改制的政府机构许多都已经撤并不存在,要弄清楚改制合法合规性并非易事。

2. 土地房产陷阱

企业土地房产是重要资产,尤其对于占地面积巨大的公司,在尽调时把土地房产情况摸清楚就十分重要。

土地调查的重点包括:有关项目建设用地是否取得建设用地使用权(工业用途),取得程序是否合法;有偿取得土地使用权的价款是否缴清;土地使用权的期限及剩余期限;土地出让合同对土地使用的条件及限制;是否存在土地租赁,租赁是否合法,租赁期限及租赁费用缴纳情况;是否存在土地被征收的可能;是否存在违法使用土地的情形,是否受到相关部门的行政处罚。

建筑物调查的重点包括:房屋建筑物的分类、面积、使用情况及是否取得权属证书;是否存在房屋租赁的情形,租赁期限及租赁费用缴纳情况;房屋建筑物建设前是否取得相关规划、施工方面的许可(需要注意工业建筑与民用建筑的审批手续存在区别);是否存在违章建筑,违章建筑的面积及形成原因;是否存在房屋建筑物被征收的可能。

2019年,我对江苏某著名开发区的一个企业做投资尽调,当时吸引我的是公司10年前在开发区黄金地段拿了100亩工业用地,当时拿地成本每亩20万元不到,现在至少每亩100万元,公司最值钱的资产就是这块土地。尽调后我们发现一个重大隐患,当初该企业落户开发区和政府拿地时,签署了一个未来5年关于固定资产和上缴税收的承诺书,现在土地只用了20%,80%闲置着,对政府的承诺显然没有做到。于是我去找开发区领导了解情况,开发区主任一听这个企业的名字就非常生气,说我们正在考虑对这个企业开刀,以投资承诺未兑现违约为由强制按成本价回收这块土地!这个情况标的公司老板从没跟我说过,因此,听了主任的话我回去就通知团队撤出该项目。

房产建筑一定要认真到现场考察。

多年前,我到某省一个大型纺织企业做并购尽调,这个纺织厂有30年历史,以前是老国企,有几千名员工,因此有些老厂房都是30年前造的。厂区很大,我们一个个考察下来,发现至少有两个老厂房已经是危房,随时会塌掉,而对照公司发给我们的资产评估报告,这两栋老厂房还评估了近1 000万元,于是我在谈判桌上直接和对方说,这1 000万元的资产我们不认,必须从交易价中扣除!

3. 生产设备陷阱

一般制造企业的生产设备折旧年限平均在10年左右,但是收购时得小心,对于一些技术更新换代特别快的行业,生产设备可能三四年就有革命性的技术突破,新生产线生产效率是老线的数倍。在这种情况下,老设备按照折旧后残值计算的价值都严重高估了。

即便是新生产设备也有陷阱。

几年前,我们去考察一个光电制造企业,这类行业的设备大量依赖进口,大部分资金都用于采购国外设备。收购方不在这个行业,尽调的律师对技术也不懂,只能看采购设备的合同、发票等是否属实。后来我们找到一个业内专家看了一下这些设备的品种、型号和价格,他说这些设备没什么问题,但是价格比正常市场价高了一倍!我们于是深挖境外卖家(一家贸易公司),发现这个贸易公司被卖方老板背后控制。

4. 知识产权陷阱

知识产权陷阱在并购中也常常被忽视,这部分核查要点是:公司已取得的知识产权种类、数量、权利状态;知识产权对外许可使用情况及收费情况;使用第三方知识产权及费用支付情况;公司专有技术秘密及商业秘密的持有情况、所采取的保密措施;是否存在知识产权方面的纠纷。

对于品牌要调查:商标标识图案及授权图案、商标权、商标注册;商标的保护地域、注册类别、权利人及其变更情况、申请日期、授权日期、法律状态、优先权日期、缴费情况;商标的许可是否注册域名。

对于专利要调查:专利的优势;专利号、保护地域、发明人及其雇主、权利人的变更情况;申请日期、授权日期、专利的法律状态;关键日期(优先权日期);专利缴费情况;专利的实施许可情况;专利挖掘流程;竞争对手相关专利的分析;专利技术是否关系目标公司属地国的安全利益;申请专利获得授权的可能性;目标公司专利实施是否需要第三方许可。

浙江华立集团并购美国飞利浦 CDMA 项目的案例非常有代表性。

2001 年,华立收购了飞利浦位于美国的 CDMA 项目,媒体纷纷惊呼中国民企开始大步走向世界,打破高通在 CDMA 上的垄断指日可待,就连美国的专业媒体,也相当关注此次收购。这是中国企业第一次在国际市场上并购移动通信核心技术,美国《财富》杂志以"Now China Is Buying American"("中国在并购美国")为题进行了报道。

汪力成本人还由此被美国《财富》杂志评为 2001 年度中国商人,并位居榜首。

华立集团当时决定收购飞利浦的 CDMA 研发部门,动因就是希望通过企业的多元化经营保持继续的高速成长。另外,据说当时飞利浦 CDMA 研发部门转让价格非常便宜,汪力成得到这个消息以为捡到"皮夹子",没有做深入调研就出手并购。

收购完成之际,业界形成了一个错觉,以为华立买下并掌握了 CDMA 的核心技术,可以与拥有 CDMA 专利技术的高通公司完全竞争。可是,华立失算了。原来,飞利浦与高通之间关于 CDMA 芯片有一些秘密交叉协议和授权协议,收购后,一开始,华立只拿到了 CDMA 95A 和 2000 1X 等阶段的技术,而和 3G 有关的 CDMA 专利还都控制在美国高通手里。

这就让华立当时面临非常尴尬的局面,收购 CDMA 研发部门可能只要几百万美元,但是维持这个部门的运转需要每年投入数千万美元,而且即使有产品也要看高通的"脸色",每卖一个产品都需要向高通支付专利使用费。

企业专利每年都需要缴纳专利年费,如果逾期不交,辛辛苦苦获得的专利可能就被国家知识产权局取消。有些企业专利太多,老板不会关心专利缴费这么小的事,如果相关业务负责人一时疏忽忘记缴费就会闯祸。苏州恒久光电曾经就是因为两个专利忘记缴费,在公司已经过了发审会即将上市的时候,被媒体记者在国家知识产权局网站查到这个疏漏并捅出来,导致公司第一次上市发行失败。

对于核心技术发明,产权归属必须要搞清楚,尤其是并购标的公司就是冲着该公司的某些核心技术的背景下更应如此。

某世界著名制药公司拟收购境内一个创业企业,以便获得该企业拥有的一项具有国际先进水平的疫苗技术,该技术已经申请了专利。获得该项专利技术是收购的主要目的之一。知识产权尽职调查显示:该疫苗是由创业企业的创始人主导进行,与某知名大学的教授合作完成,科研团队中还包括教授所指导的研究生;工商登记资料显示该创始人并非创业企业的名义股东,而是由其儿子出资,与创业企业也未签订任何劳动合同;并且,该创始人同时担任另一家高科技公司的总经理。

以上案例中,创业企业虽然名义上拥有该目标专利的权属,但该权属关系却并不清楚。某知名大学、教授、研究生,以及另一家高科技企业都可能对该项专利成果享有权益,需要在收购完成前理清产权关系以免今后发生纠纷。

吉利收购沃尔沃时,对沃尔沃汽车的完整知识产权志在必得,在尽调时也是花费大量人力物力在沃尔沃汽车的知识产权上。最终收购沃尔沃汽车公司 100％股权,意味着吉利拥有了沃尔沃轿车商标所有权和使用权、10 963 项专利和专用知识产权。沃尔沃的知识产权既包括专利文件、技术文件，也包括了商业技术信息，还有大量的支撑产品开发的相关原件，甚至技术流程手册、核心技术文本等。汽车零部件和整车设计相关技术，以及零部件供应商和整车厂之间的关系，都涉及到知识产权。这些知识产权文献，有上百万页，据说可以装满一架飞机。

谷歌 2011 年花费 125 亿美元收购摩托罗拉时，摩托罗拉供应 17 000 项技术专利！然而，联想 2014 年花 29 亿美元的价格接过摩托罗拉时，技术专利的数量仅剩下了 2 000 个左右。据说摩托罗拉最有价值的专利都被谷歌拿走，导致联想收购摩托罗拉后也一直没有把这块业务做起来。

5. 合同陷阱

并购时对标的公司一些日常发生且金额不大的合同不用太关注，但是需要请律师对重大合同进行认真审查：公司是否有完备的合同管理制度；公司对外交易是否签订合同、是否规范；公司签订合同的种类；合同是否履行完毕，未履行完毕的合同是否存在逾期、中止履行的情形，合同各方是否存在违约的情形；是否发生纠纷或存在潜在纠纷；是否有长期重大合同（长期重大合同会对公司经营产生重要影响，例如稳定的原材料供给合同、稳定的产成品销售合同，所以需要对此类合同予以特别关注）。

近年来，CAR－T 作为新兴的治疗肿瘤的技术在全球非常火爆。这次新冠疫情中大出风头的瑞德西韦的出品方美国吉利德 Gilead 公司曾花费 119 亿美元收购的 Kite Pharma 可以说是细胞疗法的领军企业之一。该公司的首款 CAR－T 疗法 Yescarta（axicabtageneciloleucel）在某种淋巴瘤的治疗上取得了优异的成绩，并于 2017 年 10 月在美国 FDA 获批上市。

但吉利德收购 Kite 也为其招来了官司：Kite 被 BMS 子公司

Juno 提起诉讼,称其侵犯相关 CAR‑T 的专利权。而美国加利福尼亚的陪审团判定 Kite 侵权,要求其赔偿 Juno 7.25 亿美元。

6. 债权债务担保陷阱

这部分调查内容包括:公司享有的债权分类、明细、依据,是否到期,是否存在违约等责任;公司承担的债务分类、明细、依据,是否到期,是否存在违约等责任;股东及关联企业与公司的债权债务情况;股东以债权方式对公司的投资情况等;公司为第三方提供担保的种类、金额、期限;第三方为公司提供担保的种类、金额及期限;公司章程就公司对外提供担保的相关规定;公司已承担担保责任的情况;公司与股东、关联企业之间的担保情况;债权债务及担保是否发生纠纷或存在潜在纠纷。

中国许多民营企业为了融资方便,经常会"抱团取暖",几家甚至十几家企业互相担保来向银行融资。如果标的公司存在加入这种担保链的情况,必须要高度重视,想办法把担保链的完整链条梳理出来,然后对链条上企业的经营状况及负债情况进行分析调研,如果链条上有一个企业出事,整个担保链都会接连出事引爆。2019 年在江浙一带,不少资产几百亿元的大集团纷纷出现资金链断裂,这些集团都位于当地担保链的核心,因此每个大集团出事,都会带出一批中小企业跟着出事。

在负债调查环节还要关注目标公司所在地银行的整体坏账率情况。

曾经有个浙江老板收购了湖北一个革命老区的企业,收购时,当地政府领导拍胸脯说:"你收购后上新项目时,只要出 40% 的资本金,剩下的 60% 我们政府负责帮你背书,让当地的几大银行来给你贷款。"收购完成后不久的一天,这个老板给我打电话求助,说收购挺顺利,现在上新项目遇到资金麻烦了,新项目总投资 2 亿元,这个老板的 8 000 万元资本金到账后,当地原来计划贷款的几家大银行现在都不贷款了。我问是什么原因？他说这个地方是革命老区,经济落后,很多当地企业贷款后老板就赖账不还钱,因此当地各大银行贷款坏账比率很高,今年这些银行总行全面收紧该地区新增贷款,时机不巧撞到整改的枪口上……

7. 公司诉讼陷阱

很少有公司一点诉讼都没有,不管是原告还是被告,现在一个企业经营后或多或少都会卷入各类诉讼中。这些诉讼案件也要请律师认真分析:公司提起的诉讼、仲裁已结及未结案件情况;公司被相对方提起的诉讼、仲裁已结及未结案件情况;公司与股东及关联方之间存在的诉讼、仲裁案件情况;公司与员工之间发生的除劳动争议以外的其他诉讼、仲裁案件的情况;公司是否有资产、权利、账户因保全、强制执行被查封、冻结等。

如果公司老板和高管被法院列为"限制高消费"人群,对这类公司的并购必须小心,因为已经出现了公司赖账不还的严重事件。

如果收购企业特别是境外公司,对对方 CEO 或总经理的劳动合同必须仔细调研,摸清楚是否存在"金色降落伞"(Golden Parachute)事宜。

2015 年,市场传言雅虎将炒掉 CEO 玛丽莎·梅耶尔(Marissa Mayer),但是梅耶尔拥有金色降落伞,炒掉她并不容易,如果因为出售而更换 CEO,则梅耶尔可以获得约 1.6 亿美元的补偿。许多中国老板听到这个数字都会觉得不可思议。

8. 环保陷阱

对于许多生产环节涉及污染及环保处理的行业,在并购时必须请律师对环保相关法律问题进行认真调查:公司是否取得环保部门的环评批复(根据建设项目对环境的影响程度需要不同层级的环保部门进行批复);公司是否按照上述批复所同意的内容进行项目建设;已建成的环保设施、设备是否按规定进行了竣工验收;公司环保投资数额、已建成的设施设备清单及运行情况;公司是否取得排污许可(排污权证)、许可的期限、取得各项排污指标的情况;是否按规定缴纳排污权有偿使用费;是否按规定缴纳环保税,是否存在欠缴税款、偷税漏税、遭受税务部门处罚的情况;排污指标的利用情况、是否有富余排污权指标、富余排污权指标是否闲置;是否发生过重大环保事故、是否遭受过行政处罚或刑事责任。

在中国,现在各地政府都高度重视环保问题,一个企业如果爆出环保事故,政府会无条件让企业立刻停业整顿。

2015年,某集团通过并购方式,收购了某环保科技有限公司,该公司主要从事电子危废处理业务。2018年上半年,在环保督查中,被发现厂区存在暗管,执法部门在通往厂外的阀门中检测出含有少量有毒有害物质的液体。该企业有关人员在接受询问时,一致表示暗管是收购之前就存在的,自己对此完全不知情,更没有利用该暗管进行过偷排,暗管阀门从未打开过。然而,环保部门并未采纳企业的辩解意见,以"私设暗管偷排"为由,对企业进行了行政处罚,并移交公安机关立案侦查。公安机关以"污染环境罪"将企业的几名负责人予以刑事拘留,后报检察院进行逮捕。

2019年,我们投资考察一个中部某省的印染企业,这个企业从浙江搬到该省,一年净利润过亿元,当地政府非常重视这个利税大户,给了很多支持。我们去尽调最重点就是看环保到底是否达标,老板很自豪地带我们参观他花5 000多万元投资的环保处理工程,让我们绝对放心。但是,我在网上查到一个当地老百姓对该企业的投诉,说该企业偷偷埋了一根排污管道直通长江,还有照片。我拿着这个老百姓的投诉材料向该企业老板对质时,他说这不是什么大事,当地市长给我特批的这个管道,平常不排污,紧急情况下应急用,当地环保局都知道这事。这个说法我无法接受,于是放弃投资这个公司。

9. 安全生产陷阱

中国对安全生产也越来越严,特别是沿海沿江一些化工企业爆发毒气泄漏事故后,各地都极为重视。

对目标公司安全生产考察内容包括:安全生产的管控是否取得建设项目安全条件方面的审查同意;是否按规定进行了项目建设安全评价;是否取得安全设施设计审查;项目安全设施、设备是否经过竣工验收及使用情况;公司项目是否属于危险化学品建设项目;公司生产加工的产品是否属于危险化学品;如果属于危险化学品,是否取得危险化学品安全生产许可证及经营许可证;公司是否有安全生产的规章制度及主管机构;公司安全生产检查和安全教育情况;公司对员工的安全保护制度及保护措施情况;公司是否发生过重大安全事故,是否遭受过行政处罚或刑事责任。

如果收购一些高危行业比如地下采矿的煤矿企业,并购尽调时安全生产相关问题应该被放到最重要的地位来执行。

十多年前,我帮一个山东老板去谈并购宁夏一个农药企业,这个企业的核心原料是一种剧毒气体叫"光气"。光气被认为是目前最危险的化学武器之一。1915 年 12 月 19 日,德国向英军投放了 88 吨光气和氯气混合气体,导致 120 人死亡、1 069 人受伤。这是光气首次在战场上使用。它的毒性虽然不像沙林或 VX 那么强,但更容易生产。在中国,企业使用光气需要国家有关部门审批,2014 年,国家安全监管总局发布《光气及光气化产品安全生产管理指南》,明确严格限制涉及光气及光气化的新建项目,严格控制新增光气布点。

因此,这个企业的卖点之一就是有宁夏当时为数极少的几张光气生产许可证。我到现场一看,这个农药生产企业所在开发区就在黄河边上,离黄河直线距离估计 2 公里左右,于是心里犯嘀咕,万一这里发生光气泄漏事故,污染的可是我们母亲河的上游!后来我们反复考虑,觉得这个企业的位置离黄河太近,将来可能会被国家强制取消或搬迁,于是就没有去并购。

中国国资委 2010 年下发《关于深入贯彻落实国务院进一步加强企业安全生产工作通知精神的通知》,要求各央企进一步加强企业安全生产工作。通知强调,央企对拟兼并重组的企业,要严格开展包括安全生产条件在内的尽职调查,对不具备安全生产条件的,不得签订并购协议。

通知要求,各中央企业要加快转变经济发展方式,将安全生产工作纳入企业总体发展规划。要按照国资委确定的主业优化产业布局,严控投资方向,谨慎进入不熟悉的行业和领域,特别要防止盲目扩张、盲目做大。对拟兼并重组的企业,要严格开展包括安全生产条件在内的尽职调查,对不具备安全生产条件的,不得签订并购协议;已兼并重组的企业要尽快进行内部资源和文化整合,通过资金、设备、技术、管理、人才等资源的优化配置,大幅度提升集约化管理效率。

同时,要加大落后产能淘汰力度,包括安全性能低下、危及安全生产的产能。要积极应用安全性能可靠的新技术、新工艺、新材料、新设备对传统产业进行技术改造,提高安全保障水平。

这是很罕见的国资委专门针对国企并购的安全生产问题发的指导文件,值得民营企业好好学习。

六、 老板尽调陷阱

一个企业最重要的资产是什么? 除了公用事业、房地产和采矿业等行业,绝大多数企业最重要的资产,在我眼里,就是公司的核心员工团队。

并购时在员工尽调方面也有许多讲究。

在中国,做企业家的难度是很高的,既要懂技术,也要懂管理;既会吸纳英才，也懂政府公关；既能车间干活，也会媒体做秀……

很多买家愿意收购一个企业，首先就基于对对方老板的认同和信任，双方"对上眼"了，因此，一听我说也要对对方老板个人做些尽调会不开心。

在我的职业生涯中，不管做买方还是卖方顾问，只要交易没有签字，我对交易对手老板的调查就一直放在心上，当然这种调查需要技巧。

对老板的个人尽调一定要保密，不能让对方发现。

要学会从该企业所在地的政府官员着手调查。我们发现，中国的各级地方政府官员和当地企业家之间的关系非常好，不同级别的官员交往的企业家也是对应分层的。规模几千万元的企业老板可能跟街道办主任或开发区主任关系很好，规模几亿元甚至更大的企业一般都会和县长（副县长）市长（副市长）有交情。经信局、科技局、商务局等日常和企业联系的政府部门的局长、主任们，和当地许多企业家交情也非同寻常，很多都是发小、同学、同乡等关系，大家认识多年，一路成长。这些地方政府官员对于当地一些知名企业家的人品、性格、身家、家庭背景甚至绯闻、小道消息等都极为清楚，越小的地方，政府官员和企业家的关系越深。

记得 2018 年我在江苏调查一个高科技公司，和新能源汽车相关。这个公司已经挂了新三板，当时给它服务的券商项目负责人找到我。我看了下项目推介材料感觉不错，一年净利润已经快到 5 000 万元，于是问券商朋友估值多少？他说："这个项目最大的卖点就是估值超级便宜，目前公司急着用钱扩展业务，俞总你们要投的话估值 3 亿元就可以。"我一听觉得不可思议，因为这个行业未上市企业的估值平均都要十几倍，怎么给我 6 倍的估值？

不管怎么说，机不可失，我马上让券商安排去到该企业和老板见面。老板一看非常诚恳，谈话表现也没有太让人感到有什么问题，生产车间看起来也还正常。由于心里不踏实，我托人介绍，找到当地开发区的一位领导，我和这位领导见面提起正在对这个新能源汽车配套公司做投资考察时，领导立马大声说："俞总你千万不能投资这个企业！这个老板因为资金紧张，前几年在当地民间借了许多高利贷，现在经常被债主上门要债！"我一听赶紧敬领导一杯酒表示感谢，心想之前报给我 3 亿元估值 6 倍 PE 的原因终于找到了。

调查老板还有个方法，看看老板除了工作之外有什么爱好，想办法和这些老板一起娱乐休闲一下，在玩中发现老板的各种性格缺点。

（1）一起喝场大酒。一些老板清醒时温文尔雅谦谦君子，喝醉了以后开始胡言乱语，见到美女服务员就情不自禁地有不文明举止。

（2）一起洗个脚。一些老板对我们这类投资人都非常尊重、客客气气，但是我拉着他去捏一次脚时，他会突然对技师大发雷霆，指责其手法不好，要求换人，这类老板我肯定也不会投资，因为越是做大事的人，越要有一颗平常心。

（3）坐一次老板开的车。投资界有个形象的比喻：企业是辆车，带头老大是开车的，投资人只能是副驾驶，不能代替老板开车。我做尽调时，还真会想办法以说私密话为由不让司机开车，让老板自己开车，我坐边上观察其开车细节：遇到黄灯时是一踩油门冲过去还是立刻刹车；旁边车道有空位是否习惯加速变道超车；停车时是把两边距离都确认安全才停车，还是不管旁边车辆开车门是否方便，停了就走。

（4）打一次高尔夫。中国的高尔夫球场越来越少，但我身边打球的老板们越来越多，因为男人到了 50 岁以后似乎没有什么合适的运动，而高尔夫可以打到 80 岁。了解一个人性格特点最快的娱乐运动之一就是高尔夫，即便是第一次见的老板，一场球四五个小时一起走下来，他的身体状况如何、人品如何、性格如何，在无数的细节里都可以观察到。

（5）打一场德州扑克。现在投资圈和企业界很流行打德州扑克，我参加了一个上海顶尖的医疗健康企业家高尔夫俱乐部，发现这些老板们最流行的周末放松方式就是白天打场球，晚上先喝个酒，最后打德州扑克。打牌时通过观察一个老板的出牌下注方式、赢大牌或亏大牌时的情绪波动、all-in 的节奏等，都可以获得非常多的有用信息。

七、 基层员工尽调陷阱

做企业人力资源尽调时，一般关注重点都是中高层管理人员，对于底层员工不太关注，其实这也是一个尽调"盲区"。

公司的底层员工也是值得花心思去认识交流的，而且往往效果特别好。

1. 老板的司机

前面提过一个案例，通过和老板的司机交流获得了老板对我们撒谎的关键信息。老板的司机和政府官员的司机一样，都是领导身边日常最亲近的人之一，对老板在工作和生活上的大事小事都知道一些，因此，如果能和司机有好的交流沟通，可以获得许多有用信息。

2. 门卫、清洁工

这些公司底层员工，一般企业尽调根本不会想到去访问他们，其实和这些底层员工的交流也是很有意思的。当你去和他们交流，他们告诉你"我在公司工作 5 年以上了，老板给我们的福利待遇比周边厂都好，老板人特别好、没有架子""我到公司才半年，这个岗位没有人能干满 1 年"这些话语时，你就应该能分析出一些有用的信息。

3. 公司前台

公司的前台工作满 3 年那就是一个"宝"，这些前台一般都是年轻的女孩子，在前台工作，眼观六路、耳听八方，对公司里各种八卦信息都会有意无意地搜集。因为尽调时会和前台经常打交道，比如订车票、安排会议室、收发传真或快递等,很容易处成好朋友。当这些前台把公司内部的一些"八卦信息"(比如管销售的副总和财务部小李是亲戚、生产副总和采购副总是死对头、总经理和行政部的小王好像关系特别好、老板女儿现在潜伏在业务部做销售……)告诉给尽调团队时,尽调小组必须及时记录归档。公司前台所提供的这些"八卦消息",是梳理大企业内部一个个"利益小团体"的非常重要的工具。中国企业,不管是国企还是民企,做大以后都会犯"大公司病",公司里存在一个个"利益小团体"和"帮派",明争暗斗。如果尽调时不把这些小团体大致给弄明白,并购整合进行人力资源调整时就非常容易吃苦头。

4. 车间工人

车间工人是公司里最底层也是最辛苦的一个岗位,一般尽调时买方连车间主任都不会去交流(只对生产总监或分管生产副总做访谈),更不用说这些最底层的工人了。这些工人一般都比较淳朴,因此,我们尽调时会想办法找个空,溜到对方的生产车间,在工人休息区给正在短暂休息的工人递根烟唠唠嗑,这些工人就会告诉你现在生产订单满不满,工作量饱满不饱满,休假福利待遇好不好,等等。这是关于公司真实生产状况的一手宝贵信息,往往比会计师窝在带空调的会议室查看电脑里的生产数据报告更加有价值。

5. 仓库的保管员

仓库的保管员也是公司里不起眼的底层员工,但是如果和库管员交上朋友,他会告诉你公司真实的发货进货信息。

6. 财务部出纳

财务部出纳一般都是财务部最底层的员工,平时没人会想到巴结一个出纳,因此收购方尽调团队只要用心,就很容易与出纳处成朋友,这样就可以了解公司资金进出最真实的情况。

八、 客户尽调陷阱

企业利润造假最主要的手段是销售造假,而销售造假意味着伪造客户或者找客户串通开票造假,因此客户尽调在并购尽调中极为重要。

在做标的公司并购尽调时,我们会分析企业提供的前十大客户名单,一般会随机抽取几个客户让标的公司帮我联系一下,我们到客户处去做个访谈。但是这种标的公司安排的客户访谈我们不能全信,还得想办法利用自己的关系网络在十大客户里再找几个去核实一下。

当企业的客户以经销商为主时要特别当心,因为通过经销商来签订一个供销合同只要开票就可以确认收入,但经销商可能并没有资金来买货也没有渠道销售,就是配合做个虚假销售。

前几年我们接到一个河南做包装纸箱的公司,当时净利润超过5 000万元。这个行业很传统,在整个行业滑坡的背景下,这个公司业绩每年大幅增长。我们进场打开客户资料,发现最大的两个客户在上海,占了销售额的30%左右,公司向前两大客户销售额超过1亿元。于是,我让手下员工想办法查这两个公司的资料,两个贸易公司注册资本竟然都不到500万元,都注册在上海奉贤区,都是成立才3年的企业,都没有网站,很神秘。

还好通过网络查到公司电话,我就让一名手下假扮成包装箱采购客户,打这两个公司的电话联系业务合作。就这样,我们到这两个贸易公司分别走访了一下,发现都是在很破的写字楼里办公,每个公司办公室不到200平方米,办公室也冷冷清清没什么人,怎么都不像一年能采购几千万元上亿元的贸易公司该有的样子。当我们向对方业务经理打听那个河南纸箱公司时,他竟然说不知道这个企业的情况（估计是老板直接安排签采购合同）。于是我们果断放弃了这个项目。

还有个印象深刻的文化项目，公司做综艺节目制作，自己投资制作成本，给电视台支付频道占用费，自己招商卖广告。当时拿到一份由著名国内会计师事务所出具的这个企业的审计报告，披露了企业前三大客户全是广告公司。我用工商信息查询软件一查，震惊了：这三个广告公司都注册在某地一个开发区，都是同一年同一月注册，注册地址只差几个门牌号……我敢断定，这三个广告公司都是这个综艺节目制作公司背后操控来签广告销售代理合同、调节收入利润的工具。因此，后面的尽调工作立刻终止。

单一客户的风险也是很大的。

一些企业下游客户高度集中，比如石化行业的"三桶油"或移动通信"三巨头"。当单一客户占公司收入超过40％就要引起高度重视。

我曾看过一个项目，第一大客户是电信"三巨头"之一，占了公司收入70％，于是问老板，你们怎么和这个巨头关系这么好？老板很得意地说："因为我们公司有个副总的亲戚在该巨头公司担任高管。"我一听就说"那我不投了"，老板很纳闷，我说："你这个单一大客户的关系风险太大了，如果你们副总在这个巨头公司做高管的亲戚被调到其他地方去怎么办？"老板说："不会的，我们已经和他说好，只要我们做这个业务，他就在公司干到退休，一直帮我们。"我说："那这个高管被双规了怎么办？"老板一下愣住了，他也从来没想过这个风险。

九、 文化尽调陷阱

"什么？还要对标的公司做文化尽职调查?！"

这是许多老板第一次听到文化尽职调查概念后的反应，他们已经能够接受业务尽调、财务尽调和法律尽调，但是对文化尽调还是第一次听说。

国外并购界流传着一句有些夸张的名言："70％的并购会失败，失败的原因里70％是整合失败，整合失败的原因里70％来自文化整合失败。"

1998年，科尔尼咨询公司（AT Kearney）研究了230个新近合并的公司，发现缺乏对文化差异的理解和管理是并购失败的首要原因。

文化整合失败的重要根源来自在并购交易阶段买家没有重视文化尽职调查工作，没有事先对双方企业文化的重大差异以及对并购后整合的影响和措施做针对性的工作安排。

到底什么是"企业文化"？很遗憾，到目前还真没有一个能让所有人一听就懂且认同的定义，企业文化一直披着神秘的面纱，看不见摸不着。

百度词条里对企业文化的定义是："企业文化是在一定的条件下，企业生产经营和管理活动中所创造的具有该企业特色的精神财富和物质形态。它包括企业愿景、文化观念、价值观念、企业精神、道德规范、行为准则、历史传统、企业制度、文化环境、企业产品等。其中价值观是企业文化的核心。"

《华为基本法》认为："资源是会枯竭的，唯有文化才会生生不息。一切工业产品都是人类智慧创造的。华为没有可以依存的自然资源，唯有在人的头脑中挖掘出大油田、大森林、大煤矿……精神是可以转化成物质的，物质文明有利于巩固精神文明。我们坚持以精神文明促进物质文明的方针。这里的文化，不仅仅包含知识、技术、管理、情操……也包含了一切促进生产力发展的无形因素。"

是不是越看越糊涂了？这正是绝大多数企业在并购时不重视企业文化尽调的重要原因：企业文化本身太难界定和精准评估。

但越是难，越要克服困难，建议收购方聘请一个专业文化尽职调查的咨询公司合作,咨询公司会针对收购方和被收购方都发放企业文化调查问卷,对双方企业不同层面的员工代表进行企业文化相关访谈,梳理出两个企业文化的核心特征,针对重大差异的潜在文化冲突制订文化整合方案。

滴滴收购 Uber 中国的案例值得借鉴:

2016 年 8 月 1 日,滴滴出行宣布与 Uber(优步)全球达成战略协议,滴滴出行将收购 Uber 中国在中国大陆运营的品牌、业务、数据等全部资产。双方达成战略协议后,滴滴出行和 Uber 全球将相互持股,成为对方的少数股权股东。Uber 全球将持有滴滴 5.89% 的股权,相当于 17.7% 的经济权益,Uber 中国的其余中国股东将获得合计 2.3% 的经济权益。同时,滴滴出行创始人兼董事长程维将加入 Uber 全球董事会。Uber 创始人特拉维斯·卡兰尼克(Travis Kalanick)也将加入滴滴出行董事会。收购完成后,滴滴也将因此成为唯一一家 BAT 共同投资的企业。

合并前,Uber 员工和滴滴员工"就像仇人打架一样"。合并后,两家员工将要成为同事,难免尴尬,甚至有 Uber 员工称:"谁要跟你做同事!我们要走的。"

同时,这两年的大战,两家开展了市场营销侦查与反侦查斗争,进行竞品追踪。滴滴还不断向 Uber 挖人,其华南区和华北区的总经理就是从 Uber 挖的,一位与他们共过事的 Uber 员工说,已经相互屏蔽了朋友圈。与此形成鲜明对比的是,柳甄曾经表示,"我们不收滴滴的人"。

很多 Uber 员工都有一种天生骄傲,认为自己做的事情相比滴滴更有情怀,所以不屑与滴滴员工共事,而且根本无法接受被滴滴收购的事实。

据《人物》报道,合并正式宣布时,很多 Uber 中国员工还在开疆辟壤,拓展市场。闻讯后,多数人都无法接受,甚至很多人都为此流了眼泪,就连柳甄都"哭了很多次"。

据《人物》描述,8月2日下午,滴滴总裁柳青带着4位滴滴高管来到Uber中国北京总部,召开全国视频会议并用英语发表了演讲。她用"伟大的对手,史诗般的对决"来表达对Uber中国的尊重,同时强调"我们是同一类人"。然而很多Uber中国员工并不这么看。其实柳青也没有想好合并之后怎么处理各类问题,所以在Uber中国员工的一些尖锐问题上,她"感觉无所适从"。

有媒体采访了Uber中国的员工B,他对Uber的感受是这样的:

"Uber的人员构成,差不多是城市小分队模式,内部管理超级扁平化。"

驱动Uber员工奋斗的不只是梦想,Uber中国的员工全员都有股票或期权,这让他们觉得自己是这家公司的主人。虽然这支团队此前的从业经历与出行平台并不沾边,但在主人意识的驱使下,最终凝聚出来的力量却十分惊人。

Uber的文化价值观,由CEO特拉维斯·卡兰尼克亲自起草,于2015年9月在Uber 5周年年会上首次公布。

以下的中文翻译是Uber中国员工用《水浒传》的好汉歌改编而成,以一种幽默的方式传神地表达了Uber的文化特点。战斗到底(Always Be Hustlin)、热血澎湃(Superpumped)、大愿景大风险(Big Bold Bets)是其最具代表性的三条。

Celebrate Cities 路过城市一声吼

Meritocracy and Toe-Stepping 该出手时就出手

Principled Confrontation 遇见权贵不折腰啊

Winning：Champion's Mindset 风风火火争上游

Let Builders Build 说揍咱就揍啊

Always Be Hustlin 水里火里不回头哇

Customer Obsession 不分贵贱一碗酒啊

Make Magic 从无变到有啊

Superpumped 嘿儿呀咿儿呀嘿嘿嘿嘿依儿呀

Inside Out 从里到外一条狗啊

Be an Owner，Not a Renter 你有我有全都有啊

Optimistic Leadership 乐观豁达，悦领未来

Be Yourself 做自己

Big Bold Bets 大愿景，大风险

我看了这十几条价值观不由感叹一声：难怪员工对公司企业文化这么模糊，这核心价值观实在是太多了，反而看不出核心在哪！

而滴滴是典型的中国式互联网野蛮生长模式下长出来的一棵大树，创始人和天使投资人的阿里背景也让滴滴的文化打上很多阿里巴巴的文化印迹。

对比 Uber，滴滴的核心价值观压缩了很多，就六条：创造用户价值、数据驱动、合作共赢、正直、成长和多元。滴滴愿景：引领汽车和交通行业变革的世界级科技公司。

两个公司合并后，Uber 中国大量人员流失，包括最核心的一些高管。我们不能说滴滴的企业文化不好，我非常欣赏滴滴的创始人程维和从高盛放弃高薪加入滴滴的柳青（柳青在高盛负责投资时，我们先后共同投资过一个项目，因此和她有过几次交流，沉稳大气，确是大将之材），我也是滴滴的忠实用户。

Uber 和滴滴的文化冲突，更大意义上是美国互联网与中国互联网之间的文化冲突。

十、 或有负债陷阱

或有负债我一般比喻成并购中的"地雷",埋在企业资产负债表内,但是你看不见,等到某个事件激发"地雷引爆",就会带来重大损失。因此,相当大部分并购陷阱和或有负债陷阱相关。

依据我国《企业会计准则》的规定,"或有负债"是指过去的交易或者事项形成的潜在义务,其存在须通过未来不确定事项的发生或不发生予以证实;或过去的交易或者事项形成的现时义务,履行该义务不是很可能导致经济利益流出企业或该义务的金额不能可靠计量。

或有负债无论作为潜在义务还是现时义务,均不符合负债的条件,因而不予确认。但是,如果或有负债符合某些条件,则应予披露。

《企业会计准则——或有事项》第 9 条规定,企业应在会计报表附注中披露如下或有负债:

(1)已贴现商业承兑汇票形成的或有负债;

(2)未决诉讼、仲裁形成的或有负债;

(3)为其他单位提供债务担保形成的或有负债;

(4)其他或有负债(不包括极小可能导致经济利益流出企业的或有负债)。

在做并购或有负债尽调时,要调查的潜在风险比上述要求还要多。

1. 债务担保陷阱

债务担保是指企业以自有财产作为抵押,为其他单位向银行或其他金融机构借款提供担保的业务事项。如果到期日其他单位偿还了借款,企业即解脱了担保责任,但若被担保单位到期不能清偿借款,担保企业则负有偿还担保债务的责任。在企业担保之日,就形成了担保企业的一项或有负债。

债务担保有明暗两种，明的债务担保根据会计准则需要披露，但并购时最怕的是未披露的债务担保。

如果把所有的并购陷阱排个序，未披露之对外担保或许应该排在第一位！

最符合"地雷"特征的或有负债也是未披露之债务担保。许多老板找我做顾问，说得最多的话之一就是："俞总，拜托你们不惜代价，无论如何要把对方的隐形担保等或有负债全部找出来，尽调时找不出这些或有负债我就不做并购了，你们在对方企业尽可能多呆些日子做尽调，费用我来支付，你不用担心……"

听到这些话，我一般是这样回答的："对不起，指望通过尽调把所有的或有负债地雷给挖出来是不可能的，你如果花两个星期挖不到地雷，那么即便再花两个月尽调一样挖不出地雷，因为这些地雷埋藏太深，你是不可能找到的，要保护自己利益，必须要在并购协议里针对或有负债做有利于我们的条款安排。"

为什么说有些隐形或有负债的地雷是很难挖的呢？

中国的《公司法》第十六条规定：公司向其他企业投资或者为他人提供担保，依照公司章程的规定，由董事会或者股东会、股东大会决议；公司章程对投资或者担保的总额及单项投资或者担保的数额有限额规定的，不得超过规定的限额。

我们遇到的许多民营企业，基本都是老板一个人说了算，公司董事会也是形同虚设，而且董事都是家里人。在这样的情况下，老板经常会出于哥们义气帮朋友企业做贷款担保，董事会决议找家里人派出的董事签字，公章一盖就生效，然后老板把这个担保合同原件藏在自家别墅的保险箱内。遇到这种情况，这个担保行为如果没有出事也就作罢，一旦出事，企业就得承担连带赔偿责任。问题是，在尽调时收购方的尽调团队又不可能到老板家里去"抄家"，只要老板一家人对这个担保守口如瓶,你在企业尽调半年也查不到这笔隐形担保!

2. 应收票据贴现或背书转让陷阱

应收票据贴现是指企业以贴现的方式将尚未到期的商业承兑汇票转让给银行或其他单位,从而负有可能支付的债务。这意味着,企业在商业承兑汇票贴现后,就形成了一项或有负债。如果企业有将应收账款向银行出售以取得现金的情况,也应视为或有负债。

3. 产品质量保证陷阱

产品质量保证是指企业可能要支付与产品质量有关的费用的业务事项。企业在售出负有包退、保修的产品后,若发生质量问题,企业就会发生相关费用,即存在与产品质量相关的或有负债。

对于消费品制造企业,单个产品的质量出问题企业即使赔偿也没有大损失。但是对于大型成套设备生产企业,一套设备就要卖几千万元甚至几亿元,这时如果出现产品质量问题,引起的赔偿责任就大了。

2020年2月外媒报道,由于光伏组件背板退化严重影响功率输出,南非开普敦北部一座耗资13亿欧元的75 MW太阳能电站可能需要大批量更换组件。该电站是南非的第一座大规模光伏电站,具有里程碑意义,由西班牙可再生能源公司Sonnedix投资,电站于2016年7月投入使用,至今仅三年多。这座电站的光伏组件供应商主要为南非组件制造商Artsolar,此外,从项目开发商处了解到,中国制造商比亚迪也是电站组件的供应商。

光伏组件一般质保期为20~25年,三年多就出现大面积质量问题非常罕见。因此,此事在国内光伏界引起很大反响。项目业主方肯定会向组件供应商提出索赔,而组件供应商肯定又要向引发质量的关键材料背板的供应商索赔……

这就是一个典型的质量保证陷阱引发的或有负债。

4. 环保陷阱

这类陷阱来自于尽调时只看当地环保局出的环评合格文件,没有请环保专家对真实环保设施进行调查。收购方变成控股股东后，当地环保局立刻上门检查说环保不合格，要求停工整改，收购方老板往往这时才意识到，之前企业从没出环保问题，是因为以前老板花钱把当地环保局长给搞定了……

5. 知识产权陷阱

红罐"王老吉"是加多宝从广药集团获得品牌使用授权并一手做成的中国饮料行业的最值钱品牌之一。

2018年3月，上市公司白云山发布了一则公告，让外界再次聚焦在双方的恩怨上。白云山称，控股股东广药集团收到广东高院关于"王老吉"商标法律纠纷案件的一审《民事判决书》。

在该案中，广药集团起诉加多宝，要求其赔偿自2010年5月2日始至2012年5月19日止，因侵犯"王老吉"注册商标造成的经济损失29.3亿元。一审法院最后支持广药集团诉求，判决加多宝赔偿广药集团经济损失及合理维权费用共计14.4亿元。

尽管这一赔偿金额较广药集团的索赔目标仍有差距，但依然刷新了近年知识产权侵权诉讼的赔偿纪录。加多宝随后声明称，公司"不服该一审判决，并立即向最高人民法院提起上诉，该一审判决不会生效"。

试想，在加多宝运营王老吉品牌最辉煌的时候，公司估值肯定超过百亿元，这时如果谁收购加多宝，突然爆发广药集团起诉的"大雷"，收购方肯定要晕过去。

6. 劳动争议陷阱

《劳动合同法》实施后，在劳务用工领域形成"或有负债"的风险相对较大。因此，需对企业劳动用工的合法性进行充分审核，而该项信息无法在财务报表中披露，企业主动披露的，也不一定充分。是否签订劳动合同、是否足额缴纳社会保险、是否足额支付加班工资等需要充分予以关注。

曾有个企业收购了一个几千人的传统制造业公司，收购过半年，员工突然闹事说以前老板少交了社保，要求公司赔偿。收购方找公司原第一大股东去算这笔账，原大股东推诿说，我们管了10年公司，这些工人都没有提这个补社保要求，你们接手就爆发这个问题，说明你们管理有问题，我不承担这个责任。当地法院最后判决买卖双方都有责任，共同承担这笔损失。

十一、 技术更新换代陷阱

在企业并购的陷阱中，最可怕的陷阱之一是收购的企业技术落伍或者技术路线出问题，永远成为不了主流。

我们以这几年最热的新能源汽车电池路线为案例分析一下。

第一个案例是董明珠收购银隆汽车。

新能源汽车是中国近三年内最热的制造业行业，市场足够巨大、政府高度支持、技术日渐成熟、消费者迅速接受、资本市场极为追捧……可谓集万千宠爱于一身。

董明珠选择了钛酸锂技术为核心的银隆汽车，聚焦在公交商用车领域。2016年12月，董明珠携多位商界巨子共同对银隆投资30亿元，其中董个人投资10亿元，可以说是押上大部分身家。

银隆汽车所主打的钛酸锂技术在业内一直存在诸多争议，因而不被主流车企所采用。2016年12月18日，一位汽车业内的电池专家在接受《21世纪经济报道》记者采访时表示："钛酸锂负极电池具有快充性能、长寿命、高安全性等优点，缺点是能量密度低、价格高，只适用于公交车使用。但是，近来碳负极的快充电池进步很快，其能量密度高、成本低，钛酸锂负极电池将没有优势。"

但是，董明珠觉得这不是什么问题，在一个采访中她非常自信地说："银隆的技术是很好的，它的电池非常适用于大型公交车，使用寿命长,充电速度快,它缺的是科学的管理。当然,电池能量密度低确实是一个现实问题,但我觉得通过技术不断升级,银隆的这个问题是可以得到解决的。最终,技术不是问题,市场不是问题,企业最关键的问题还是文化和心态的建设。"

国内锂电池巨头宁德时代和比亚迪等为何不走这条路线呢?肯定是钛酸锂电池在终端市场应用方面由于某些技术因素让客户并不喜欢。

2018年初,银隆新能源被曝拖欠多家供应商货款超过10亿元;2018年5月,银隆新能源的上市辅导终止,同时其河北武安工厂大面积减产;6月初,银隆新能源宣布裁员44%,人数达8 000人;7月,银隆新能源南京产业园与业主方发生纠纷,被江苏省高级人民法院查封。

2018年11月,董明珠与魏银仓的矛盾开始公开化。银隆新能源发布声明表示,公司创始人、原董事长魏银仓和前高管孙国华,涉嫌通过不法手段,侵占公司利益超过10亿元。银隆新能源已分别向珠海市中级人民法院提起民事诉讼、向珠海市公安局经侦支队报案,相关机构已受理。当月14日,银隆集团向银隆新能源的全体股东致函,表示"个别股东及实际控制人董明珠为个人私利,利用公司对大股东发难,实在用心恶毒,手段恶劣,大股东对此非常愤慨"。银隆集团在函中还表示,已向法院提起反诉。

2019年4月25日,银隆新能源公司官微发布声明称,大股东魏银仓身处美国,原总裁孙国华等6人已被刑事拘留。对此,银隆集团反击,向广东高院起诉,要求判决董明珠入股无效。同时,董明珠被举报入股违规并称其前后共计花费23.4亿元,接近董明珠持有的格力电器市值。

第二个案例是锂电池里面磷酸铁锂和三元材料的技术路线之争。

磷酸铁锂电池,就是指用磷酸铁锂作为正极材料的锂离子电池。这一类电池的特点是不含贵重金属元素(比如钴等)。由于不含有贵重金属材料,磷酸铁锂电池的原材料成本就可以被压缩得非常低廉。在实际使用中,磷酸铁锂电池具有耐高温、安全稳定性强、价格便宜、循环性能更好的优势。

　　三元锂电池是指使用镍钴锰酸锂作为正极材料,石墨作为负极材料的锂电池。与磷酸铁锂不同,三元锂电池电压平台很高,这也就意味着在相同的体积或是重量下,三元锂电池的比能量、比功率更大。除此之外,在大倍率充电和耐低温性能等方面,三元锂电池也有很大的优势。

　　现阶段,电动车40%的BOM(Bill of Material,物料清单)成本由动力电池系统构成,动力电池BOM成本的40%由正极构成。2020年2月11日,据真锂研究提供的数据,磷酸铁锂正极材料的价格是4.2万元/吨,三元811正极材料的价格则是16.6万元/吨。一款带60度电池的车型,如果使用磷酸铁锂,成本为3.6万元,使用三元锂电池,成本则在6万~7.2万元。对于汽车制造商而言,这是天壤之别。

　　在新能源乘用车强大市场前景的驱动下,三元锂电池需求的疯狂增长,让三元材料体系上游的矿石生产、金属加工等整个产业蓬勃发展起来,并掌握了极强的话语权。正极材料供应商,是另一支在此刻胆战心惊的大军团,这里主要指三元锂电池正极供应商。

　　2019年7月22日,中国科创板开市,汽车产业科创板第一股容百科技股价上涨超过100%,市值飙升到了300亿元,这几乎与长安汽车集团的市值相当。

　　容百科技的核心产品就是三元811正极,该公司是国内第一家稳定量产三元811正极的生产企业。除了容百科技之外,知名的正极供应商还包括当升科技、长远锂科、振华新材、厦门钨业、杉杉能源等。

2020 年 2 月初,特斯拉突然宣布不用钴的锂电池路线,让国内锂电池行业炸了锅。前几年,三元材料锂电池一直强势打压磷酸铁锂,现在如果磷酸铁锂新技术突破(比亚迪新推出"刀片电池")并获得特斯拉的大力支持,三元材料锂电池前途堪忧。围绕整个三元材料产业链的上千亿元投资都面临巨大风险!

围绕磷酸铁锂和三元材料的锂电池发展路线之争,估计还将持续一段时间。

男怕入错行,女怕嫁错郎。并购高科技企业一定要认真研究标的公司的技术是否存在 5 年内落伍的风险!

第四章　并购估值陷阱

在并购中,中国老板们往往最在意的是价格,价格取决于对标的公司的估值。估值是专业的技术活,其中也是陷阱重重。

一、 高估值陷阱

中国企业家们在并购时对出价没有个"谱",特别是当老板亲自参与到知名竞标并购案中,在媒体聚光灯的照耀下,这些老板可能会为"面子"而忘了理性出价,最终把成交价炒到一个极不理性的水平。

我们在筛选并购标的时经常遇到这样的情况:行业符合、产品符合、规模符合,但是估值太高,这种情况下也不浪费时间直接把我们的心理价告诉对方,如果对方觉得可以谈就进行下去,如果对方一口否决就撤出战斗,大家节省时间。

1. 轻资产类型公司估值陷阱

对于轻资产类型公司,并购估值经常远远高于净资产,如果收购价格不控制好,将来一旦业绩雪崩,公司资产会一夜间化为乌有。

上市公司北京文化(000802)从 2013 年起,将目光转向了影视行业,先后收购了摩天轮文化、世纪伙伴、星河文化三家公司,分别作价 1.5 亿元、13.5 亿元、7.5 亿元。这三家公司分别对应电影、电视剧、艺人经纪业务,上市公司也从餐饮旅游业正式转型进入影视行业。

2016 年,三家标的公司完成过户及工商变更手续,并纳入合并报表中,上市公司的业绩在收购完成后的几年内确实有了显著增长。

2014—2018 年,北京文化实现的营业收入分别为 4.21 亿元、3.49 亿元、9.27 亿元、13.2 亿元、12.1 亿元,净利润分别为 0.8 亿元、0.21 亿元、5.22 亿元、3.1 亿元、3.26 亿元。

但同时,北京文化收购世纪伙伴、星河文化、摩天轮还分别形成商誉 8.34 亿元、6.41 亿元、1.12 亿元,合计形成商誉 15.87 亿元。

在上述收购中,三家标的公司均做出了业绩承诺,如世纪伙伴承诺在 2014—2017 年每年实现的净利润分别不低于 0.9 亿元、1.1 亿元、1.3 亿元、1.5 亿元。而世纪伙伴实际实现的扣非后净利润分别为 0.94 亿元、1.13 亿元、1.35 亿元、1.5 亿元,每年都是刚好完成当年的业绩承诺。

然而,承诺期刚一结束,三家公司的业绩在 2018 年均出现不同程度的下滑。2018 年,星河文化和世纪伙伴实现的净利润分别为 6 967.15 万元、1.45 亿元,同比分别下滑 18.1%、3.34%。

彼时,北京文化并未进行商誉减值,反而是预测三家公司的营业收入在 2019 年均会出现不同程度的增长,增长率为世纪伙伴 16%、星河文化 3%、摩天轮 8%。

但到了 2019 年,世纪伙伴全年确认收入仅为 113 万元,同比下滑 99.78%;同年上半年,星河文化的营业收入、净利润分别为 1 447.7 万元、222.53 万元,同比分别下滑 31.81%、79.96%。

2020 年 2 月,北京文化公告震惊市场,预计 2019 年亏损 19.5 亿~24.5 亿元,较上年同期净利润 3.26 亿元,同比下降 698% 至 852%。

公司解释称,巨亏原因主要是旗下全资子公司世纪伙伴、星河文化经营业绩下滑,公司拟计提相应的商誉减值准备 13.7 亿~14.7 亿元。

2. 境外收购估值陷阱

境外收购也很容易让中国企业付出过高的代价。

2018 年 7 月，汤臣倍健（300146）公布重组方案，拟由子公司汤臣佰盛通过境外平台公司以 35.62 亿元的价格收购澳大利亚公司 LSG 的 100％股权，同年 8 月收购正式完成。

值得注意的是，LSG 公司净资产仅 1 亿元左右，溢价程度高达 34 倍。根据汤臣倍健官网的数据显示，2018 年 LSG 并表营业收入 2.73 亿元，较收购前 2017 年的 4.74 亿元大幅减少。

汤臣倍健表示，对 LSG 的未来仍充满信心。

2019 年的最后一个交易日（12 月 31 日）晚间，汤臣倍健公告称，公司 2019 年将亏损 3.65 亿～3.7 亿元。被打蒙的不仅有汤臣倍健的 4.1 亿小股东，还有汇金、社保等知名机构。

爆雷的原因，主要是收购 LSG 带来的商誉减值。根据汤臣倍健发布的 2019 年业绩预告称，受《电商法》实施影响，2019 年 LSG 在澳洲市场的业务未达成预期，给公司业绩带来较大不利影响。基于此，公司根据证监会《会计监管风险提示第 8 号——商誉减值》相关要求，对前期收购 LSG 形成的商誉进行了初步减值测试，预计计提商誉减值准备约 10 亿～10.5 亿元，计提无形资产减值准备约 5.4 亿～5.9 亿元。

也就是说，假若没有收购 LSG，汤臣倍健至少能够盈利 10 亿元。

3. 互联网企业的估值陷阱

并购互联网企业，更加容易陷入高估值陷阱。

百度 19 亿美元收购 91 无线就是典型的好战略、好标的，但不是好价格的并购案例。

2013 年 7 月 16 日，百度宣布 19 亿美元全资收购在香港上市的网龙公司旗下的 91 无线业务，成为当时中国互联网史上最大的一宗并购；随后，91 团队并入百度，百度在福州成立研发中心。

在移动互联网风起云涌的年代，"BAT"中转型缓慢的百度，错失发展先机，开始掉队。自己做还是买现成的？不缺钱的百度选择了后者。

那时的 91 无线是个香饽饽,是市场上最大的第三方应用分发平台,拥有 91 助手和安卓市场两大分发渠道。数据显示,2012 年底,91 助手和安卓市场的开发者 9.3 万,累计用户数近 2 亿。到 2013 年 3 月,应用累计下载量突破 100 亿元。

对于 91 无线,不仅百度有兴趣,阿里巴巴也曾参与竞购。但势在必得的百度,最终将报价从 10 亿美元提高到 19 亿美元,拿下该交易。这一出价不仅比 91 无线的母公司网龙公司市值高,还创造了当时中国互联网并购的交易纪录。

没能拿下 91 无线的阿里巴巴,最终以 2 亿美元的价格买下了豌豆荚。

收购 91 无线的消息发布后,当天百度股价上涨 4.04%,报收 105.69 美元。此后十多天,股价累计上涨至 139 美元。资本市场的认可,足以表明对百度布局移动互联网的看好。

2017 年 9 月,百度裁撤福州研发中心。

2020 年 2 月,"百度手机助手开发者"公众号发布了《关于 91 和安卓市场渠道的下线通知》,宣布百度移动开放平台将不再支持 91 和安卓市场渠道的渠道包上传和管理等功能。这也标志着,9 年之前百度花 19 亿美元收购的 91 无线已经画上了句点。

二、 市净率估值陷阱

市净率指收购价/净资产,就是财务上常用的 P/B(Price-to-Book)指标。市净率估值的基础是企业净资产。

净资产指一个企业的总资产减去总负债,也称股东权益。按照净资产收购是比较传统的收购估值方式,也是最让老板感到心安的一种并购估值模式。

净资产估值是国有资产在转让时必须采用的首选估值方法，因为国有资产转让价格原则上不能低于该资产所属国资委指定的评估机构评出来的净资产值。

卖方通常都会尽可能地把净资产作为最后考虑的估值方法，优先采用市盈率、市销率或 DCF 等基于未来收入利润现金流的估值方法。当卖方同意或者主推净资产估值方式时，买方必须清楚，这个公司大概率收入停滞、利润微薄、盈利能力很弱，只能靠资产来讲故事。

因此买方要把标的公司资产负债表的左半边即资产栏研究透，逐项考察资产的有效性和真实性。

在调查时，一定要把有效资产和无效资产区分出来，比如一些老的厂房和生产线已经不具备使用价值，但是账目上没有折旧完，这类资产必须要从交易价格里扣除。

对于专利也要认真分析，发明专利、实用新型专利和外观专利的比例是否合理。

我曾谈过一个项目，是做垃圾桶的。老板告诉我，他们公司有上千个专利，我吓了一跳：一个做垃圾桶的公司怎么有这么多专利？到公司考察时，我重点去看专利证书，这些专利证书堆满了一间小屋。打开一看，上千个专利几乎清一色是外观专利，每个垃圾桶形状变一变就申请一个外观专利，老板说，一个专利就算 5 万元，1 000 个专利也值 5 000 万元！但是我不认同这个评估方法：这些外观专利能阻挡竞争对手模仿吗？老板叹了口气告诉我："我们是这个小行业的明星企业之一，许多小公司就盯着我们新出的垃圾桶造型赤裸裸地模仿，模仿得太多，我根本没有精力来打官司。"

适合于净资产估值模式的行业包括银行、钢铁、水泥、重化工、矿山、房地产等行业。比如房地产行业估值就很有意思，基本都看净资产打几折，比如香港优秀的房地产上市公司市值大概按照净资产打八折到九折，差的可能只有三折。

但是，千万不能看到一个按净资产打三四折的投资机会就热血沸腾去收购，做投资最重要的是一颗"常理心"或"常识心"，没有无缘无故报价就按照净资产打三四折的，背后肯定有你不知道的原因。

2019年有一天，一位朋友给我介绍香港的一个房地产上市公司项目，说大股东急于套现要转让控股权。我用手机万得软件立刻查了这个港股，公司名称很大气，总资产200亿，净资产80亿，市值30亿，大股东持股60%左右。交易估值就按照市价30亿来定，这意味着只要出18亿就可以控制一个总资产200亿、净资产80亿的国内知名房地产集团（该集团楼盘不多，但在一线城市核心区做了几个豪宅，知名度挺高）！我于是找了认识的一位国内排名前20名的房地产集团老板来沟通此事，没想到他直接说："兄弟，你说的这个公司是某某公司吗？如果是就不用谈了！"他没有解释原因，我也不会问。大家心里都知道后面的原因是什么，不用解释了。果然，2020年2月，传来该公司几位核心董事高管被抓的消息。

市净率估值模型最主要的缺陷是只看资产重置价值，忽略了资产盈利能力，在投资时，我们会考察一个非常重要的财务指标"净资产收益率"。两个企业净资产都是1亿元，A公司每年净利润2 000万元，B公司每年净利润1 000万元，那么A公司的净资产收益率就是20%，B公司净资产收益率是10%，如果按照市盈率估值方法，收购B公司的价格理论上应该比A公司低一半才对，如果收购方出了和收购A公司一样的价格就显然买贵了。而国企出让挂牌估值又以净资产为首要参考标准来制订，这就为一些民企联合国企高管内外勾结低价收购国企提供了操作空间。

三、 市盈率估值陷阱

市盈率（P/E，Price-to-earnings）估值就是按照标的公司净利润的倍数来估值。市盈率代表了我们投资收回成本所需要的时间。10倍 P/E 就是要 10 年回本,20 倍 P/E 就是 20 年回本。

这应该是国内企业估值用的最多的一个模型,也是最简单易用的模型。我也非常喜欢这个模型,因为我一直崇信"简单即是美"。

市盈率估值也要注意一些要点,否则也会陷入估值陷阱。

1. 净利润是否有水分

市盈率估值模型最大的缺点,就是过于看重净利润。这会使企业为了提高短期估值做一些运作来虚增利润或者损害长期利益,比如:

(1)找朋友或自己控制的企业和公司签订虚假销售合同,或者把未来应该分几年确认收入的合同让对方配合一次性开票确认收入。

(2)企业放宽信用政策,向产业链下游压货,这会让下游增加库存影响以后的进货数量,通过这种方法可以提高短期收入但严重损害长期收入。

(3)企业短期处理一些闲置房产设备或让地方政府配合多争取一些财政补贴,通过这种方式可以增加营业外收入,也会使得公司总收入增加。

(4)研发费用资本化。根据《企业会计准则第 6 号——无形资产》及其应用指南,企业内部研究开发项目的支出,应当区分研究阶段支出与开发阶段支出。研究是指为获取并理解新的科学或技术知识而进行的独创性的有计划调查。开发是指在进行商业性生产或使用前,将研究成果或其他知识应用于某项计划或设计,以生产出新的或具有实质性改进的材料、装置、产品等。研究阶段的支出,应当于发生时计入当期损益。开发阶段的支出,同时满足下列条件的,才能确认为无形资产:技术可行、开发有目的、能带来经济利益、有资源支持、可靠计量。

研究阶段的费用和开发阶段的费用其实在许多地方是很难分清的，一些企业利用这一政策把一些应该属于研究阶段进入当期损益的费用调整到开发阶段，从而实现增加当期净利润的目的。

（5）折旧年限提高。对于重资产行业，折旧年限的调整会对利润有非常大的影响。

比如航空公司的主要资产就是飞机。根据原行业会计制度，境内航空公司是按《民航运输企业财务管理办法》规定的飞机及发动机的折旧年限计提折旧的，即 100 吨载运能力以下的飞机折旧年限为 10 年，100 吨载运能力以上的飞机折旧年限为 15 年。但根据飞机的技术资料和实际使用情况，一般飞机的使用年限可达到 20 至 30 年。境外大型航空公司在计提飞机折旧时，一般折旧年限为 15 至 25 年，例如国泰航空客机是按 20 年折旧、货机按 20 至 27 年折旧。实际上，早在四五年前，境内几家大型航空公司关于飞机及发动机折旧年限的会计估计已开始与境外同行趋于一致，实现了与国际接轨。如与上海航空同处一城的东航就曾于 2002 年 1 月 16 日做出决议，从 2001 年 7 月 1 日起将公司飞机及发动机的折旧年限由原来的 10 至 15 年调整为 20 年，残值率由原来的飞机原值的 3% 调整为 5%，备用发动机折旧年限随同飞机折旧年限确定。因该项会计估计变更，东航 2002 年利润增加了 4.16 亿元。

2. 参考同行业上市公司 P/E

行业不同，市盈率差别也会非常大，不同行业的标的要参考所在行业上市公司最新的平均市盈率来定。（图 4-1）

比如一个做饮料的 A 公司，2019 年净利润 2 000 万元，该给多少倍 P/E 呢？

我们可以查看一下今天中国股市上所有做饮料或饮料类相关企业的平均市盈率，比如 30 倍作为参考。因为中国股市的"泡沫"非常

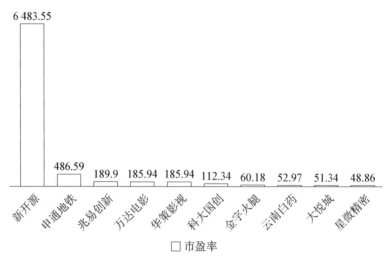

图 4-1　2019 年 A 股前十大市盈率并购重组事项

数据来源：Wind(数据截至 2019 年 12 月 28 日)

大,加上上市公司比非上市公司本身就存在一个"流动性溢价",我习惯用同行业上市公司平均市盈率打 3～4 折,来给该行业非上市企业用市盈率模型估值时作参考。比如 A 公司 2 000 万元净利润,同行业上市公司平均市盈率 30 倍打 3～4 折,就是 9～12 倍,那么给 A 饮料公司的估值就是 1.8 亿～2.4 亿元之间。

如果 A 公司生产的饮料突然通过研发产品升级为药品,那么二级市场医药行业的平均市盈率可能在 50 倍,打 3～4 折就是 15～20 倍,公司估值就是 3 亿～4 亿元。

几年前,有个老板要收购当地一个小的县里面的农商行,净利润 2 亿元,估值 20 亿元,10 倍的 P/E。这个老板很心动,就问我是否该买,我说:"如果你有战略控股想法,利用这个平台冒风险将来给你的关联企业贷款提供支持,我不反对,但是,如果你只是做财务投资人不参与运营,我建议你不用买。"他问为什么,我说:"目前中国股市上最好的大的商业银行,比如四大行及招商银行、浦发银行等,长期市盈率就在 6~8 倍,每年还有稳定分红,股票还有流动性,随时可以买卖。你花 10 倍 P/E 买一个可能永远上不了市,每年还不一定分红的县级农商行有什么意义?"

3. 分清动态市盈率和静态市盈率

所谓静态市盈率,是按照上一年末净利润为基础计算的市盈率,动态市盈率是按照当年或者未来几年预期净利润为基础计算的市盈率。

还以前面做饮料的 A 公司为例,如果它 2019 年的净利润为 2 000 万元,我按照 10 倍市盈率估值 2 亿元进行收购,这时 2 亿元就是按照静态市盈率的估值。

A 公司老板会和我谈判,说这样不公平,因为现在已经到 2020 年了,他说 A 公司 2020 年预计净利润会大幅增长到 3 000 万元,能否按照 3 000 万元的 10 倍 P/E 估值 3 亿元? 这 3 亿元就是按照动态市盈率计算的估值,虽然他把估值直接从 2 亿元提到 3 亿元也是合情合理。

我若特别喜欢 A 公司,或许就会答应 3 亿元估值进行收购,但是我会和对方老板加个对赌条件。2021 年初,我找会计师事务所对 A 公司进行审计,如 A 公司 2020 年净利润没有完成 3 000 万元,我要对方老板按照一个计算公式给我赔偿,要么补我股份,要么还我现金。

中国上市公司这几年大面积爆雷的根源,就是上市公司收购大量项目时,标的公司都会给上市公司做三年利润承诺,按照三年平均净利润的 10~15 倍市盈率估值高价卖给上市公司。这也是典型的动态市盈率交易模型。

为什么大部分企业估值平均在 10 倍左右 P/E? 因为每年赚 10% 是绝大多数中国人在决策要不要进行投资考虑收益率时的一个临界点。

PEG则是非常重要的市盈率估值模型的修正版,和动态市盈率一样考虑了企业未来的成长性。

所谓PEG,是用公司的市盈率(P/E)除以公司未来3或5年的每股收益复合增长率,再乘以100。P/E仅仅反映了股票的当前价值,PEG则把股票当前的价值和该股未来的成长联系了起来。比如一只股票当前的市盈率为20倍,其未来5年的预期每股收益复合增长率为20%,那么这只股票的PEG就是1。当PEG等于1时,表明市场赋予这只股票的估值可以充分反映其未来业绩的成长性。

如果PEG大于1,则这只股票的价值就可能被高估,或市场认为这家公司的业绩成长性会高于预期。

通常,那些成长型股票的PEG都会高于1,甚至在2以上,投资者愿意给予其高估值,表明这家公司未来很有可能会保持业绩的快速增长,这样的股票就容易有超出想象的市盈率估值。

当两个标的公司静态市盈率一样的情况下,并购时应该选择PEG相对较小的标的公司。

4. 周期性行业慎用市盈率模型估值

很不幸,中国许多行业属于周期性行业,比如钢铁、水泥、猪、大蒜等都是典型的周期型行业。行业繁荣时企业赚疯,行业低谷时企业亏死。

更不幸的是,我见到太多老板就喜欢"追涨杀跌"。这是人性的弱点,很难克服。

比如,在猪肉价格一路飙升,吃肉变成"轻奢"行为时,很多老板会心动去收购猪场,这时如果按照市盈率来估值可能就麻烦了,大家都来养猪,马上猪肉价格又会因为供大于求暴跌(图4-2),前一年按照5000万元净利润估值5亿元收购的养猪企业,可能第二年就亏损1个亿!

周期性行业可能最靠谱的估值方法还是净资产估值模型。

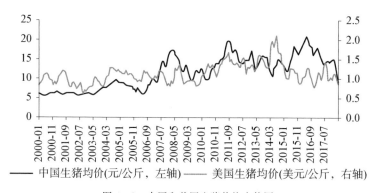

图 4-2　中国和美国生猪价格走势图
数据来源：根据公开资料整理

四、市销率估值陷阱

市销率（P/S，price-to-sales）是估值（收购价格）/销售额。因此，这个估值的核心是以企业的销售额为估值基础。

和市盈率 P/E 的基础净利润相比，用销售额作为估值基础有什么好处呢？首先是营业额不会为负数，而净利润可能为负数，因此，亏损企业仍然可以用市销率做估值；另外，销售额指标稳定性相对较好，而净利润调节方法多、调节空间大、变动也大。或许这就能解释为什么世界 500 强排名时用的核心指标是销售额而不是净利润。

市销率最有价值的地方在于，给全世界最近 20 年高速成长的互联网企业提供了一个有效的估值模型，这些互联网企业特别是电子商务网站，在高速成长的前几年甚至十几年内都是亏损的，但营业额持续增长，这类公司用市盈率模型来估值一钱不值，但是用市销率估值就非常值钱。

新药开发企业也适合用 P/S 指标，因为企业在前期要经过相当漫长的新药研发阶段，即使产品刚上市也不足以弥补庞大的开发成本,因此还会继续亏损一段时间。

亚马逊从 1995 年创立到今天已经成为全球互联网巨无霸,老板也成功变为美国最有钱的人之一。亚马逊长期处于微利或亏损状态,但其营业收入一路上涨,到 2019 年底,公司已经实现 2 805 亿美元年收入和 115 亿美元的净利润。2020 年 2 月 19 日,亚马逊的市值为 1.07 万亿美元,相当于市销率为 3.8 倍。

2014 年,成立十年的京东商城登陆纳斯达克,开盘价 21.75 美元,较发行价 19 美元上涨 14%。按开盘价计算,京东市值为 297 亿美元。这一市值震惊了中国无数传统企业的老板,因为京东在上市前从没有盈利过,而且亏损一直扩大到几十亿元。为什么一个亏损几十亿元人民币的公司能被资本市场估值 2 000 多亿元人民币呢?当时许多老板问我这个问题。我说答案很简单,在美国,投资人就把京东当做亚马逊来看待,亚马逊当时也基本不赚钱,市销率是 2 倍,京东 2013 年的销售额 1 200 亿元人民币,按照销售额 2 倍算,估值就应该是 2 000 多亿元人民币。

运用市销率给企业估值也要注意一些问题。

1. 并非所有的互联网企业都适用

互联网就是一个工具,从宽泛意义上说,绝大多数企业都是互联网企业。因此,在并购一个所谓的"互联网企业"时,要看这个企业的"互联网含金量"有多高。

比如,一个农贸市场一年销售 5 亿元,老板收取摊位管理费和租金大概一年能赚 1 000 万元。有一天,这个老板经高人指点开发了一个互联网销售平台,强迫市场内所有摊贩要在这个老板的电商平台上走个账,这样,这个刚成立的农贸互联网电商平台就有了 5 亿元销售额。这时老板也学亚马逊和京东,按照 P/S 方法来估值 10 亿元,你觉得合理吗?

还有一次,我遇到一个年轻的创业者,刚做了一个水果生鲜电商,营业额 2 亿元,亏损几百万元,找我融资时说:"俞总,京东的 P/S 为 2 倍,我打个折,能否按照 1.5 倍的 P/S 估值 3 亿元,你来投资?" 我很好奇,问他怎么做到 2 亿元营业额? 他说:"我把我们老家在上海做水果的老乡都联合起来,让他们在我的电商平台下单成交。"我再问:"你把老乡生意做完了,怎么说服其他不认识的水果摊贩加入你这个平台呢?"他说:"这就是我要融资的原因,你给我钱,我补贴给这些陌生摊贩,生意不就有了吗?"听完,我就婉言谢绝了这个项目。

互联网公司只有真正达到市场化、规模化(至少 10 亿元以上)和平台化时才适合用 P/S 方法估值,而且未上市企业的 P/S,建议最多为 1。

2. 警惕可能长时间亏损的互联网企业

用市销率估值的一大误区是紧盯销售额增长,对是否赚钱不放在首位。这些年,在各路资本的疯狂推动下,中国冒出来上百家估值超过 10 亿美元的独角兽企业,这些企业绝大多数在互联网行业,绝大多数都靠资本烧钱来推动用户数和销售的"野蛮生长"。

我是传统型的投资人,对一直亏损而且长期看不到盈利希望的互联网公司就不敢投资,也建议身边的老板朋友们谨慎投资这类项目。

企业盈利赚钱应该是天经地义的事,但现在大量年轻的创业者却把盈利当做"耻辱"的事,眼里只有"PV""UV""GMV""MAU""DAU"等数字的增长。

所以,收购方面对一个拿销售额说估值的企业,必须冷静分析这个商业模式到底能否成立,是阶段性烧钱亏损还是盈利模型存在致命缺陷。

最近争议非常大的瑞幸咖啡就是一个代表,虽然在资本一路助推下成功上市,但是,做空机构的报告显示,公司目前的"赔钱赚吆喝"商业模式看不到何时能盈利。

五、EV/EBITDA 估值陷阱

EV（Enterprise value，企业价值）= 市值 +（总负债 - 总现金）= 市值 + 净负债（即公司有息债务价值之和减去现金及短期投资）。

EBITDA（Earnings before intrerest，tax，depreciation and amortization，息税折旧摊销前利润，即扣除利息、所得税、折旧、摊销之前的利润）= 净利润 + 所得税 + 利息 + 折旧 + 摊销。

EV/EBITDA 对大部分中国企业家来说非常陌生，但这个指标实在太重要了。这几年，我参与的所有的中国企业跨国并购交易，核心估值模型几乎都是围绕这个 EV/EBITDA 来展开。在并购协议里，交易价格也都是以此指标做调整而定！

我第一次认真研究这个模型是十几年前，我给一个世界 500 强中国区管理层做两天的并购培训时，对方培训部负责人给我发了一个讲课重点关注问题列表，其中一个问题就是 EV/EBITDA，他当时说："非常奇怪为什么国际并购都是以这个指标为重点来做可比公司估值，中国都是以 P/E 为重点？"希望我能好好解释一下。

EBITDA 包含了利息、税收以及折旧摊销，可看出：

（1）其不受企业筹资政策的影响，排除了资本结构变化的影响；

（2）其不受企业不同折旧摊销政策的影响，排除了非现金成本的影响；

（3）其不受不同国家和地区税率不同的影响。

即 EBITDA 排除了财务杠杆、折旧政策和税率等非营运因素的影响，反映了企业所有投资人所获得的税前收益水平，故不同的资本结构、折旧政策和税率的公司可用 EBITDA 来进行比较。而 EV 是立足于全体投资者的角度，故 EV/EBITDA 可用来比较不同财务杠杆的公司。

EV/EBITDA 一般适用于前期资本支出较大，需要在一段很长的时间内对前期投入进行摊销的行业，比如电信、能源、航空公司等。

国外流行这一指标的重要原因是，国外企业并购的买卖双方往往都是大型并购基金，基金在买企业时通常都会加债务杠杆，因此一个企业的负债水平根据收购方加杠杆比例不同会有很大的差别。用这个指标就可以平滑掉因为企业负债水平不同对公司价值的影响。

在 1985—1994 年的 10 年间，格林布拉特（Greenblatt）管理的对冲基金的净值翻了 52 倍，就连美国股灾的 1987 年和经济衰退的 1990—1991 年，也取得了 28％以上的正回报，10 年平均年化收益 50.0％。格林布拉特曾说，EV/EBIT（EV/EBITDA 的简化指标）是选股的两个最好指标之一。而巴菲特的合伙人芒格却认为 EBITDA 意味着不计所有成本之前的利润，简直毫无意义。

两位投资大师对这个指标的评价差别如此之大是很有意思的，这也提醒我们中国的企业家，不要盲从任何一种所谓的经典估值模型。每个企业根据自己的行业、规模、发展阶段、盈利水平等，都有不同阶段最适合自己的估值方法。

用 EV/EBITDA 在估值时，一般都应参考同行业公司。下面通过一个案例来说明如何用这一指标对企业进行估值。

2017 年，东阳光（600673）宣布拟通过发行股份购买资产的方式，向宜昌东阳光药业购买其持有的东阳光药业 22 620 万股内资股股份（占东阳光药业股份总数的 50.04％）。根据天健兴业出具的评估报告，以 2016 年 10 月 31 日为评估基准日，东阳光药业 22 500 万股内资股股份的评估值为 338 902.88 万元（相应地，可以算出东阳光药业的评估值为 664 513.73 万元[1]）。

---

1 东阳光最终评估结果是参考了包括按照 EV/EBITDA 等几种估值方法综合评估后的结果。

表4-1 计算各可比公司的企业价值倍数 （单位：万元）

	信立泰	亿帆医药	誉衡药业
股权价值(基准日前一个月)	3 126 603.35	1 598 747.37	1 897 771.13
债权价值	6 000.00	156 151.79	375 823.54
EV(经营性)	3 132 603.35	1 754 899.16	2 273 594.67
EBITDA(万元)	172 346.05	108 202.39	113 089.03
EV/EBITDA	18.18X	16.22X	20.10X

计算各可比公司的 EV/EBITDA 倍数(表4-1)，比较被评估单位及各可比公司在盈利能力、运营能力、偿债能力、成长能力等方面的差异，并根据差异的大小设定各个可比公司的权重，得到各个可比公司不同指标的修正系数。最后，确定修正 EV/EBITDA 为21.18倍。根据这个倍数计算东阳光药业的股东全部权益价值(表4-2)。

表4-2 企业股东全部权益价值的确定 （单位：万元）

被评估单位比率乘数取值	**21.18X**
被评估单位对应参数(EBITDA)	48 477.52
被评估单位的整体价值	1 026 753.87
减：付息负债	11 250.00
被评估单位归属于母公司的股权价值	1 015 503.87
缺少流通折扣率	30.00%
被评估单位股权市场价值	**710 852.71**

注：综上所述，经市场法评估，东阳光药业的股东全部权益价值为710 852.71万元

台基股份于2016年6月使用现金收购了彼岸春天(主营业务为网络剧制作)100％股权，对彼岸春天估值时也采用了这个估值方法，估值报告把同行的 EV/EBITDA 都做了对比，最后确定用8.66这个倍数(表4-3)。

表 4 - 3　网络影视剧制作行业的 EV/EBITDA

影响因素	强视传媒	大唐辉煌	梦幻星花园	世纪长龙	中视精彩	瑞吉祥	花儿影视	御嘉影视	观达影视
EV/EBITDA	7.59	8.37	9.42	8.88	9.69	10.17	8.67	8.37	13.57
预测 EBITDA 增长率系数	0.69	0.91	0.97	1.00	0.78	0.71	1.10	0.76	0.70
营运能力综合调整系数	0.90	0.90	0.93	0.95	0.90	1.00	0.95	0.98	1.00
交易日期调整系数（评估基准日）	1.47	1.25	0.77	1.47	1.30	1.30	1.94	1.42	0.97
综合调整系数	0.84	0.91	0.94	0.97	0.87	0.92	1.00	0.92	0.91
比准 EV/EBITDA	6.38	7.62	8.85	8.61	8.41	9.36	8.67	7.70	12.35
目标公司 EV/EBITDA				8.66					

现在中资企业并购国外企业基本是这个套路：

外资投行给中国企业提供的关于境外标的公司的简介中，涉及财务部分一般只提供到公司收入和 EBITDA 数据，对于中国企业家最关心的净利润数据通常都不会第一次就提供。然后，中国企业需要根据这个 EBITDA 在规定的时间内向外资投行出价，这个出价就是 EV/EBITDA 的倍数，外资投行选择 EV 值报价最高的前几名买家签署保密协议，然后会给每个中国买家开放一个网上的数据库（Data room），这个网上数据库通常内容非常全面，把企业大部分业务、财务和法律信息都放在里面，中国买家的投行、会计师和律师都会进入这个数据库来搜集信息先做网上的尽职调查。在此基础上，外国投行会安排标的公司核心团队与中国潜在买家见面，过管理层路演，互相找感觉。最后签署的并购协议里，关于并购股权的价值通常也是根据 EV/EBITDA 做的一个调节公式。

并购用 EV/EBITDA 模型要注意以下几个陷阱：

1. 低 EV/EBITDA 倍数掩盖高 P/E 倍数

中国许多企业家在这个问题上都吃过大亏。

有个做汽车零配件的客户老板曾兴冲冲地找我，说刚接到德国一个汽车零配件企业项目，非常吸引人，让我把关看看。我看了一下三页纸的外资投行推介材料，标的公司最近一年销售 1 亿欧元，EBITDA 2 000 万欧元，EV/EBITDA 报价 10 倍。老板很兴奋说："你看这么好的汽车零配件公司，技术是世界一流的，才 10 倍估值，真便宜？"

我一听就知道，老板把这个 10 倍报价理解为国内并购常用的 P/E 报价了，于是问对方："你知道 EV/EBITDA 是啥意思吗？"他说不就是值多少钱吗？我说："你这个理解要出大事的！企业价值 EV 和公司股权价值是两码事，EBITDA 和净利润是两码事。如果 EV 报价 10 倍，根据我的经验，这个公司净利润最多 600 万欧元，扣除净债务假设 2 000 万欧元，则公司股权价值 1.8 亿欧元，这意味着你收购这个企业的市盈率是 30 倍，要 30 年才能收回成本，你是不是疯了！"

听了我的话，这个老板当场变脸，真被我吓坏了。他自己上市公司在中国的市盈率也不到 20 倍，国际上汽车零配件行业的平均市盈率不过 8～12 倍，如果按照 30 倍来收购就亏惨了。后来老板听我建议向对方要了财务报表，我一看，净利润竟然只有 300 万欧元，净债务和我预估的差不多，这样算，公司报价的 P/E 高达 60 倍！

这种情况并非个案，经常能遇到。原因就在于，我前面提到的国外大量项目是基金采用杠杆收购的方式操作，收完后把标的公司和收购方公司合并，这样标的公司就承担了沉重的债务负担，公司的利润被大量财务成本侵蚀。

2. 用 EBITDA 掩盖经营现金流

很多对财务不是非常懂的企业家经常误认为 EBITDA 就是所谓的"企业现金流"，这个理解是错误的。

一个企业假设第一年 EBITDA 1 000 万元，第二年猛增到 2 000 万元，这是否意味着公司的经营性现金流也是差不多 2 000 万呢？

错,这个公司可能第二年投资 4 亿元上了个大项目,为这 4 个亿大项目配套新增了 3 000 万元营运资金,因此公司第二年的经营性现金流量反而出现了负数。

3. 用 EBITDA 粉饰利息偿付率

并购基金之所以喜欢用 EV/EBITDA,是因为可以一目了然地测算标的公司的利息偿付能力。比如,一个企业每年利息需要付 1 000 万元,EBITDA 有 2 000 万元,似乎利息偿付的能力很强。

但这种思路的陷阱在于,当一个企业设备使用到一定阶段必须更换时,需要一下投入巨额资金,在没有做好资金准备的情况下,这会使企业资金瞬间陷入断裂。

六、 DCF 估值陷阱

DCF 系 Discounted cash flow 的缩写,意为现金流折现估值。这个估值方法逻辑上很简单,就是计算出企业的未来长期的自由现金流,给一个贴现率,就能大概算出一个企业的市值大概是多少。

巴菲特最喜欢的估值方法就是这个 DCF 方法。在许多经典财务学教科书里,都把 DCF 当作最科学的估值模型,因此,许多企业家对这个模型极为推崇,甚至到了迷信的地步。

如何计算 DCF 有大量的专业书籍介绍,我就不展开了,其核心是对自由现金流的理解。

图 4 - 3 非常形象地把公司自由现金流和股权自由现金流展现得清清楚楚,也把 EBITDA 和自由现金流的关系分析到位。

DCF 在实际运用中,通常会采用高顿两阶段价值模型,第一阶段是高速增长期,第二阶段是永续年金。首先,逐年计算出第一阶段的自由现金流及其折现,然后对其第二阶段,估算一个永续价值,两阶段的折现值加总,得出企业的估值。

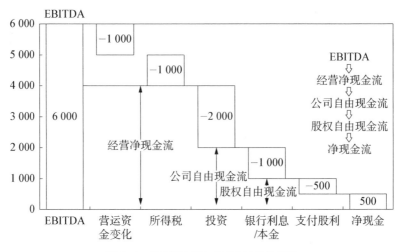

图 4-3　EBITDA 和自由现金流的关系图

中国企业家在应用 DCF 时一定要注意几个陷阱：

1. DCF 在中国现阶段有非常大的应用局限

通过上面对 DCF 的估值模型介绍，就知道这种模型有两条最重要的假设：首先，假设企业未来 6~10 年每年按照一个比较高的速度，比如 10%~15%，稳定增长；其次，假设 6~10 年后企业永远按照一个比较低的速度，比如 3%~5%，永续增长。

我在无数的课堂上讲到这点时都说，在中国现阶段，有几个行业几个企业能精准预期到企业未来可以这样持续增长？

中国现在是一个高度动荡不安的商业竞争环境，许多行业 5 年时间就完成从行业兴起到高潮到产能过剩再到大洗牌的过程，因此大部分公司在未来 5 年的增长都不会是一条向右上方斜着向上的直线，更多时候是一个"马鞍形"增长曲线。

在 DCF 的模型里，一切都是预测的。在中国，哪个老板能精准预测到第 5 年的销售费用和管理费用？哪个老板能按照 5 到 10 年计划做投资安排？

我见过很多老板,信誓旦旦做了三年投资规划,第二年用于金融理财的投资控制在 1 000 万元以内,结果第二年牛市来了,老板立刻把誓言丢在脑后,从银行贷款 1 亿元用于炒股赚快钱。这就是中国大部分老板的经营随意性特征!

2. 各种参数调节随意性太强

这个模型看起来很美,但是和其他估值模型比复杂许多,有很多变量,这就为调节估值提供了很多便利。

为什么折现系数是 8% 而不是 9%?

为什么快速增长率是 15% 而不是 12%?

为什么永续增长率是 4% 而不是 3%?

为什么要设定企业快速增长 10 年而不是 15 年?

为什么要假定企业永续增长,而不是享有一个企业的平均寿命?

折现系数从 8% 调到 9%,虽然只调了一个百分点,但是对整个估值的影响非常大;销售费用按照营业额的 5% 还是 8% 提取,估值结果也会有很大差别……

十几年前,我给宁波一个大企业做常年并购顾问,有一天老板找我:"俞总,我准备把一个核心子公司卖给外资,但是这个事情不能请你做顾问,请包涵。"我问为什么,他说:"这次外资买家请了一个国际投行做顾问,我也要门当户对,气场上不能输给他们,我也要请一个外资投行。"我说好,能否让我以公司"首席投资顾问"(一些企业会给我印这个头衔的名片便于开展工作)身份参加到这个子公司出售项目小组,我帮您把把关?老板很开心地答应了。

过了一周,某国际知名精品并购投行亚洲区的一位董事总经理(Managing director, MD)带着几位手下从香港直飞宁波,下午正式开会,启动项目合作。

这位 MD 开场直奔主题,问我的客户老板:"您心里觉得您这个子公司值多少钱就愿意出售给外资?"客户老板一愣,说:"我也不知道我这个子公司应该值多少钱,这不是我聘请你们工作的重要内容之一吗?"这位 MD 有些尴尬地笑了笑,说了句我终身难忘的话:"我们准备用国际上最先进的 DCF 估值模型给贵公司估值,这个估值模型很神奇,您觉得这个子公司值 10 个亿,我们就能帮您用模型估值到 10 亿,您想要 15 亿,我们也能估到 15 亿……"

那一刻,我的心瞬间冰凉。

七、 并购商誉陷阱

中国股市为何长期不见大牛市?有个重要原因被大部分人所忽视,那就是上市公司这些年疯狂并购,积累了过万亿的"并购商誉"。我经常说,这万亿并购商誉就是压在中国股市顶上的黑压压的一座大山,阻碍了股市大行情的诞生。

截至 2019 年三季度末,A 股上市公司商誉总规模达到 1.39 万亿元,较 2018 年年底高出 746 亿元,商誉总额占两市上市公司总净资产的比重为 3.11%。

什么是并购商誉呢?2006 年,我国企业会计准则第 20 号《企业合并》中规定:"购买方对合并成本大于合并中取得的被购买方可辨认净资产公允价值份额的差额应当确认为商誉。"简单来讲,被购买方的可辨认净资产公允价值是 1 000 万元,购买方出价 1 500 万元,那么,1 500 万元 - 1 000 万元 = 500 万元就计为商誉。

按照我国的会计准则,涉及到企业合并,首先要区分是否同一控制主体下的合并。如果是同一控制主体,资产和负债只能以账面价值计量,合并溢价只能调整资本公积和留存收益,并不确认商誉。因此,同一控制主体的合并不产生商誉。会计准则下的商誉都是外购式商誉。

2001 年,在互联网泡沫的顶峰,美国在线并购时代华纳,合并后,新公司(AOL-Time Warner)的商誉总值为 1 283 亿美元,占合并后总资产的 61%。很快,互联网泡沫破裂。2002 年,新公司计提商誉减值 997.37 亿美元,创造的世界纪录至今无人打破。计提减值后,该公司从盈利 10.7 亿美元变为巨亏 987 亿美元。

2020 年 2 月,金科文化(300 459.SZ)披露 2019 年业绩预告,公司预计亏损 23.95 亿~24 亿元,亏损的原因主要是公司预计进行商誉减值及其他资产减值。

金科文化在公告中称,公司子公司杭州哲信信息技术有限公司(简称"杭州哲信")的单机休闲游戏发行业务受到制约,盈利能力大幅下降,公司对包括杭州哲信在内的相关资产进行商誉减值测试,并拟计提部分商誉减值。

2015 年 5 月 15 日,金科文化登陆资本市场,公司主营氧系漂白助剂 SPC,不过上市不到一年,金科文化就转型互联网手游平台业务,开启频繁的收购之路。

2016 年 5 月,金科文化以发行股份和支付现金方式耗资 29 亿元购买杭州哲信 100% 股权,其中以向杭州哲信原股东发行股份的方式支付 20.30 亿元,另外现金方式支付 8.70 亿元,标的资产增值率 935.59%。

2017 年 12 月,金科文化又向朱志刚等 6 名交易对方非公开发行股份,购买其持有的杭州逗宝 100% 股权和上虞码牛 100% 股权,杭州逗宝、上虞码牛主要资产为其合计持有的 Outfit7 Investments Limited 的 56% 股权,交易对价为 42 亿元,标的资产增值率为 1 629.96%。

频繁收购也带来了飙升的商誉。2016 年末、2017 年末、2018 年末,金科文化商誉账面原值分别为 24.44 亿元、63.74 亿元和 63.77 亿元。2019 年半年报显示,金科文化因收购资产形成商誉的事项共有 15 个。

金科文化仅仅是上千家上市公司并购商誉案例中的一个。

表 4-4 中的这些上市公司的商誉都超过了净资产,如果商誉全部减值,这些上市公司将会资不抵债!

表 4 - 4　2019 年三季报商誉占净资产比重较大的部分上市公司

代码	简称	2018 年年报商誉（亿元）	2019 年三季报商誉（亿元）	2019 年三季报净资产（亿元）	商誉/净资产（%）	2019 年三季报净利润（亿元）	行业
600898. SH	国美通讯	4.42	4.42	0.02	19 733.93	-2.36	技术硬件与设备
600198. SH	大唐电信	7.60	7.09	0.31	2 299.19	-5.87	技术硬件与设备
000526. SZ	紫光学大	15.28	15.28	1.36	1 127.21	0.62	消费者服务 II
300071. SZ	华谊嘉信	3.81	3.81	0.81	467.24	-0.47	媒体 II
002071. SZ	长城影视	9.73	9.73	4.19	232.18	-0.36	媒体 II
002306. SZ	ST 云网	0.16	0.16	0.07	226.59	-0.17	消费者服务 II
300268. SZ	佳沃股份	0.44	15.05	8.14	184.95	-0.89	食品, 饮料与烟草
000803. SZ	金宇车城	1.29	1.29	0.84	153.30	-0.78	资本货物
002180. SZ	纳思达	128.19	131.95	92.18	143.15	8.51	半导体与半导体生产设备
002354. SZ	天神娱乐	26.18	25.28	18.19	138.97	-3.24	软件与服务
002464. SZ	众应互联	21.30	21.30	15.45	137.84	0.78	软件与服务
002219. SZ	恒康医疗	31.93	31.84	26.57	119.86	-1.46	医疗保健设备与服务

资料来源：Wind

因此,并购时必须认真想好这个案例产生并购商誉的体量对企业未来可能形成的爆雷风险。

并购商誉爆雷的原因在于,每年都要对上年的并购商誉进行减值测试,如果被收购公司上年业绩不如预期,会计师就会对并购商誉进行减值,直接冲减当期利润,最可怕的是,未来即使被并购公司业绩回升到正常水平甚至大幅增长,前期计提的并购商誉也永远不得冲回!

如果企业不上市,这种报表上的商誉即便爆雷也问题不大,不会对企业正常经营现金流带来很大打击;但如果收购方是上市公司,这种并购商誉就可能变成"隐形炸弹"给企业带来致命打击。

下面给大家介绍一个可以借鉴的把巨额并购商誉化解的案例——宋城演艺。

宋城演艺(300144)于2015年7月完成收购六间房100%股权,交易对价为25.67亿元,其中现金支付15.79亿元,发行公司股份支付9.88亿元。该收购属于非同一控制主体下的企业合并,收购时六间房可辨认净资产公允价值为1.97亿元,本次收购形成商誉23.7亿元。

2017年3月,六间房通过支付3.8亿元收购灵动时空100%股权,该收购形成商誉3.7亿元。至此,宋城演艺因收购六间房形成的并购商誉已经高达27.4亿元。

宋城演艺与六间房股东签订《业绩承诺与补偿协议》,协议规定2015—2018年度六间房承诺扣非净利润分别为1.51亿元、2.11亿元、2.75亿元和3.57亿元。

六间房基本完成了承诺净利润(表4-5),但对赌期满后,六间房业绩如果大跌,就会让宋城演艺计提巨额商誉,对上市公司的利润带来巨大冲击,甚至可能导致亏损。

表 4-5 六间房 2015—2018 年度盈利状况 （单位：万元）

项目	合计	2018 年度	2017 年度	2016 年度	2015 年度
业绩目标	99 400.00	35 700.00	27 500.00	21 100.00	15 100.00
归属于母公司的税后净利润	110 363.93	41 110.63	28 923.29	23 505.26	16 824.75
非经常性损益	1 895.04	311.58	420.85	545.10	617.51
扣除非经常性损益后归属于母公司的净利润	108 468.89	40 799.05	28 502.44	22 960.16	16 207.24
超额业绩奖励比例		40％ * 76.96％	40％ * 100％	40％ * 100％	40％ * 100％
超额业绩奖励金额	3 157.62	1 569.69	400.97	744.06	442.90

在这种情况下，宋城演艺做了一个精妙的资本运作，一下把 20 多亿元商誉全部消除，转为长期股权投资。

2018 年 12 月 28 日，天津花椒壹号科技合伙企业（有限合伙，以下简称"花椒壹号"）和天津花椒贰号科技合伙企业（有限合伙，以下简称"花椒贰号"）以其持有的北京密境和风科技有限公司（以下简称"密境和风"，运作花椒直播）的 19.96％股权（密境和风整体估值 51 亿元）对六间房（整体估值 34 亿元）进行了增资，六间房注册资本由 2 000 万元增加到 2 598.671 0 万元，其中：宋城演艺持股比例为 76.96％，花椒壹号持股比例为 15.36％，花椒贰号持股比例为 7.68％。同时，六间房取得密境和风 19.96％股权。六间房与密境和风重组的首次交割已经完成。

2019 年 4 月 29 日，六间房与密境和风已完成工商变更登记，标志着重组全部完成。密境和风剩余股东以其持有的 80.04％股权对六间房再次进行增资，六间房取得密境和风剩余 80.04％股权。同时，宋城演艺再将 0.47％的股权转让于奇虎三六零（北京）有限公司。交易完成后，宋城演艺持有六间房 39.53％股权，对六间房不具

备控制权,不再将其纳入合并报表范围。六间房的注册资本由
2 598. 671 0 万元增加至 5 000 万元,六间房的股权结构如下:

重组第一步:

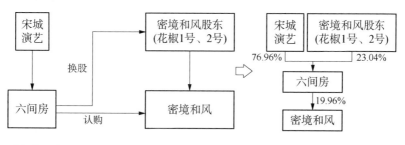

重组第二步:

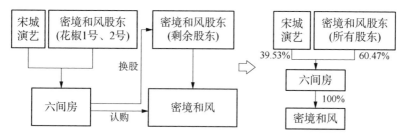

虽然通过六间房与密境和风的重组,宋城演艺摆脱了高达 27.4
亿元的商誉减值风险,但新增加的 34 亿元长期股权投资依然需要在
每年年度终了进行减值测试,但这种长期股权减值的压力将大大小
于商誉减值压力。

第五章　交易结构陷阱

交易结构是并购的买卖双方以合同条款形式所确定的,协调与实现交易双方最终利益关系的一系列安排,包括收购方式(资产还是股权)、支付方式(现金还是股权互换)与时间、交易组织结构(离岸与境内、企业的法律组织形式、内部控制方式、股权结构)、融资结构、风险分配与控制、退出机制等等。

达成交易结构的共识是买卖双方谈判协商中最重要、最费时的阶段之一。

一、 收购股权陷阱

收购股权还是收购资产? 这是在设计并购交易时必须要考察的问题。

如果交易标的里面有大量土地、房产等资产,收购资产的交易税费会很高。在这种情况下,收购股权通常成为房地产项目转让的首选方式。

和收购资产相比,收购股权要注意以下一些问题:

1. 股权是否干净

股权干净的标志:

(1)公司出资干净。许多公司在刚开始成立的时候都找开发区垫资注册,报表上形成很大一个"其他应收款"金额。这种出资不实的问题如果存在,必须收购前解决掉。

还有些公司股权存在被人委托持股的行为,我国法律允许"委托持股"，因此，如果有委托持股现象，必须要让对方清理。

一些公司股东不是以现金出资，而是以无形资产或实物资产出资，则必须调查这些资产的真实有效性。

（2）股权变更干净。很多公司历史上发生过多次变更，若收购的股权之前也经历过一次以上的转手，就必须把过往股权交易资料调出来，研究是否存在风险。

（3）现有股权不存在质押冻结等风险。一些公司大股东转让股权的同时，该股东正处于债务危机中，因此，其股权随时有被债权人冻结的风险，在这种情况下做交易，很有可能在签约的同时这部分股权就会被冻结。

2. 优先购买权陷阱

有限责任公司股东股权转让时，"同等条件"下老股东有优先购买权，而股份公司则没有这个要求。

第一，作为老股东，存在不具备"同等条件"的法律风险。优先权的取得必须是在"同等条件下"，其含义包括转让价格、价款支付时间和方式等，如果老股东的转让条件低于第三人，就无法主张优先购买权。如果两个以上老股东均主张优先购买权，按照法律规定，需协商确定购买比例，协商不成的，按出资比例行使。

第二，作为外部投资人，在并购时要确认公司老股东是否有明确的放弃优先购买权的证明。法律对不同取得方式的优先购买权规定了不同的放弃条件和方式。（1）明示放弃：所有老股东分别签署放弃优先购买权的函，或者对方公司股东会同意此次转让，所有股东均签字；（2）默示放弃：强制执行程序中转让股权时，如果在接到人民法院通知后二十日内不行使的，视为放弃。

第三，研究对方公司章程是否有针对性的关于优先购买权的特别条款。法律允许通过公司章程对优先购买权的相关问题予以限制，包括转让的对象、股权比例、转让价格等，在不违背法律强制性规定的情况下,优先适用公司章程的规定。

3. 债务承担风险

和收购资产模式相比,收购股权意味着把被收购企业的债务都接过来。

这些债务分为有形债务和或有债务,前面分析过,或有负债对收购方是非常大的隐患。

4. 人员承担风险

收购股权也意味着把被收购公司的所有员工都承担下来。众所周知,在今天,企业人力资源成本是刚性成本,一般情况下,人力成本只会升很难降。

5. 收购国企股权被"抢票"风险

国企转让需要至少在一个产权交易所公开挂牌,因此,收购方即便和国企大股东及管理层谈好所有的合作条件,标的股权在挂牌期间仍然可能被人高价摘牌抢走。

6. 收购上市公司或外资股权风险

收购上市公司股权需要证监会审批,收购境外公司需要标的所在国政府批准等,因此,收购方需要做好交易被否决的准备。

二、 收购资产陷阱

和收购股权比,收购资产要干净很多,不用背负标的公司的债务和人员,决策流程也简单,大部分收购只要得到对方董事会或股东会批准即可操作。

收购资产的情形经常发生在房地产、矿藏和无形资产领域。

收购资产模式的风险有几点:

1. 高额过户税费风险

在一个工业厂房的交易中,转让方应申报缴纳的税费包括:

（1）增值税，按不含税价5％计算；（2）城建税，按增值税额的5％计算；（3）教育费附加，按增值税额的3％计算；（4）地方教育附加，按增值税额的2％计算。（5）印花税，按合同所载金额的万分之五计算；（6）土地增值税，按照增值额与扣除项目金额的比率确定不同税率（表5-1）；（7）所得税，根据转让方经济性质确定应缴纳企业所得税或个人所得税。

表5-1　土地增值税率表

级数	计税依据	适用税率	速算扣除率
1	增值额未超过扣除项目金额50％的部分	30％	0
2	增值额超过扣除项目金额50％、未超过扣除项目金额100％的部分	40％	5％
3	增值额超过扣除项目金额100％、未超过扣除项目金额200％的部分	50％	15％
4	增值额超过扣除项目金额200％的部分	60％	35％

若应缴纳企业所得税，一般由纳税人将房地产转让所得并入其他所得一并自行申报缴纳。受让方应申报缴纳的税费包括：（1）印花税，按合同所载金额的万分之五计算；（2）契税，按不含税价的4％计算。

撇开所得税一块，买卖双方各种杂费加起来就超过交易额的10％，如果土地溢价比例高，各种杂费加起来将会达到交易额的40％！

2. 收购土地的陷阱

如果确实感到标的公司可能有巨额或有负债风险，收购方宁愿多交税费也选择买土地净地的方式，那么就要对标的土地进行专业调研评估。

收购土地存在的风险如下：

一是土地权属关系风险,包括:政府土地拍卖的相关文件中存在股权转让限制条款;土地出让金没有付清;土地使用权权属不清晰;前期对政府的承诺未履行到位,土地被政府收回;超过出让合同规定的最后动工期限,土地被政府没收;等等。

二是土地规划指标的风险,包括:规划不符合收购方的市场定位;规划与拍地要点相比有调整;规划超过拍地要点规定期限;如果受让方需要调整规划,重新申报的难度大;等等。

3. 收购矿权资产的风险

在矿山收购中,也有许多老板选择收购采矿权而不是公司股权,这时也要注意以下一些细节:

第一,矿业权的转让资格问题。矿业权包括探矿权和采矿权,前者是指在依法取得的勘查许可证规定的范围内,勘查矿产资源的权利;后者是指在依法取得采矿许可证规定的范围内,开采矿产资源和获得所开采矿产品的权利;在做并购的尽调时,对于勘查许可证、采矿证等矿业权证的审查是确定矿业权流转的首要途径。

根据《中华人民共和国矿产资源法》第六条的规定,探矿权、采矿权除按下列规定可以转让外,不得转让:

(1)探矿权人有权在划定的勘查作业区内进行规定的勘查作业,有权优先取得勘查作业区内矿产资源的采矿权。探矿权人在完成规定的最低勘查投入后,经依法批准,可以将探矿权转让他人。

(2)已取得采矿权的矿山企业,因企业合并、分立,与他人合资、合作经营,或者因企业资产出售以及有其他变更企业资产产权的情形而需要变更采矿权主体的,经依法批准可以将采矿权转让他人采矿。

第二,需要对矿藏进行储量复查。矿产项目都会获得国土部门的储量备案证明,但是收购方不能盲目相信这些储量报告,很多矿面积很大埋藏很深,勘探单位不可能做到十分精确的测量。因此,有必要自己请一个专业勘探机构进行二次勘探来核实。

第三,安全和环保问题。在中国,各地政府都对矿山的安全和环保问题极为重视,因此收购矿山资产时,必须极为严肃认真地对矿山安全生产和环保设施进行调查,以确保安全。

第四,当地投资环境问题。矿藏经常位于偏远落后地区,地方官员和老百姓有可能对外来投资人各种刁难。

我有个好朋友,几年前跑到西南边境某地收购了一个铅锌矿,收购完一年后回上海,我见到他大吃一惊:一年不见,人苍老憔悴了许多,白发也明显增多。

4. 收购无形资产陷阱

有些企业收购的标的就是对方的几个专利或商标等无形资产。这类资产里也会有许多收购陷阱。

收购专利或商标时,首先要调查清楚这些资产权属是否干净,其次再评估这些资产报价是否合理。

曾经有个 60 多岁的老先生托人找到我,拿着一份厚厚的材料。这位老先生花费半生精力研究出一种用在航天上的特种材料加工工艺,并称这一新技术是革命性的,比现有主流生产技术效率提高 10 倍以上。这份厚厚的材料就是某著名资产评估公司对老先生这个技术的评估。

我听了不禁肃然起敬,于是好好看了一下评估报告,在评估结果一栏里看到这个数字“10 000 000 000 元”,太多零看了头晕,我仔细数了一下,问老先生:“这个技术评估了 100 亿元?”

老先生很得意地说:“是啊,美国人还想出更高的价来买,我都回绝了,我非常爱国,这个技术我希望自己能够引进投资尽快投产,因此来找你了。”

我说:“老爷子,这个技术我不懂,后面我肯定要找专家来论证,问题是一上来就报 100 亿元估值,实在太高了,投不了。”

老先生说："俞总，评估报告只是参考，这样，如果你能投 1 个亿，我估值可以降到 10 个亿！"

我一听又晕了，100 亿元一下降到 10 亿元，不是儿戏吗？于是客客气气地把老先生送走。

三、 现金支付陷阱

并购时支付现金还是股份？

2015 年并购数据统计显示，中国境内 5 817 起并购案例中，采用现金支付方式的占 72.16%，股份支付占 5.75%，现金与股份混合支付占 7.77%，其他支付方式占 14.32%，其他支付方式中包含了债券、资产、现金＋其他资产、实物资产等 10 余种。因此，我国主要采用的支付方式有现金支付、股份支付、现金与股份混合等三种支付方式。

和股份支付方式相比，现金收购的好处是：（1）不用稀释收购方的股份；（2）快捷方便。

现金收购是诸多收购方式中流程相对较为简单的方式，且广泛适用于上市公司的境内、境外收购。一般来说，如果纯境内的现金收购的金额未达到中国证监会《上市公司重大资产重组管理办法》（简称"《重组管理办法》"）要求的需要报证监会核准的标准，则上市公司可自行通过召开董事会或股东会批准交易，无需交易所、证监会的审批。上市公司及其控股或者控制的公司购买、出售资产，达到下列标准之一的，构成重大资产重组：（一）购买、出售的资产总额占上市公司最近一个会计年度经审计的合并财务会计报告期末资产总额的比例达到50%以上；（二）购买、出售的资产在最近一个会计年度所产生的营业收入占上市公司同期经审计的合并财务会计报告营业收入的比例达到50%以上；（三）购买、出售的资产净额占上市公司最近一个会计年度经审计的合并财务会计报告期末净资产额的比例达到50％以上，且超过5 000万元人民币。

但是用现金支付也要当心，现金支付的风险主要有两点：

1. 加大了企业资金周转风险

对大部分卖方而言，在现金和对方股份之间选择的话，都倾向于选择现金，落袋为安。而买方支付现金考验的是企业的现金储备和融资能力。

现金流特别好的企业，比如BAT等互联网头部企业，每年净利润超过百亿元，账上常年现金储备几百亿元。因此，这几年它们疯狂地投资并购各类企业资产。

但是，中国大部分民营企业资金一直都处于紧绷的状态，因此，这类企业在用现金收购企业时，尤其要小心。

一些企业日常经营性现金流都是负数，在这种情况下，根本没有多余的资金来收购，只能想办法借款来并购。很多中国企业家都迷信一个观点：借钱越多越安全，当我借款几千亿元时，国家就不会让我倒了，怕引起金融危机。

2013年，海航集团将原有八大板块调整为航空、物流、资本、实业和旅游业五大板块，随后便不断扩张自己的商业版图，其业务囊括了航空、酒店、旅游、地产、零售、金融、科技和传播等诸多业态。

2017年，海航集团的扩张势头急转直下，总资产超过万亿元的海航集团甚至遭遇资金链危机，不仅多次爆出拖欠油款的消息，航班甚至一度面临断油的困境。

2018年，海航集团时任董事长、集团创始人之一的王健在法国离世，更是让海航集团的前途显得更加复杂。

2018年以来，海航集团从买买买逐渐进入卖卖卖模式。陆续出售旗下写字楼、酒店、商业地产、在建工程、非上市公司股权等多领域资产。

2019 年 12 月,海航集团董事长陈峰公开表示,海航面临现金流短缺,集团在 2019 年推迟部分员工的工资支付,但他承诺要在 2020 年解决这一危机。

按照陈峰的资产处理计划,2020 年底海航的负债率会降至 70% 以下,总资产不超过 7 000 亿元。这也就意味着 2020 年内,海航必须出售处置近 3 000 亿元规模的资产。

海航在中国并购界一直以彪悍、口味杂著称。就在 2018 年已经陷入危机的状况下,海航还发布了一个震惊国内的并购消息。

2018 年 3 月 9 日晚,海航旗下上市公司海航科技(600751,曾用名"天海投资")披露重大资产重组进展情况:拟收购北京当当科文电子商务有限公司(当当科文)及北京当当网信息技术有限公司(当当信息)相关股权。这两家公司是当当网的母公司和关联公司,李国庆、俞渝夫妇为实际控制人。

随后在 4 月 11 日晚,海航科技披露重组预案,拟作价 75 亿元收购当当科文 100% 股权及当当信息 100% 股权。这笔资金由海航科技以 6.23 元/股价格发行 6.52 亿股股票,募资 40.6 亿元,外加 34.4 亿元现金组成。

我查了下海航科技的财务数据,最近 4 年平均资产负债率都在 85% 左右!

后来随着海航集团危机愈演愈烈,海航科技收购当当网也告终止。

特别想提醒下中国老板,收购境外企业目前基本都是现金为主,因为中国资本市场还没有做到全面开放,在今天的政策环境下,用中国境内上市公司股票去换股收购境外上市公司,难度非常大。

海航科技的负债率为何这么高?这又源自于几年前一场轰动世界 IT 业的跨国并购。

天海投资 2016 年 12 月 7 日发布重大资产购买完成交割的公

告,公司表示,通过子公司 GCL ACQUISITION, INC.(简称：GCL),
以现金支付方式收购美国纽约证券交易所上市公司英迈国际
(Ingram Micro)100％股权,交易金额为 60.09 亿美元,折合人民币
392 亿元。交易为现金收购,公司自有资金(87 亿元)、联合投资方国
华人寿(40 亿元),剩余的为银行借款。

　　英迈国际是全球最大的 IT 分销商之一,世界 500 强企业,为客
户提供全球性的 IT 产品分销及技术解决方案、移动设备及生命周期
管理、电子商务供应链解决方案及云服务。公司成立于 1979 年,总
部位于美国加利福尼亚州圣塔安纳,1996 年在纽约证券交易所
上市。

　　这个跨境并购项目,60 亿美元的交易价格创下中国企业收购美国
IT 集团的最高纪录,也因收购方与被收购方的净利润相差 7 倍、营收
规模差 400 倍,被业内称为 2016 年来最疯狂的"蛇吞象"案例。

　　2017 年 1 月 7 日,天海投资发布了 2016 年新增借款的公告。根
据公告显示,截至 2016 年 12 月 31 日,天海投资及其子公司借款余
额为 307.93 亿元,较公司 2015 年的 400 万元增加了 307.89 亿元,
占公司 2015 年经审计净资产 122.27 亿元的 251.82％。对于新增借
款的原因,天海投资表示,主要为收购英迈。

图 5-1　海航科技(天海投资)股价走势图

海航科技(天海投资 2018 年 4 月 20 日改现名)并购英迈后股价一直下跌,到 2020 年 2 月 10 日的市值仅有 97 亿元(图 5 - 1),而公司的净资产有 185 亿元,可见资本市场对公司花巨资并购的反应是多么负面!

2020 年 2 月,新冠肺炎让中国经济停滞下来,一些大集团也扛不住。从北京大学一个小校企起家,通过无数次并购变成庞然大物的北大方正集团传来破产重整的消息! 截至 2019 年 9 月底,方正集团总资产规模为 3 657 亿元,负债约 3 030 亿元,资产负债率约 83%。其中,方正集团本部负债约 700 多亿元,包括 300 多亿元债券融资,400 多亿元银行贷款。这些负债基本都是因并购而起。

2. 收购后标的公司"失控"风险

如果一个交易全部用现金支付,买家承担的最大风险是标的公司管理失控。

因此,一般现金并购案例中,买方都会用各种方式(比如要求对方承诺三年业绩)来留住原管理层继续服务。即便如此,三年期满后这些核心人员辞职怎么办?

以中科金财(002657. SZ)为例,公司在 2014 年 8 月披露重组预案,公司拟通过发行股份和支付现金相结合的方式购买刘开同、滨河数据等持有的滨河创新 100%股权,交易作价 7. 98 亿元,该收购事项形成商誉约 6. 24 亿元。滨河创新在 2017 年业绩大幅下滑,仅实现净利润约 2 377. 14 万元,远低于 2016 年的 8 714. 49 万元。

公告披露,业绩大幅下滑的原因之一是,中科金财于 2017 年年中开始接管和整合滨河创新的全部业务,公司接管后至 2017 年年末时间较短,且期间伴随着滨河创新部分核心骨干人员的流失,业务整合处于过渡阶段,经营团队也在磨合的过程中,对滨河创新的业绩在短期内产生了冲击和影响。

所以大家就可以理解,高瓴资本巨资收购格力电器时,为何不惜"放低姿态"也要拉董明珠一起加入收购方,就是为了彻底"锁住"这位中国商界第一女强人。

四、 股权支付陷阱

股权支付也就是通常所说的换股收购。换股收购是另一种十分常见的收购方式,指企业向交易对手发行股权(股份)用于支付收购对价。

国外上市公司收购,80％以上都是用股票作为基本支付工具,因此上市公司可以通过这种方式不断地新发股票用于换股并购,每一次换股后,原有股东的持股比例将逐步降低,但其所代表的企业价值却不断增加。一些并购高手如思科公司,一年可以进行几十次并购。目前,世界500强企业中的大部分公司,第一大股东持股比例不到10％,其主要原因就是公司经过多次换股收购壮大后,控股股东的比例逐步降低。而这不到10％股份所代表的市值却远大于早期集中持股时的市值。

换股收购的优点:(1)收购方不用出现金,资金压力大为减轻;(2)让标的公司股东变为自己的小股东,不用担心其立刻套现走人;(3)可以获取一定的税收优惠。

中国股市第一个市场化换股收购案例是2007年东华合创(002065,现名东华软件)所做,影响极其深远,拉开了中国资本市场轰轰烈烈的并购大幕。

2007年9月5日,东华合创与联银通科技的股东秦劳、翟曙春、柏红、谢坤、胡明炜签署了《股份认购协议》。东华合创拟向上述股东定向发行1 264万股人民币普通股为支付对价,购买联银通科技100％的股权。

联银通科技净资产评估值为2.89亿元,而东华合创2007年中股东权益为 5.9 亿元,货币资金为 1.9 亿元,且经营性现金流很紧张,为 - 1.4 亿元。

如果不采用换股收购的方式,东华合创要支付 2.89 亿元现金来收购联银通科技几乎是"不可能完成的任务"。

收购完成后,东华合创所付出的代价仅仅是总股本由原来的 12 935.5 万股变成 14 199.5 万股,股份稀释比例仅为 8.9%,原来东华合创的实际控制人薛向东家族在稀释后仍然绝对控股(表 5 - 2)。更重要的是,此次并购交易后,东华合创的各项财务数据都显著变好(表 5 - 3)。

表 5 - 2　东华合创各股东的持股比例

股东	股数(万股)	持股比例(%)
薛向东及其家族	8 987.99	63.30
联银通科技股东	1 264.00	8.90
其他股东	3 947.51	27.90
合计	14 199.50	100

表 5 - 3　东华合创在并购交易后的财务表现

	交易前	交易后	变化程度
总资产(万元)	96 503.23	129 467.28	增加 34.16%
股东权益(万元)	59 024.42	87 525.23	增加 48.29%
主营业务收入(万元)(2007 年预计数)	78 069.26	89 785.26	增加 15.00%
净利润(万元)(2007 年预计数)	8 789.66	11 749.16	增加 33.67%
资产负债率	38.84%	32.41%	降低 6.43%
净资产收益率	14.89%	13.47%	降低 1.42%
每股净资产(元/股)	4.56	6.16	增加 35.09%
每股收益(元/股)	0.68	0.83	增加 22%

股权支付的一个重要优点在于可以合法延迟纳税。做并购税务筹划的都知道一个重要文件:《关于企业重组业务企业所得税处理若干问题的通知》(财税〔2009〕59号),其中第五条规定了特殊性税务处理适用的若干前置条件如下:

(一)具有合理的商业目的,且不以减少、免除或者推迟缴纳税款为主要目的。

(二)被收购、合并或分立部分的资产或股权比例符合本通知规定的比例。

(三)企业重组后的连续12个月内不改变重组资产原来的实质性经营活动。

(四)重组交易对价中涉及股权支付金额符合本通知规定比例。

(五)企业重组中取得股权支付的原主要股东,在重组后连续12个月内,不得转让所取得的股权。

其中第(二)(四)点关于股权支付金额比例的规定便是全文核心中的核心。《关于促进企业重组有关企业所得税处理问题的通知》(财税〔2014〕109号)对比例进行了调整(表5-4)。

表5-4　特殊性税务处理关于股权支付金额比例的规定

重组类型	特殊性税务处理关于两个"比例"的要求
股权收购	收购企业购买的股权不低于被收购企业全部股权的50%,且收购企业在该股权收购发生时的股权支付金额不低于其交易支付总额的85%
资产收购	受让企业收购的资产不低于转让企业全部资产的50%,且受让企业在该资产收购发生时的股权支付金额不低于其交易支付总额的85%
合并	企业股东在该企业合并发生时取得的股权支付金额不低于其交易支付总额的85%

举例来说,A公司以本企业30%的股权(原计税基础2 000万元,评估价值为1亿元)作为支付对价,收购甲公司持有的B公司80%的

股权(原计税基础 5 000 万元,评估价值 1 亿元)。

如果根据一般性税务处理,甲公司应缴纳企业所得税(10 000 - 5 000)×25% = 1 250 万元。如果未来甲公司将持有的 A 公司 30% 股权对外转让,转让价格 1.4 亿元,则该笔股权转让甲公司应缴纳企业所得税(14 000 - 10 000)×25% = 1 000 万元。两次股权转让所得税合计 2 250 万元。

如果采用特殊性税务处理,由于 A 公司收购 B 公司股权的比例大于 50%,股权支付占交易总额比例 100%,大于 85%,假定同时符合特殊处理的其他条件。依据 59 号文规定,被收购企业的股东取得收购企业股权的计税基础,以被收购股权的原有计税基础(5 000 万元)确定,甲公司可暂不确认转让 B 公司股权的全部转让所得,因此在当前时点形成了所得税递延效果,等到未来甲公司把此次并购中收到的 A 公司的 30% 股权再以现金方式出售时一次性计算所得税。

这里要注意:如果 B 公司 80% 的股权持有人不是甲公司而是一个自然人,这个税收递延优惠政策是享受不到的。

股权支付并购要注意哪些风险呢?

1. 收购方股权被稀释

换股收购虽然没有付出现金,但是稀释了收购方企业的股权,如果收购方公司股权本来就比较分散,换股收购后,标的公司大股东成为收购方企业的第二大股东,而且差距不大的话,这个新加入的第二大股东未来有可能联合其他小股东挑战大股东的地位,夺取公司控制权。

2. 交易过程复杂,增加变数

换股收购需要对双方股权进行评估,如果换股收购对象是上司公司控股权,则需要中国证监会审批,一个流程估计要三个月甚至更长时间才能走完。

在这个等待审批的时间内,善意收购的情况下,有可能因为信息公示引来不怀好意的恶意竞标者;恶意收购的情况下,会让标的公司现有大股东和管理层组织有效的反收购手段。

3. 换股引进的股东在未来抛售股票

现在很多上市公司换股收购的对象是非上市企业,而这些非上市企业后面又躲藏着许多私募股权投资基金。通过换股,这些基金成为上市公司的小股东,在锁定期(通常为一年)后基金基本都会迅速在二级市场套现走人,这就会对上市公司股价带来非常大的压力。

五、 购买老股陷阱

并购时买老股东股份还是增资扩股,这是并购结构设计中绕不开的话题。

假设甲公司对乙公司进行收购,双方同意按照乙公司净资产1亿元作为交易估值,甲公司要收购乙公司51%股份。

这时甲公司有两种操作方式:第一,甲公司出资5 100万元收购乙公司老股东持有的51%股份;第二,甲公司出资1.03亿元对乙公司增资扩股,占乙公司增资扩股后的股份比例为51%。

对比这两种方式,收购老股花的钱只有增资扩股的一半,交易成本大为节省。

但是购买老股在省钱的同时,也带来了一些风险点:

1. 收购老股的钱被对方拿走

这是买老股省钱的代价,对方老股东套现,标的公司自身一分钱也没有得到,收购方控股后还得往标的公司注资帮助其发展。因此收购时节省的资金可能后面还是得投入到标的公司的发展中。

2. 对方管理标的公司的积极性大幅下降

如果收购老股的比例超过50%,交易对方套现了许多现金在手上,要么去买豪宅、豪车、游艇享受生活,要么移民国外,加上从大股东降为二股东,对标的公司就不会像原来自己完全控股时那样尽心尽力去管理。

如果100%收购老股,那么对方套现后可以立刻走人。在海外并购时,中国企业往往又没有能力接管几千里之外的境外公司,结果会非常悲惨。这种100%收购,非常考验收购方的整合能力。

2018年4月2日,阿里巴巴联合蚂蚁金服以95亿美元估值,对饿了么完成全资收购。

饿了么毫无疑问已是国内本地生活服务领域的佼佼者。此次收购完成后,阿里巴巴将以餐饮作为本地生活服务的切入点,以饿了么作为本地生活服务最高频应用之一的外卖服务,结合口碑以数据技术赋能线下餐饮商家的到店服务,形成对本地生活服务领域的全新拓展。

饿了么的成长离不开一批优秀VC基金的一路扶持,因此饿了么早期投资人金沙江创投的朱啸虎不无感慨地指出,阿里收购饿了么是中国互联网史上最大的一笔全现金收购。"三国大战"全面爆发前,先让财务投资人全身而退,这点必须感谢阿里巴巴。

但是,拿到了巨额现金的饿了么核心团队成员能留下来继续给阿里打工吗?

据媒体报道,联合创始人除康嘉和邓烨,高管除CTO张雪峰、CSO潘远、VP钟宪文等少数几个管理层成员以外,都已离职或即将离职。

收购时,包括张旭豪在内的联合创始人和阿里有绑定协议,为期一年,目前已经过渡完成。饿了么创始团队在这家公司已经全面淡出。张旭豪现任元璟资本投资合伙人(Venture Partner)。

收购完成后,饿了么新晋高管以CEO王磊(昆阳)为核心,他在内部推动城市经理制度的改革,不再直接管理交易和物流两条业务职能的高管,而是把这两条线交给地方,由大区经理和城市经理管理,再向 CEO 汇报。

王磊兼任阿里巴巴集团副总裁、阿里本地生活服务公司总裁,可见阿里对饿了么的重视。

至少到目前为止,创始人张旭豪及核心团队离职后,阿里接管饿了么的运作表现还是令人称道的。

我们再设想一下,如果"并购狂"融创集团收购饿了么,当张旭豪团队全部撤离,会是什么样的结果?

3. 老股存在瑕疵

如果收购的老股存在瑕疵甚至是法律陷阱,比如出资不实、存在代持、历史不干净等问题(前面分析过),则钱付完后,收购方的麻烦就大了。

写到这里,针对中国企业到境外并购,特别想提出一个供大家深入思考的问题:是否所有的项目都要做大股东?

当中国企业没有国际化经营人才,也没有什么跨国投资并购经验时,贸然跨出国门 100% 收购一个海外公司,却派不出足够的整合团队,并购迟早出事。

在这种情况下,我们建议中国收购方先不要急着一步到位并购100% 或绝大部分股份,而是先收购部分股份成为公司二股东,公司经营管理还是靠原有大股东为主进行,中方配合原大股东做些资源对接和赋能,这样磨合几年熟悉公司业务,和外方团队建立深入信任关系后,再择机增持股份成为大股东。

2015 年初,我得到一个美国做汽车内饰的知名企业 NYX 要出售的信息,正好我担任中国最大的汽车纺织内饰企业申达股份(600626)的独立董事,于是把这个信息告诉给时任申达股份总经理姚明华。申达股份虽然是国企,但公司高管团队执行力非常强,立刻就此项目展开工作。

2015 年 11 月,申达股份公告,其全资子公司上海申达投资有限公司,拟通过在美国设立平台公司 Shenda（America）Investment LLC（以下简称"SAI"）,并由 SAI 以约 4 866 万美元的价格,收购美国 NYX 公司 35％股权。就本次交易,公司以现金流量贴现（DCF）估值法和可比先前交易比较法,对 NYX 公司进行估值。结合上述两种方法,经综合考虑并与卖方协商确定,企业价值以标的公司 2015 年（预测）息税折旧摊销前利润（EBITDA）的 5.1 倍为基础计算,初步估算标的股权的交易价格约为 4 866 万美元。本次收购将使申达股份的产品范围从软饰向附加值更高的塑料内饰件（硬饰）拓展,从中国市场向北美市场拓展,推进国际化战略。据初步预测,本项目投资收益约 630 万美元/年。

这个项目后来的实际收益远远超过了投资时的盈利预测。

这笔 3 亿多元人民币的境外投资,2017 年给申达带来投资收益 7 700 万元,2018 年带来投资收益 1.3 亿元!

这个投资的成功关键之一就是申达股份第一步只收购了 NYX 公司 35％股份。如果申达股份一步到位收购 100％股份,结果肯定没有现在好!

六、 增资并购陷阱

和收购老股相比,增资扩股方式进行并购多花了许多资金,但这是我常年大力推荐的并购方式。原因很简单,用增资扩股的方式收购,资金没有被对方带走,而是全部留在企业里面支持企业发展。

增资扩股后,被并购企业注册资金和净资产大幅增加,银行负债能力也显著提高。

一个企业如果原来净资产 5 000 万元,银行可能最多给他贷款 6 000 万元,但是如果有人出资 5 500 万元对该企业增资扩股收购后,该企业净资产一下增加到 1.05 亿元,贷款规模也能从 6 000 万元增加到 1.2 亿元以上。这意味着企业新增可用资金达到 1 个多亿。

中国老板们非常聪明,我见过最牛的一个案例就是某民营企业通过增资扩股方式一路收购许多国企实现了超常规发展。

收购模型是这样的:

假设该企业用现金 10 亿元作为初始启动并购资金,第一个标的是个净资产 9.5 亿元的国企,那么用 10 亿元现金对 9.5 亿元净资产的国资进行增资扩股,占并购后企业 51% 的股份,实现了绝对控股。等民企花几个月彻底控制该企业后,留 5 000 万元资金在账上,把 9.5 亿元资金以预付采购款、往来款、业务保证金、贸易定金等各种形式抽回到自己公司内,到此完成第一个并购标的的操作;该民企用 9.5 亿元资金瞄准了第二个净资产为 9 亿元的国企,按照上述套路如法炮制,留下 5 000 万元资金,抽回 9 亿元现金;接着用 9 亿元现金去增资扩股收购一个 8.5 亿元净资产的国企……

这么做肯定有"抽逃注册资本"的嫌疑,但是在财务上可以做得很干净,没有什么大的法律风险,因为通过这种方式,抽回去的资金就在被收购国企账上形成了收购方民企对国企的负债。通过这种方式,民企可以用 10 亿元实现杠杆放大到 40 亿元以上实现对十多家国企的并购,并控制百亿元资产规模!

因此,对卖方而言,通过增资扩股方式进行并购,如果遇到这种善于玩弄财务报表的收购方就很容易吃亏,必须要把收购方的增资资金监督好。

对于正规操作增资扩股式并购的企业要注意以下几点风险:

1. 如果全部用现金增资,必须安排好长线资金计划

和买老股比,增资扩股多出了至少一倍的钱,因此,用现金增资的前提是有这个资金实力,千万不能做超出能力范围的事。

十几年前在中国医药界叱咤风云的东盛集团收购云南白药的案例值得我们复盘借鉴。

2004年初，云南省国资委最有代表性的国宝级企业"云南白药"母公司云南医药集团拿出来混改。谈判设置了三个控制点：一是"云南白药"的品牌不出售、不入股，确定妥当的使用方式；二是云南医药集团现有净资产合理溢价；三是设定新改制重组公司销售收入、利润、税收等发展目标，及完成目标具有约束力的奖罚办法。

消息一出，当时国内医药领域各路人马齐集云南进行竞标，华润集团、华源集团、复星集团和东盛集团成为候选热门买家。

2004年9月，云南省国资委代表云南省政府与中国医药工业有限公司签订正式重组协议。这意味着云南医药集团的股权之争尘埃落定，这是继上海医药集团重组（当时被华源集团收购）后的最大一项医药产业重组案例，其影响值得关注。

由中国医药集团总公司占51％股权、东盛集团占49％股权的中国医药工业有限公司（注册资本9.55亿元）被锁定为云南医药集团改制重组的战略合作伙伴。新组建的云南医药集团公司注册资本15亿元，云南省国资委和中国医药工业有限公司分别持有50％股权。东盛集团掌门人郭家学成为混改后的云南医药集团董事长，一时风光无限。业内人士推测，此次中国医药工业有限公司能够奇迹般地胜出，其主要原因可能有三：国药工业同意高溢价；国药工业提出的远大发展目标符合云南省政府的要求；云南省政府相中东盛集团灵活的民营机制。

东盛集团的收购策略是非常高明的。首先，找央企中国医药集团合作组建联合收购主体，带上"红帽子"，这样和同为央企的华润集团、华源集团相比可以占据上风（毕竟华润和华源主业都不是医药）；其次，7.5亿元资金里面央企出了一半，东盛集团只要出一半就可以，大大减轻了资金压力；最后，和纯民企复星比，东盛和央企中国医药集团的合资公司既让政府感到放心及政治正确，又加入了民企的灵活机制。

并购国企都是有一定承诺的，但这个案例中，东盛操盘的中国医药工业有限公司和云南省政府约定了一个太过乐观违背常识的增长目标：到2007年，重组后的新云南医药集团销售收入要达到120亿元，税收11亿元，净利润3.4亿元，否则，云南省国资委将从中国医药工业有限公司出资的7.5亿元现金中扣除，并重新选择合作伙伴。此前有资料显示，云南医药集团2001年实现主营业务收入26.2亿元，净利润4497万元，总资产31.4亿元，净资产5.93亿元。显然，要实现上述宏大目标并不容易。作为云南医药集团主要收入和利润来源的云南白药，2007年3.37亿元的净利润与3.4亿元的净利润要求基本接近，但41亿元的销售收入则与当年云南省政府对郭家学提出的120亿元相去甚远。

云南省政府没有等到2007年。2006年5月，云南白药称，经云南省政府同意，云南白药实际控制人云南省国资委以7.5亿元资金收购中国医药工业有限公司持有的云南医药集团50%的股权，相关手续正按程序办理。这意味着东盛集团千辛万苦收购云南医药集团一年半后被迫原价退出，利息都没有补偿！

事情并没有结束。2006年10月31日，东盛集团旗舰企业上市公司东盛科技(600771，现名广誉远)公告，截至9月30日，东盛科技大股东东盛集团占款11.39亿元，二股东东盛药业占用4.49亿元，累计金额达15.88亿元。至于占款原因，公司解释为：东盛集团收购企业占用、东盛集团及其控股子公司日常运营占用以及东盛药业自身经营占用。而这些从2003年就开始不断占用的巨款，居然一直就从未披露过。此消息一经披露，市场哗然，东盛科技也招来了连续五天跌停，近十亿元流通市值就此蒸发，与此同时，东盛48亿元的巨额债务也被公之于世，投资者欲哭无泪。11月2日，中国证监会对公司立案调查。

曾经风光无限的山西首富郭家学遭遇到人生最大的挑战和低谷，但郭老板非常让人佩服，到6年后的2012年底，在经过艰难的"八年抗战"后，郭家学终于还清了48亿元债务。从2012年到2018

年,郭老板把早年收购的山西老字号"广誉远"成功做大,上市公司更名后市值也一路上涨,最高时接近 200 亿元。

真是,败也并购,成也并购。

2. 用实物资产出资,必须注意税收风险

企业可以用货币出资,也可以用实物、知识产权、土地使用权等,可以用货币估价并可以依法转让的非货币财产作价出资,全体股东的货币出资金额不得低于有限责任公司注册资本的百分之三十。

《企业所得税法实施条例》规定:"企业以实物出资,投资方应将其分解为按公允价值销售和投资两项业务进行税务处理,其计税依据为以实物资产的公允价值超过实物资产账面价值和相关税费的差额后确认为当期所得额,依法缴纳企业所得税。"国家考虑到企业非货币性资产投资的增值过大,可能引起企业纳税困难,为缓解投资企业的税负压力,财政部、国家税务总局发布的《关于非货币性资产投资企业所得税政策问题的通知》(财税〔2014〕116 号)规定,企业以非货币性资产对外投资确认的非货币性资产转让所得,可在不超过 5 年期限内,分期缴纳企业所得税。

用实物出资视同按公允价值销售,还需要缴纳相应的增值税、消费税或营业税。

因此,如果需要用实物资产增资扩股进行收购时,必须提前请专业人士对可能涉及的各种税收成本做个测算,来决定是否值得。

七、 短钱长投陷阱

并购从投资到产生预期回报、到回本,一般都需要 3~5 年甚至更长的时间,肯定属于长线投资行为。如果用于并购的资金是借来的,而且都是短期性质的资金(一年以内必须偿还),这就构成了并购中的大忌——"短钱长投"。

收购方战略完美、团队精英能干、收购价格合适，但是如果没有长线资金支持，短钱长投，这个并购非常容易出事。

1. 德隆集团案例

1986 年，新疆德隆企业集团（以下简称"德隆"）创建于新疆乌鲁木齐。2000 年初，德隆在上海注册了德隆国际战略投资有限公司，注册资金 5 亿元。经过十多年的发展，德隆逐渐形成了以传统产业的区域市场、全球市场为目标的重组和整合能力。德隆在十年间涉足的领域涵盖制造业、流通业、服务业、金融业和旅游业等十几个行业。公司拥有新疆屯河集团有限责任公司、湘火炬投资股份有限公司、沈阳合金投资股份有限公司三个全资公司，并参股 20 余家公司。2002 年，这些公司实现了销售收入 40 亿元、上缴利润 4.5 亿元的辉煌战绩，仅德隆国际的总资产就超过 200 亿元。德隆的不断参股和扩张，导致在危机前参股达 200 余家公司。

在德隆最辉煌的时候，我去过几次位于上海浦东世纪大道和杨高路交汇路口的德隆大厦，浦东两条黄金主干道路口寸土寸金，但德隆大厦只盖了大概 10 层左右，显得非常霸气。进入大厅，两根巨大的据说从新疆运过来价值几亿元的碳化木化石气势非凡。我和德隆若干高层当时经常喝茶打牌，对内部情况略有所知。那时德隆毫无疑问是中国民企里最闪耀的巨头之一。

当时最让我佩服的是，在 1998—2003 那个中国企业咨询费单笔 100 万元就是"大单"的年代，德隆据说耗资近亿元聘请了德勤、科尔尼、波士顿、罗兰贝格等国际顶尖咨询公司为德隆重点投资并购的水泥、番茄酱、乳业、汽车零配件、种子、农资等行业，都做了极为深入细致的产业研究和投资并购整合计划。

这是某著名咨询公司给德隆制订的宏伟愿景：

"德隆在今后十年内成长为一个年经营额达到 300 亿～500 亿美元的 GE 式大企业"，"德隆将为股东提供高值回报"。

我看过德隆的几份咨询报告非常震惊。比如某国际咨询公司做的中国水泥行业并购整合报告，把中国当时的水泥行业分析得无比透彻，然后给德隆制订了一个全国作战指挥图以及分步作战计划，看了让人不禁热血沸腾。但"坑爹"的是，这个国际咨询公司只给德隆画了一个"大饼"，却没有告诉德隆买"大饼"的钱从哪解决！

　　图5-2是德隆聘请的国内外咨询公司概况，还有一些小咨询公司没有列入其中。不管怎么说，20年前的一个中国民营企业能有这样的魄力和眼界请顶尖咨询公司为自己出谋划策，还是相当令人尊敬的。

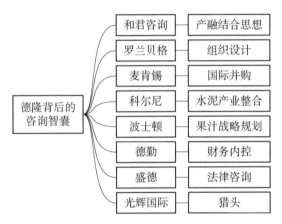

图5-2　德隆聘请的国内外咨询公司

　　2009年上半年，我到当年为德隆做战略咨询的某国际著名管理咨询公司总部访问，我把德隆这个案例抛给该公司一位高级合伙人，他有些尴尬地说："我们咨询公司不能代替客户企业老板做决策，我们仅仅站在我们的角度提供咨询报告，客户应该根据自身状况来决定怎么使用我们的报告，客户具体怎么用以及用了之后的后果我们不负责任……"

　　2004年3月，德隆风雨飘摇之际，《瞭望东方周刊》对德隆国际投资的新闻发言人刘晓雨做了采访，刘晓雨披露了德隆的并购决策流程："德隆并购企业有一个完整的流程：第一步是行业研究。对于目标企业所在的行业要有一个清晰的了解，尤其是我们没有涉足过的行业。我们首先要认识和判断行业的风险。第二步是尽职调查。我们会对目标企业从财务、法律、业务等方面进行全面的调查和分析，以尽量发现和规避目标企业的或有风险和潜在风险。第三步是同时制定并购方案、发展战略和整合规划。这是我们通过国际、国内多次并购实践得出的经验。我们把并购方案、发展战略和整合规划同步提出来与目标企业的高管团队进行沟通，大家打开天窗说亮话，这样可以有效地降低交易后的整合风险——这也是交易双方都担心的风险。第四步才是完成并购交易。有了这样一个完整的并购操作流程，我们在并购企业的活动中'踩地雷'的几率就会大大地降低。"

看，16 年前德隆的一位新闻发言人对并购的理解都超过今天我认识的许多资产几十亿元的老板，可见当时德隆员工平均素质之高。德隆辉煌时从世界 500 强企业及各大金融机构挖了一批精英人才，包括我认识的一位安达信中国区合伙人也都加入德隆任执行总裁。

德隆一度拥有 158 人的庞大研究队伍，长期对不同行业追踪，并专门选择了 60 个值得追踪的产业拟进行长期投资。我看过德隆自己的行业数据库也是非常震惊，当时德隆的这个行业研究团队在国内可以媲美任何一个大券商的研究所，这个研究团队占据了当时德隆总部旁边的另一幢独栋小楼。

2004 年 8 月 13 日，德隆向人民银行和银监会三易其稿提交的《市场化解决德隆的整体方案》中指出："截止到 2003 年底，德隆年销售收入超过 400 亿元，年纳税额近 20 亿元，现有员工 5.7 万余人，为社会提供了 27 万个就业岗位，解决了包括新疆农牧民在内的 100 多万人的生计。"

图 5-3 是德隆实业的一个布局，还没把庞大的金融板块全部放进去。

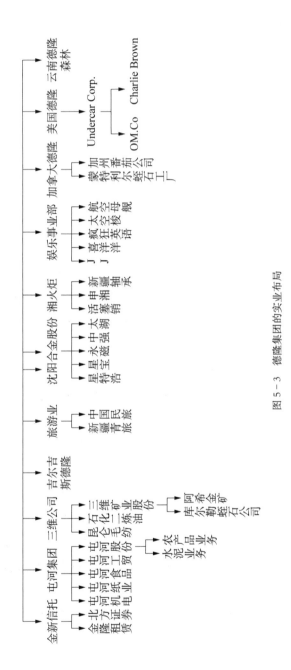

图 5 - 3　德隆集团的实业布局

但是,这么个庞然大物最终还是迎来被华融资产管理公司托管解体处置的命运,令人扼腕叹息。

德隆崩盘的原因很多,包括过于多元化扩张缺乏核心主业、家族化管理、内部政治斗争,等等。但崩盘的最直接原因在我眼里就是"短钱长投"。

德隆在顶尖咨询公司的指导以及自己庞大行业研究团队的支持下,在全国各地攻城拔寨,那时只要是热门点的项目几乎都会遇到德隆的人在谈。但是德隆产业过于分散,旗下绝大多数企业都需要总部资金的不断注入支持,包括三家旗舰上市公司的经营性现金流都持续为负。

20年前的中国金融市场和今天相比要落后很多。我经常在讲课时说,如果中国今天的金融市场条件在20年前就具备的话,德隆应该不会那么快倒下,或许还可能成为中国最大的民营企业!

20年前,中国的并购金融领域没有并购贷款和私募股权投资基金行业。德隆只能通过上市公司平台做股权质押融资和担保融资,当上市公司的融资能力发挥到极致时,德隆先后介入金新信托、厦门联合信托、北方证券、泰阳证券、德恒证券、恒信证券、新疆金融租赁、新世纪金融租赁等多家非银行金融机构以及长沙、南昌等地的商业银行,希望把风险都控制在内部。德隆以各种项目及关联公司之名,从这些金融机构中取得资金。据监管部门的调查,2002—2004年,德隆在整个银行体系的贷款额高达200亿～300亿元。在贷款类别中,短期贷款占绝大部分,短期偿债风险极大。

德隆以一年15%～20%以上的高回报,向银行以及其他金融机构短期融资,用于自身的长期项目。每年年底,客户大笔抽走资金,德隆的资金都十分紧张,但第二年年初,客户的钱一般又会投回来。"十个锅六个盖"就是当时德隆危机最形象的比喻,德隆正是依靠这种"危险的游戏"发展着自己。而当围绕着德隆的质疑和央行银根收紧终于动摇客户的信心时,流走的钱再也没有回来,德隆的"短钱长投"游戏就此破局。

如果20年前中国有并购贷款,每个项目最长可以贷款到60%,贷款期限为7年;如果20年前中国有PE行业(今天已经有近10万亿元规模),德隆可以为每个项目组建一只并购基金,每个基金按照现在的平均年限都是5~7年。

如果能这样操作,德隆融资的300亿元左右的"短钱"可以化解为并购贷款和几十甚至上百只并购基金,"短钱"变成"长钱",德隆的结局就完全不同了!

可惜,这世间没有那么多"如果",德隆超前的战略投资产业整合思路和当时中国落后的金融支持体系发生了惨烈"碰撞"。

做企业,"命"是很重要的。

2. 房地产企业"造车潮"风险

中国房地产行业发展到今天,"一九"格局基本形成,只有前10%的企业才有继续做大做强的机会,剩下90%的中小房地产商都会逐步萎缩。即便是前10%的企业,每个老板也都深陷在资金困境里,以恒大、碧桂园、万达、融创等为代表的头部巨无霸企业都时不时传来资金紧张的传闻,更不用提那些资产几百亿元看似风光实际痛苦的一大批"房产top100"企业了。

因此,对许多房地产巨头而言,如何选择一个新的有巨大发展前景(钱景)的行业,成为萦绕在这些老板心头的重要问题。

当新能源汽车这两年在中国崭露头角的时候,这些房产老板终于眼前一亮,新能源汽车就是他们要找的新天地,因为这个行业容纳资金足够多、市场足够大、想象力足够宽、行业资金壁垒足够高、题材足够受资本市场欢迎、能获得各级政府足够多的优惠资金和政策支持……

于是,华夏幸福收购合众,宝能收购观致,恒大收购FF不成后索性在全球疯狂收购从整车到核心系统的多家企业,然后在中国喊出3 000亿元投车计划……

但是,这些房产巨头们自身的资金链用于主业维持和发展都已经吃力了,在这种情况下又要拿出几百亿元来造车,这种行为用"火中取栗"来评价最合适不过。

如果造房子难度打10分,那么造车的难度要打100分!

一辆汽车有上万个零部件,要整合几百上千个零部件供应商,通过现代化生产工艺和管理,大批量生产出几乎零缺陷的汽车整车,是极其困难和有挑战的事。

新能源汽车虽然很火,但其许多新工艺和配件系统正处于不断更新迭代的过程中,因此,生产工艺会不断升级,大规模生产制造的挑战会更大。

即便新车造出来,目前的宏观环境下,老百姓买车欲望不强,传统车近年销量下滑,新能源车也不会好到哪去。BBA(奔驰、宝马、奥迪)都面临着销售不振的困境,新品牌要想畅销谈何容易!

整车困难,配套的汽车零部件企业一样日子不好过。

在今天的中国,不管投资整车还是零部件,这种投资一定是长线行为,投资后3~5年内基本看不到盈利的希望。

因此,用于投资汽车行业的资金性质就变得至关重要,资金是股本金还是借款就变得至关重要。

如果这些资金都是借来的,而且借款期限以短期(一年期以内)为主,"短钱长投、资金错配"的风险就此埋下。

房地产巨头们不知道"短钱长投"的风险吗?肯定知道。那他们为什么还要冒这么大的风险来豪赌呢?

根据目前已经披露的信息,房地产企业造车时都会想通过以下一些方法来减少自有资金出资比例,降低投资风险:

(1)寻找地方政府,免费或以极低价格获得生产土地,用这些土地可以按照市价评估抵押贷款,另外申请低价获得一块配套商业或住宅开发用地来平衡投资成本。

（2）项目落地所在省、市、区三级国有投资公司对项目公司参股,减低房地产企业本身的注册资本出资比例。

（3）项目所在地政府下属平台公司担保,项目公司向当地银行申请巨额贷款。

（4）生产厂房建设找中国目前产能过剩的建筑公司垫资。

（5）项目投产后,当地政府承诺包销一定数量的汽车。

（6）引进各类私募股权投资基金,从 A 轮融到 D 轮、E 轮、F 轮……

（7）想办法在国内外资本市场直接上市或借壳上市。

通过上面这些组合拳,一个投资 200 亿元的整车厂,或许自有启动资金只要 40 亿元就可以玩起来,而靠政府配套的那块商住地块开发或许就能赚回来几十亿元,因此,这个事值得赌一把!

问题是,当大家都这么想来赌一把时,中国的新能源汽车跑道就已经严重拥堵了。到 2019 年底,已经至少有 16 个车企获得新能源汽车生产资质,21 个省新能源项目投资规模达到 5 000 多亿元,已经落地的新能源整车项目超 200 个,公开产能超过 2 000 万辆,超出《汽车产业中长期发展规划》中 2020 年设定目标 10 倍之多。

200 多个整车项目,10 年后能剩下多少? 或许不到 10 个!

悲剧在于,所有目前在赛道上的选手们都信心满满,坚信自己会成为最后 10% 活下来的幸运儿。悲剧在于,那么多属于老百姓血汗钱的财政资金和银行资金将在这场注定惨烈收官的大战后灰飞烟灭,但仍然有新的企业、新的地方政府不断加入这场大战……

八、 上市公司中国式并购陷阱

2015 年下半年,主要经营钢丝绳业务的新日恒力(600165)跨界收购了博雅干细胞科技有限公司(以下简称"博雅干细胞")80％股权。而到了 2017 年 12 月 26 日晚间,新日恒力公告,称对旗下子公司博雅干细胞进行 2017 年度预审计时,对方不予配合,并表示新日恒力对博雅干细胞已失去控制。2018 年 1 月 4 日,新日恒力和博雅干细胞的董事长许晓椿在宁夏高级人民法院对簿公堂。

这则新闻看起来很荒唐,一个上市公司居然会丧失对一个控股比例高达 80％ 的子公司的控制权(一般大股东持股超过三分之二就意味着对一个企业的彻底控制权)。

但放在最近几年席卷中国资本市场的上市公司"中国式收购"狂潮下来看,就会发现这种现象的出现并不荒唐,未来还将可能继续发生。

这种类型的上市公司收购行为包括以下几个特征:(1)跨界:大部分的收购属于跨行业收购特别是传统制造业收购新兴产业;(2)高价:大部分收购标的估值远高于账面净资产,给上市公司带来巨额并购商誉;(3)对赌:以三年期业绩对赌作为核心交易条件。

放眼国际并购市场,从没有哪个国家的上市公司收购存在如此赤裸裸的大范围的以三年业绩承诺对赌为核心交易条件的并购现象,因此笔者把这种类型的并购称为"中国式收购"。

新日恒力收购博雅干细胞就是典型的跨界收购。新日恒力表示,公司主要涉及金属制品、煤炭产业及钢材贸易的传统制造,通过跨行业整合,进入生物科技医疗产业,而博雅干细胞所从事的干细胞产业发展前景广阔,交易完成后,公司将由原先的制造主业转变为制造与生物科技医疗并行的双主业公司。

2015 年 11 月 19 日,新日恒力公告称,以现金支付的方式按 19.57 亿元的估值购买博雅干细胞 80％ 股权,交易价格为 15.65 亿元。交易估值较其账面归属母公司股东净资产约 8771 万元,评估增值约 18.88 亿元,增值率高达 2 152.83％。

在新日恒力收购博雅干细胞时,博雅干细胞的实际控制人许晓椿曾做出了高业绩承诺:博雅干细胞 2015、2016、2017 及 2018 年度合并报表口径下实现归属母公司股东净利润分别不低于 3 000 万元、5 000 万元、8 000 万元、1.4 亿元。但根据新日恒力披露的相关公告显示,博雅干细胞在 2015 年、2016 年实现扣非后归属于母公司股东的净利润分别约为 2 599.62 万元和 2 877.35 万元,仅分别完成业绩承诺的 86.65％ 和 57.55％。

笔者认识上百家上市公司董事长,这几年几乎和每个董事长交流的核心话题都是并购。上市公司陷入中国式并购漩涡的核心原因是市值管理。许多传统行业董事长看清了中国股市平均市盈率将逐步下降并和国际同行业估值水平逐步靠拢,其四五十倍的市盈率将可能在未来 3 年左右时间降到 10～20 倍。在这种背景下,如果能按照三年对赌业绩均值的 10 到 15 倍左右 PE 价格收购一个相关概念题材的公司,就可以有效把公司市盈率降低,同时提高行业估值倍数,通过这种收购就可以有效对冲估值大幅下降的风险。

理想很美好,现实很残酷。

"中国式收购"模式给中国资本市场已经埋下了巨大的定时炸弹,就是巨额的并购商誉。

比如新日恒力按照 15.65 亿元收购博雅干细胞 80％ 的股权,在 2015 年年报中就一下多了 14.2 亿元的并购商誉,而新日恒力 2015 年底净资产才 10 亿元。不幸的是,2016 年新日恒力果真因为博雅干细胞业绩承诺只完成了 57％ 而导致当年并购商誉计提 8.84 亿元。

并购商誉减值对上市公司的杀伤力是巨大的,因为会计准则规定并购商誉一旦计提减值将永久不得冲回。目前,中国上市公司因为大量进行高溢价收购产生的并购商誉已经累计至1.3万亿元!这1.3万亿元的并购商誉就是中国资本市场的一条"悬河",高挂在亿万股民的头顶,随时面临堤坝崩塌的危险。

为何笔者如此悲观?

因为这种跨界加对赌式收购隐藏着一个几乎不可能解开的"死结"或者说是"悖论"。标的公司承诺三年业绩对赌,那么,在对赌期内,上市公司即使控股100%,也无法有效干涉该公司日常经营,一般只是派人兼任董事长,三年对赌期内企业经营必须由原来团队实际操控(如果上市公司过多干预日常经营,一旦业绩达不到承诺水平,该标的公司原股东就可以上市公司干预过多为由推卸责任),新日恒力的管理失控就源于此。而三年后如果标的公司核心团队顺利完成业绩对赌集体辞职,因为跨界不熟,上市公司无法一下派出整建制的合格管理团队,就将面临一个无法迅速接手的烂摊子,该公司业绩将可能出现雪崩式下滑。

这就给上市公司出了巨大难题:三年内派人深度参与标的公司运营,会面临对赌失败责任扯皮风险;三年内放任管理,则三年后面临核心团队流失且无法有效接管公司,导致业务崩盘、并购商誉大减值的风险。

我和数个拟被上市公司收购的信息技术、新能源、广告传媒或医疗健康等行业的企业创始人聊过这个话题,他们几乎无一例外,都说在公司卖给上市公司三年业绩对赌期满后,会毫不犹豫地带领核心团队集体辞职,另起炉灶重新创业,期待再次创业数年后再画一个"大饼",被另外的上市公司高价收购……

许多上市公司因为"中国式收购"产生的大量并购商誉"悬河",即使在三年内没有崩溃,也可能在三年后因为标的公司核心团队流失公司业务失控、业绩崩盘而一泻千里。许多上市公司的大股东们其实也知道三年后的这个悲惨局面不可避免,因此在三年对赌期内、在股票解禁后,想尽一切办法及时套现,待三年后真出现崩盘局面时也已经赚足身价,哪管小散沦为韭菜……每念至此,笔者禁不住仰天长叹。

当然,也有一些上市公司进行跨界高溢价收购真的是从企业长远发展考虑,丝毫没有为大股东离场套现做局的想法。对这些心存良心的上市公司,在不得不靠这种高风险的"中国式并购"来进行产业转型升级时,笔者给出以下一些建议,希望能帮助他们跨越这个凶险万分的并购陷阱。

(1)上市公司所有高管要从战略上充分认识跨界高溢价收购的高风险,做好背着巨额并购商誉包袱长期打硬仗的心理准备。

(2)跨界并购的跨度要适当控制,最好和原有主业有一定资源(业务、技术、客户、原料、渠道或品牌等)整合相关性,谨慎做100%不相干的跨界并购。

(3)对高度依赖核心团队个人资源的轻资产公司要极为谨慎,比如对广告传媒、影视娱乐、系统集成、供应链管理等行业的收购要慎之又慎。

(4)尽量避免一次性100%收购,最好分步收购。比如先收购标的公司51%股份,同时让标的公司股东把剩下49%股份的表决权委托给上市公司,对剩下49%股份,约定好三年对赌期满后再按照一个新的业绩对赌估值进行收购。这个分步收购的好处:一是延长了业绩对赌期;二是大大降低了并购商誉,因为第一步收购51%会产生并购商誉,而第二步收购49%股份时,因属于同一实际控制人下的合并,就不会产生并购商誉;三是通过49%股份表决权的委托,使上市公司以51%的股份获得标的公司100%的表决权,能有效控制重大股东会事项的表决。

盈峰环境(000967)并购中联环境就运用了分步收购降低并购商

誉的做法。

2018 年 7 月 17 日,盈峰环境发布重大资产重组报告书,公司拟以 152.5 亿元收购中联环境 100％股权。据了解,中联环境在环卫机械与环境装备等高新技术装备研发制造方面一直在国内处于前沿位置,主导和参与了行业 80％以上技术标准的制定。

在评估基准日,中联环境的净资产只有 31.64 亿元,评估增值率高达 382.78％,简单估计上市公司的商誉应该增加 120.86 亿元。但是,根据 2018 年年报,上市公司却只确认了商誉 57.14 亿元。原因便是此次交易之前的一个重要的铺垫:2017 年 6 月,盈峰环境便收购了中联环境 51％股权,取得了控制权,交易价格为 73.95 亿元,溢价 57.14 亿元。在满足不构成一揽子交易(两次交易间隔时间超过 1 年)的前提下,此次收购便顺理成章地升级为同一控制主体下的企业合并,无需再确认更多的商誉。

因此,盈峰环境通过两次分步并购,成功少入账 63 亿元并购商誉!

盈峰环境的实际控制人何剑锋在国内非常低调,他是美的集团创始人何享健之子。在顺德,何剑锋名气非常大,美的内部都称其为"大少"。我对何享健、何剑锋父子非常尊敬,十几年前我有幸为何剑锋旗下公司做一个安徽项目的并购顾问,到美的集团总部和"大少"有数次交流。"大少"身材高挺,风度翩翩绝对是"高富帅",但偏偏不愿到美的集团上班等待接班,而是很早就创办盈峰集团自立门户。何享健能把千亿美的放心让职业经理人方洪波先生来接班也是中国企业界的经典传奇。现在的上市公司盈峰环境是多年前"大少"收购了浙江的上市公司上风高科转变而来,记得我还曾介绍上风高科到青岛去考察收购一个风机厂。

(5)尽可能多用换股少用现金进行收购。建议支付对价中以股份支付为主,现金支付以满足交易对手支付交易税费为标准。这样使交易对手成为上市公司小股东，和上市公司能站在同一战壕共同长期作战。

（6）三年内放手让标的公司原有团队管理的同时，尽力储备该新行业的人才团队，一边招人、一边旁观学习、一边练兵（我把这种行为称作"掺沙子"），随时做好三年对赌期满后第一时间接管公司的准备。

（7）在全部对赌期结束后，通过事业部奖金激励加上派发上市公司新的股票期权的方式吸引标的公司核心团队成员尽可能留任，避免核心团队集体流失的最惨结局。

（8）**最后也是最重要的一条：与好人做交易。**

第六章　并购合同陷阱

并购的各项谈判结果最后都要以合同条款的形式确定下来,合同条款非常专业而且复杂,在签订并购合同的过程中,存在着大量陷阱。

一、 放弃合同起草权陷阱

　　并购合同由谁起草?买方还是卖方?

　　我认识一些老板身价超过 10 亿元,但是小时候家庭条件特别艰苦,有钱后仍然受到小时候成长环境的影响,处处节省。

　　当他们做一个并购项目时,问了一下行情,自己请律师起草并购合同需要花费 50 万元,让对方律师起草,自己请律师修改只需要 10 万元。很多老板就会想也不想让对方起草并购合同。

　　每次我做顾问时,如果听说客户想省钱放弃并购合同起草权,都会第一时间找到老板说:"其他钱可以节省,但是这个并购合同起草主动权绝对不能放弃,这个钱绝对不能省!"

　　为何并购合同起草权如此重要?

　　一份并购合同简单的有四五页,正常的合同至少有 20 页,我经手过最长的有 60 页左右。

　　很多专业词汇如果不熟,并购协议很难看明白。

　　随便举一段:"他人权利:不管目标公司主动所为或被动承受,只要已经发生目标公司的资产抵押、质押、留质,以及权利质押、为第三人提供保证,或资产和账户被查封、扣押和冻结以及负有协助执行义务，而未有效解除的，已经全部向受让方披露。"

很多老板到现在都搞不清楚抵押、质押、留质、扣押等词的准确含义，如果请的律师也不专业（比如找一个擅长做商业合同的律师来审核投资并购合同），对方在这段话里埋个雷是很容易的事。

一份合同几万字，中国的语言文字博大精深，一个字词、一个标点符号挪个位置，整句话的意思可能完全变样。

我做并购顾问时，出于保密的需求，客户老板不想让律师过早介入，这时老板会把对方起草的并购合同先让我审核。第一天我审核到半夜，找出10几个合同中的"漏洞"；第二天早上醒来，再审核这个合同，又发现5个"漏洞"，于是想这下总该没问题了吧？结果这时客户聘请的专业律师进场，把我千辛万苦审核的合同接过去，第二天他又发现了三个重要的"隐患"……

我常给这些想省律师费的老板打一个形象的比喻："并购协议就是战场，律师就像双方的工兵，工兵代表双方在战场里一方埋雷一方扫雷，埋地雷永远比扫地雷容易。一方律师埋了20个地雷让另一方律师去扫，正常情况下很少能把对方埋的雷全部扫出来，哪怕就剩一颗雷没有被发现，未来踩上去的时刻就可能炸得企业血肉横飞。"

中国企业收购境外企业，这个起草并购合同的费用更加不能省。每次我看英文的并购协议都会头脑发麻，因为英文的协议如果不是专业人士几乎很难把准确的意思弄清楚，经常是一段话每个英文单词都认识，但是整段话连起来就搞不懂真实含义。

随便在一个英文并购合同里抽一段话让大家感受下：

"Each party shall cooperate, and cause their respective Affiliates to cooperate, in the defense or prosecution of any third party claim and shall furnish or cause to be furnished such records, information and testimony, and attend such conferences, discovery proceedings, hearings, trials or appeals, as may be reasonably requested in connection therewith."

2014 年,我们在美国收购上市公司,非常重视律师聘请,经过对比找了一个在华尔街很有名的律师所。我们特别提出,该律师所必须调一名华人律师参加到项目团队中为我们服务,因为我的客户老板不懂英文,我们谈判的每个协议版本都要及时翻译为中文(翻译费就花了很多钱),这个翻译的人必须精通中英文。

二、定金(订金)条款陷阱

现在大型并购中经常有定金条款,这一条款如果处理不当,也会给买卖双方带来不小的麻烦。

2020 年 2 月,中天金融(000540)发布风险提示公告,揭露了一桩罕见的并购定金 70 亿元存在被没收的风险。

2017 年 11 月,中天金融和持股华夏人寿 20% 和 13.41% 的北京千禧世豪电子科技、北京中胜世纪科技签署收购框架协议,拟以现金购买 21%~25% 的股权,股权交易定价不超过 310 亿元。交易完成后,中天金融或其指定的控股子公司将成为华夏人寿第一大股东。交易双方还约定了支付定金 10 亿元,一个月后,又将定金提高到了70 亿元,同时,千禧世豪和中胜世纪将其合计持有的华夏人寿 33.41% 股份的表决权在重组期间委托给中天金融行使。

交易双方约定,如因千禧世豪或中胜世纪的原因导致本次重大资产购买事项无法达成,则千禧世豪和中胜世纪将定金双倍返还给中天金融,如因中天金融原因导致交易无法达成,则定金将不予退还;如因不可归咎于各方的原因致使交易无法达成,则定金将退还给中天金融。

华夏人寿是中国著名的寿险公司,本次标的股权交易定价预计不超过 310 亿元人民币,因此这次交易的定金是预计交易总价的

20%多(超过国家担保法规定 20%的上限),比正常交易定金 5%～10%明显偏高。中天金融支付 70 亿元定金至今已经过去整整两年,股权还没有过户,这期间利息成本就高达 10 多亿元,代价可谓高昂,甚至还存在定金损失的巨大风险。

1. 注意"定金"和"订金"的区别

"定金"和"订金"有本质区别,但是很多老板不是特别清楚。

(1)手段不同:定金是一种担保手段,交付定金在于担保债务的履行,本身并不是履行债务的行为,因而债务人履行债务后,定金应当抵作价款或者收回;而订金只是一种支付手段,交订金只是一种履行债务的行为,不具有担保债务的履行的作用,也不能证明合同成立。

(2)退还情形不同:如果支付定金一方违约,一般无权要求对方返还定金,接受定金一方违约时应双倍返还定金,这就使定金起着制裁违约方并补偿受害方所受损失的作用;订金一般被视为预付款即认定为一种履约保证,这种保证是单方的即给付方对收受方的保证。若收受方违约,只能退回原订金,得不到双倍返还;若给付方违约,收受方可能会以种种理由把订金抵作赔偿金或违约金而不予退还。

(3)数额不同:定金的数额在法律上是有一定限制的,《担保法》规定了定金数额不能超过主合同标的额的 20%;而订金的数额由当事人之间自由约定,法律一般不作限制。

2. 注意定金(订金)打款账户风险

收购方向标的公司股东支付定金时,一定要注意打款账户是怎么约定的。

我做买方顾问时,一般强烈要求买方的定金打到以对方名义新开设但由双方共同监管的账户,尽量不要直接打给对方单方控制的账户。

这么做的好处是,万一双方发生纠纷,至少这笔钱对方单方面是提不出来的。

2016 年 5 月,联创光电(600363)披露收购方案,拟作价 4.68 亿元购买汉恩互联 65% 股权,并拟募集配套资金 4.68 亿元。

交易完成后,汉恩互联将成为联创光电的控股子公司,联创光电将在原有 LED 业务和线缆业务的基础上,新增全息多媒体数字互动展示及移动开发运营业务,打造多轮驱动的发展格局。

2016 年 9 月 23 日晚间,联创光电发布公告称,目前鉴于资本市场政策、经营环境发生变化,交易各方对于收购条件及收购方案可能无法完全达成一致,给公司此次资产重组事项的推进带来不确定性,所以终止收购汉恩互联。

2016 年 12 月 6 日晚间,联创光电再次发布公告确认,此前公司在确定收购意向后,向并购标的汉恩互联支付了诚意金 1 000 万元。但终止收购后,汉恩互联未按约定退还该笔诚意金,为此,公司已向南昌市中级法院提起诉讼,法院已受理,目前等待开庭中。

联创光电支付的"诚意金"肯定不是"定金",应该归于"订金"。尚不知联创光电这笔 1 000 万元是否打给双方的共管账户,如果不是,就存在将来即使官司打赢也没有可执行财产的风险。

三、 国际并购"分手费"陷阱

在国际并购交易中,有一种和国内的"定(订)金"类似的交易安排,称为"分手费"(Termination Fee)与"反向分手费"(Reverse Termination Fee)。

卖方违约要支付分手费,买方违约要支付反向分手费。

美国投行华利安(Houlihan Lokey)对 2017 年度公布的涉及美国标的公司且交易金额超过 5 000 万美元的 185 项并购交易的分手费和反向分手费进行了分析,发现分手费占交易金额的比例平均值为

2.8%,中间值为3.0%;反向分手费占交易金额的比例基于买方并购目的之不同而有所差异:如果买方系战略投资人,反向分手费的中间值为3.1%;如果买方为财务投资人,反向分手费的中间值为4.7%。

中国企业收购国外企业,如果中国企业违约就要支付反向分手费,而反向分手费比分手费要高50%~100%。在前面的国内并购中,买方付出定金,如果卖方违约要双倍返还定金,而买方违约则损失定金。

由此可见,在并购中,对于买卖双方违约责任的处罚正好相反,国外更多地惩罚买方违约,而中国则更多惩罚卖方违约。

许多中国企业不了解这个反向分手费条款,在境外并购中吃了大亏。

跨国交易中,越来越多的案例需要得到多国政府审批,而各国政府主要会从国家安全及反垄断等角度来考虑是否批准,审批的对象越来越以收购方为主,所以,因收购方不能"搞定"各种审批而导致交易流产的风险越来越高。这也是近几年"反向分手费"如此流行的重要原因。

前面提到的2016年底海航集团控制的天海投资以60亿美元收购电子技术服务供应商英迈(Ingram Micro)的交易中,反向分手费的金额为4亿美元(约为交易对价的6.7%),并以未能通过美国外国投资审查委员会(CFIUS)审批作为触发事件。这一交易应当是截至目前公开的中国在美并购交易中,中国买家首次同意接受CFIUS审批作为反向分手费的触发事件。

在2016年海尔55.8亿美元收购美国通用电气家电资产的交易中,双方约定,若届时海尔未能完成相关的中国政府审批,海尔需向通用电气支付4亿美元的反向分手费,约为交易对价的7.2%。

2016年10月,美国高通就提出收购荷兰恩智浦半导体公司,当时报价 380 亿美元,但遭到了恩智浦股东的反对。之后,高通不断提高收购价格,直至 440 亿美元。在这个过程中,高通已经获得美国、日本、韩国、俄罗斯、欧盟等监管部门的批准。但由于最终未能获得中国政府批准,高通于 7 月 26 日晚间正式宣布终止收购恩智浦,并向恩智浦支付 20 亿美元的反向分手费。

中国企业在最近五六年内掀起的全球并购狂潮引起国外广泛关注甚至恐惧,而一些中国企业在境外交易时不遵守国际商业规则随意违约使中国企业在国际并购市场上的声誉日渐变差。国外卖方基本都会把较高的反向分手费条款作为和中国企业做交易的必备条款,在其中约定的反向分手费常见的触发事件包括:

(1)未通过中国或相关国家的反垄断审查。

(2)未获得中国政府关于境外投资的审批、核准或备案。

(3)未通过中国证监会或证券交易所关于上市公司重大资产重组的审核或披露审查。由于中国证监会审批重大并购重组的不确定性较大,在买方是中国上市公司的情况下,外资卖方都会非常重视加上这条。

(4)未通过美国 CFIUS 及世界主要国家相关审查。在中美贸易战开打后,包括美国、德国在内的许多发达国家都收紧了中国企业并购本国企业的审批权。这使得中国企业即便在国内获得政府审批通过,也很可能被国外政府所否决。随着时间的推移,这个风险将越来越大。

2015 年 5 月 1 日,全球第二和第三大油服企业哈里伯顿(HAL)和贝克休斯(BHI)联合宣布,双方放弃在 2014 年 11 月所宣布的合并交易,交易于 2016 年 4 月 30 日终止。双方宣布交易时,交易价值高达 350 亿美元,历经 18 个月,由于美国司法部将两者告上法庭阻止交易,以及欧盟的反对,合并计划终告破灭。哈里伯顿要为这笔失败的合并交易支付 35 亿美元反向分手费,堪称史上最为昂贵的反向分手费之一。

2016 年,中国企业最大的一笔海外并购交易是中国化工集团收购全球农化与种子巨头瑞士先正达,这笔斥资 430 亿美元(约合2 817 亿元人民币)的海外收购,昭示了中国意在提高国内农业生产水平的雄心。

2016 年 3 月 8 日,中国化工子公司 CNAC Saturn(NL)B. V. 发布了瑞士公开要约收购书。本次公开要约收购书显示,先正达的分手费从最初的 15 亿美元削减到 8. 48 亿美元,这是先正达违反交易协议,或出现重回竞价情况时,需向中国化工支付的赔偿金。另一方面,中国化工 30 亿美元的反向分手费却保持不变。如果该交易最终未能获得监管的审查通过而导致交易失败,中国化工则需要支付给先正达 30 亿美元的赔偿金,相当于收购价的 7%。

反向分手费通常最多是分手费的两倍,但在中国化工收购先正达的案例中,反向分手费几乎是分手费的 4 倍。这一案例充分显示出目前国际资本并购市场对中国买家的"歧视"以及相应的不公正待遇。

这几年我在帮中国民营企业谈跨境并购时,外资都会要求中国买家出具完成交易的资金证明或履约保函(很多外资只认中国四大行或国际大行出具的资金证明或履约保函),就是因为中国企业现在在国际并购中的信誉度整体下降所致。

总之,中国企业跨境并购之路遇到的挑战将会越来越多,对此,中国老板们必须要有清醒认识。

四、 合同附件保管陷阱

并购协议主合同 20 页,而附件可能超过 100 页。这些附件是什么呢?

我找了曾做过的一个并购协议摘录(乙方是卖方),其中附件相关内容如下:

2.1　乙方出示:

(1)公司成立有关的政府批准文件;

(2)公司已有的商标、各项专利技术和非专利技术的清单以及相应的已经公开的专利说明书(附件一);

(3)公司截至　　年　　月　　日的财务报表(附件二);

(4)公司签署的与其日常经营和业务开展有关的截至本协议签署日尚未履行完毕的且其标的额在人民币五万元以上的重大合同、协议或者类似的其他文件,包括公司各项主要未结业务(包括买卖、投资、租赁、担保等)的合同或者协议,上述文件应该列明清单提供给甲方,并附相应的业务交易合同或者协议,该文件清单为本协议附件三;

(5)公司的财产和债权清单,该清单为本协议之附件四;

(6)公司截至至本协议签署日之现有主要债务清单,该等债务指公司现存或者乙方知道或者应当知道的潜在可能发生的债务或者责任,该清单为本协议之附件五;

(7)甲方合理要求的与公司资产、财务、经营管理、投资等有关的其他文件。

……

20.1　本协议及其附件、补充协议构成不可分割的整体,并具有同等效力。

我见到一些企业老板对主合同非常重视,锁在保险箱内,但是对厚厚的合同附件随意保管,殊不知这样会给公司带来巨大隐患。

因为并购合同里面"卖方的陈述与保证"是极其重要的保护收购

方利益的条款,而"卖方陈述与保证"里面相当多内容就与合同附件直接挂钩。

我再从上面提到的并购协议里把"卖方陈述保证"内容摘录出来:

4.1 因公司信息披露不真实原因对公司净资产减少的救济

(1)乙方承诺乙方向甲方提交的如本协议附件二所列的公司财产和债权清单是真实和准确的,公司对清单所述之财产和债权享有完整、充分的所有权;

(2)乙方承诺乙方根据本协议第2.1条(6)款的规定向甲方提交的如本协议附件五所列的公司的债务清单是真实和准确的,该清单应包括债务对方当事人名称、金额、履行期限;乙方保证,除该清单所披露之债务外,公司不存在其他影响其日常业务正常开展的重大合同及债务;

(3)乙方承诺除相关财务报表已经披露的情形之外,公司已根据法律及税务机关的要求及时、足额缴纳税款,未有任何拖欠税款的行为或者责任;

(4)乙方承诺截至　　年　　月　　日,公司存货实际数量、金额与账面值相符,乙方同意配合甲方按本协议6.2款支付定金后的十天内开始对公司存货进行盘点以确认存货价值;

(5)若由于上述原因造成公司净资产减少的损失而导致甲方权益受损并在股权过户手续完成之前能出具合理的证据,乙方在股权过户完成前首先对公司进行补救,若不能完全补救时,乙方愿意按照上述每股净资产损失所对应的转让价款给予甲方补偿。

4.2 因公司信息披露不真实原因造成的或有负债的救济

(1)乙方保证,截至　　年　　月　　日,公司在本协议签署之前的经营期间内无违法经营行为,未受到有关主管部门或者任何有

权机关的行政处罚,并保证公司在本协议签署后至甲方实际控制之日为止的期间内不进行任何违法经营;

(2)除乙方已向甲方披露的有关诉讼外,截至　　　年　　月　　日,公司在任何法院、仲裁庭或者行政机关均没有未结的针对或者威胁到公司以及可能禁止本协议的订立或者以其他方式影响本协议的效力或者执行的诉讼、仲裁或者其他程序;乙方亦不知道目前存在任何可能引起前述诉讼、仲裁或者行政处罚程序的纠纷或者违法行为;

(3)截至　　　年　　月　　日,公司与其现有员工或者以往员工不存在任何现存的劳动争议或纠纷,亦不存在任何乙方知道或者应当知道的潜在的劳动争议或者纠纷;

(4)截至　　　年　　月　　日,公司已获得的维持其正常经营所必需的任何许可、特许、政府批准,该等许可、特许、政府批准至本协议生效时一直保持其完全的效力,乙方保证就其所知目前不存在任何未向甲方披露的可能引起或者导致任何此类许可、特许或者政府批准效力受到减损之事由;

(5)截至　　　年　　月　　日,在乙方持有的目标股份以及公司资产未设立任何形式的对外保证、抵押、质押、留置、定金或者其他担保物权,也不存在任何其他形式的共有所有权或其他第三方权利;

(6)乙方根据本协议第二条的规定向甲方提供的任何文件或者信息以及在本协议项下做出的保证与陈述,是真实、完整和准确的,不存在任何虚假、重大遗漏或者严重误导;

(7)对于以上陈述和保证,乙方确认其真实有效。如果甲方在实际控制公司之日起 2 年内发现前述陈述或保证存在虚假和不真实,公司因此遭受利益损失,乙方将向公司赔偿该等损失。

如果你从没有认真看过一个复杂的并购合同,建议你把上面这部分看起来有些枯燥的内容逐字逐句好好消化一下。一个并购协议水平高低，看这部分内容写得如何就基本能有初步判断。

如果合同附件没有妥善保管，将来打官司时就少了最重要的原始凭证。你向对方老板要，对方怎么可能配合提供给你？

五、 或有负债条款陷阱

前面在或有负债尽调的内容里提过，指望尽职调查把标的公司或有负债全部找出来是不可能的事，收购方一定要在并购协议里关于或有负债的条款中尽量争取自己的最大利益。

上一节合同附件里所列的内容是一种常见的关于或有负债的约定，内容稍长。

也有一些并购协议对或有负债的约定比较简洁：

（1）自"基准日"次日起至股权交割日止为过渡期。在基准日之前，就会计师事务所出具的财务报告中记载的目标公司债权债务，全部由转让方全部享有和承担，并不因本次股权转让而转让及豁免。

（2）在基准日之前，若目标公司发生除会计师事务所出具的财务报告中记载的债权债务之外的其他现实债务、或有债务（包括但不限于因在基准日之前的原因或事由而在基准日之后发生的或有债务），除经转让方与受让方一致同意或另有约定外，该等未在审计报告中列明的现实债务、或有负债及与之相关的全部责任仍由转让方承担，若因此给受让方或目标公司造成损失的，则受让方及目标公司仍有权向转让方追偿。

这段话虽然短，但是杀伤力很厉害，有时简短模糊的约定在打官司时更加能发挥"关系"的作用。

过往的实战经验证明,并购谈判中或有负债条款是最难谈的条款之一,因此老板们必须要作好充足的思想准备。

站在买方的角度,要尽可能争取到利益最大化的条款(类似上面这段简短但是杀伤力很强的条款)。

站在卖方的角度,要学会保护自己的利益,学会巧妙设计结构化条款降低或有负债赔偿风险。

在现实交易中,为了避免谈判陷入绝境,买卖双方会各让一步:

1. 设定或有负债免赔额度

比如一个交易总额 10 亿元,买方可以先让一步,提出当买方收购完成后出现的或有负债损失总额不超过 3 000 万元,卖方可以免予赔偿;超过 3 000 万元的部分,卖方承诺兜底赔偿,有多少赔多少。

这个条款我取了个名字叫"或有负债缓冲条款",非常有用,帮我多次化解并购谈判危机。免赔额没有标准,一般建议设计在总交易额的 3%~5%。

该条款的好处是买方未来预计承担的或有负债损失被锁死,但是充分表达了买方的交易诚意度。反过来,若买方抛出这么有诚意的让步条款,卖方还不答应,则说明卖方心理清楚标的公司的或有负债情况远远超过买方提出的免赔额,否则他没有理由不答应。所以,如果卖方还不答应,那么买方就可以直接放弃这次交易了。

2. 设定或有负债赔偿期限

一般约定赔偿责任的期限,如 36 个月或 38 个月,但担保或不受诉讼时效限制的除外。

原因很简单,卖方不可能在公司出售后一辈子背着或有负债赔偿的沉重负担(物质和精神层面都有)。

对于买方来说,如果并购目标公司 36 个月内没出现或有负债事项,即便以后爆出来,许多负债都过了诉讼有效期。

这里要特别提醒大家,以前《民法通则》第 135 条规定"向人民法院请求保护民事权利的诉讼时效期限为二年"。2017 年 10 月 1 日起，《民法总则》第 188 条规定"向人民法院请求保护民事权利的诉讼时效期限为三年"。2020 年 5 月，全国人大通过的《中华人民共和国民法典》第 188 条规定"向人民法院请求保护民事权利的诉讼时效期间为三年。法律另有规定的，依照其规定。诉讼时效期间自权利人知道或者应当知道权利受到损害以及义务人之日起计算。法律另有规定的，依照其规定。但是自权利受到损害之日起超过二十年的，人民法院不予保护，有特殊情况的，人民法院可以根据权利人的申请决定延长"。

很多企业家都知道民事诉讼两年时效期，但是不知道这一时效期已经从两年变为三年！

3. 分步收购

为了控制卖方套现后逃到国外，或者卖方套现后很快又把钱亏光，以致或有负债爆发时没有可查封资产，建议收购方采取分步收购策略来控制风险。

买方可以先收购对方 51％或 67％股份，然后把剩下的 49％或 33％股份质押到自己名下，向对方承诺三年后解冻并可以继续收购剩下的股份（三年后定价依旧按照现在的定价模型，比如交易前一年净利润的 12 倍）。

这么做的好处是，在三年内发生了或有负债损失，卖方没钱赔偿时，买方有权从冻结的卖方股权中申请法院判决强制过户进行补偿。

六、 生效条件陷阱

并购交易和其他交易不同的地方在于，其他商品买卖合同一般协议签署就能迅速交割，而许多并购交易即便签署协议也不代表协议能正式生效，许多交易除了要买卖双方的董事会股东会批准外，还需要证监会、银保监会、发改委、商务部、国资委等国内主管部门或者境外国家外资投资审批部门的批文才能生效。

有个非常著名的案例值得企业家们借鉴：陈发树收购云南白药。

2002年，我到福州出差，当时还没有上市公司的新华都集团董事长陈发树先生听朋友说我要到福州，特地派车从机场接我到位于福州市中心的新华都大酒店喝茶交流投资机会。我对陈总的印象非常好，朴实低调。

2003年，紫金矿业在香港上市，陈发树作为最大自然人股东，身家超过10亿港元。2007年底，紫金矿业回归A股市场。陈发树手上的紫金矿业股票市值超过100亿元。2007年，陈发树以180亿元个人财富位居胡润百富榜第29位，成为当年福建的首富。

陈总当了福建首富后还是很低调，让他一夜出名的是2008年4月15日，新华都集团宣布，正式聘请唐骏出任集团总裁兼CEO，以接替集团创始人陈发树。陈发树此后将专任公司董事长。此次唐骏加盟新华都集团，将获价值10亿元的股票期权。那时唐骏太出名了，这件事一下让新华都和陈总名扬四海，连我在安徽老家退休的中学教师母亲都和我打电话聊起这事。

2009年，为响应相关部门"烟草企业退出非烟投资"的要求，上市公司云南白药（000538）第二大股东云南红塔集团与陈发树签订《股份转让协议》。其中约定，陈发树以22亿元收购红塔集团持有的云南白药约6 581万股股份，占上市公司总股本的12.32％。

当时出任新华都集团总裁不久的唐骏高调宣称："整个收购过程，我们只跟红塔方面见了一面，我花了十分钟时间读了一下股权转让协议，觉得没有问题，就让陈总签字了。"

陈发树在协议签署后的5个工作日内已将全款22亿元一次性支付给红塔集团，红塔集团也在当年12月向其母公司中国烟草总公司呈报了审批股权转让的请示。但在此后两年间，中国烟草总公司的批复迟迟未见,上述已成交的股权未能如愿过户。2011年5月,中国烟草总公司以"确保国有资产保值增值,防止国有资产流失"为由正式否决了该项交易。2011年12月,陈发树将红塔集团告上法庭,陈发树诉云南红塔集团的云南白药股权纠纷案,被业内称为新中国成立以来"国内最大的股权纠纷案",据说律师费就超过3 000万元!

2014年7月23日,红塔集团收到最高人民法院《民事判决书》。根据该判决书,撤销云南省高级人民法院做出的一审判决;红塔集团自本判决生效之日起十日内向陈发树返还22亿元本金及利息;驳回陈发树的其他诉讼请求;该判决为终审判决。

陈总非常生气,从2009年底到2014年7月,整整4年半的时间,期间云南白药股票从50元左右涨到110元。现在仅仅收回本金加利息,损失实在太大了。

但是最高院判决陈发树败诉自然有充足理由。

当初的《股份转让协议》约定:"在甲方(云南红塔)收到乙方(陈发树)的全部款项后,甲方应当及时办理与本次目标股份转让有关的报批等法律手续;如协议得不到相关有权国有资产的监督管理机构的批准,甲方将乙方支付的全部款项不计利息退还,双方互不承担违约责任,协议自乙方收到甲方退还的全部款项之日解除。"

所有的问题都出在上面这段话里,当时陈总过于信任唐骏,没有找专业律师把关,以为捡了"皮夹子"要快速行动就草率签字。

这段文字问题在哪?如果能看出来说明你对并购交易有很深的理解。但是我在许多总裁班课堂上让老板们分析,大部分老板都说这段话没毛病啊,收购国企当然要上级国资监管机构审批才能生效执行。

如果我当陈总的顾问,会把上面这段话多加十几个字,也就没有后面那些痛苦的事情了。我会这样修改:

"在甲方(云南红塔)收到乙方(陈发树)的全部款项后,甲方应当及时办理与本次目标股份转让有关的报批等法律手续;如协议**签署**

后三个月得不到相关有权国有资产的监督管理机构的批准,甲方将乙方支付的全部款项退还并支付同期银行短期存款利息。双方互不承担违约责任,协议自乙方收到甲方退还的全部款项之日解除。"

发哥(陈发树江湖尊称"发哥")对媒体表示是国企欺负人,他说怎么也没想到云南红塔集团签字的协议,其上级主管单位中国烟草总公司会否决!中国烟草总公司和发哥有仇吗?绝对没有。问题的根源出在审批过程中云南白药的股票一路上涨,试问中国烟草总公司哪个领导敢冒着"国有资产流失"的罪名来批复同意这桩交易?如果审批期间云南白药股票下跌,这个交易估计也就完成了。

在这件事上栽了个大跟头,或许发哥不服这口气,终于在几年后抓住机会"复仇"成功。

2016 年 12 月 29 日晚,因控股股东筹划混合所有制改革重大事项而停盘近半年的云南白药发布公告称,12 月 28 日,云南白药控股有限公司(下称"白药控股")混合所有制改革事项已获得云南省政府批准,云南省国资委、新华都实业集团股份有限公司(下称"新华都")和白药控股三方签订了《股权合作协议》,新华都作为增资方取得白药控股 50% 股权,增资总额为 253.7 亿元。

在此项交易之前,新华都、陈发树分别持有云南白药 3.39% 和 0.86% 的股权,位列第四大和第七大股东。加上此次新华都以 254 亿元的巨资持有白药控股 50% 股权后,将通过白药控股间接持有云南白药 20.76% 的股份,至此,陈发树将累计持有云南白药 25.01% 的股权,成为云南白药上市公司第一大股东。

至此,发哥"十年磨一剑",令人钦佩。

七、 争议解决方式陷阱

如果签署并购协议后双方出现纠纷,该怎么解决?选择法院还是仲裁机构？

许多老板缺乏基本的法律常识，认为无所谓，律师说什么就选择什么，但这其中还有一些值得关注的细节。

如果是跨国并购，基本都是选择境外仲裁机构，我经历过的并购案例以选择香港仲裁机构为多。

和法院诉讼相比，仲裁收费较低、结案较快、程序较简单、气氛较宽松，总体属于善意解决方式。

并购一旦发生大的纠纷，双方往往会从"恋人"变成"仇人"，很难善了。

因此，在国内做并购，我一般建议客户选择法院判决，因为法院和仲裁机构在解决争端的方式上有本质区别。

1. 管辖不同

仲裁是协议管辖，而法院诉讼是强制管辖。仲裁以双方当事人自愿为原则，必须有双方事前或事后达成的仲裁协议，仲裁机构才能依法受理，在此种情况下，法院无权受理此案件。而法院诉讼不必得到另一方当事人的同意或者双方达成诉讼协议，只要一方当事人向有管辖权的法院起诉，法院就可以依法受理争议案件。

仲裁不实行地域管辖和级别管辖，而法院诉讼实行地域管辖和级别管辖。当事人双方有权选择任一合法成立的仲裁机构进行仲裁，不同的仲裁机构之间无任何隶属关系；而诉讼只能依法向有管辖权的法院起诉，当事人无权选择法院。

简言之，仲裁要双方共同同意并配合才能执行，在并购中，如果双方发生激烈冲突，对方不配合进行仲裁，会导致争议解决时间拉长、不确定性增加，而法院诉讼则可单方发起。

2. 仲裁庭和法院审判庭的组成方式不同

仲裁可由当事人约定仲裁庭的组成方式并自主选定或者委托指定仲裁员（一般双方各推荐一名仲裁员加上仲裁庭派的一名仲裁

员），而法院诉讼当事人不能选择审判庭的组成方式和审判员。

如果并购一方在仲裁领域没有什么关系资源，随便找个关系不熟、业务不强的仲裁员代表自己进入仲裁庭，则在仲裁过程中可能会吃大亏。

3. 翻盘制度不同

仲裁实行一裁终局制度，不存在上诉或再审，也不得向法院起诉。当事人只有提出证据证明仲裁裁决确实存在《中华人民共和国仲裁法》第五十八条所列情形之一，经中级人民法院审查核实，方可依法裁定撤销仲裁裁决。而我国法院诉讼实行两审终审制，当事人不服法院判决可以上诉或者申诉。

这是我一般推荐客户采用法院而不是仲裁机构的最重要原因，因为一旦仲裁结果出来，轻易不能推翻。而对法院判决不服的话可以向上级法院继续申诉保留"翻盘机会"，至少不会被"一棍子打死"。

4. 执行效果不同

仲裁机构没有执法权，即便仲裁机构裁决对己方有利，要查封冻结对方资产时还是需要找相关法院来帮助执行。

我和一些法院法官聊过这个问题，他们说："现在几乎每个法院都忙不过来，法院自己案子的执行率都低，因此对于仲裁机构转移过来要求配合执行的案子从心里不愿配合来操作，这和利益分配机制有关系……"

八、 不可抗力条款陷阱

几乎每个并购协议里面都有一条"不可抗力条款"，而且看起来都差不多：

本协议任一方若受到天灾、水灾、火灾、风灾，或者其他极端恶劣天气、罢工、社会动乱或者其他无法预期并不可避免的力量所影响而不能履行本协议的条款时,应立即以书面形式通知本协议其他各方,并于五个工作日内将有关当局出具的证明文件提交至本协议其他各方确认。如不可抗力事故延续到 30 天以上,本协议各方应通过友好协商尽快解决继续履行本协议的问题。

大部分企业家在看并购协议时见到这个不可抗力条款就直接 pass 掉,认为这些天灾人祸都是小概率事件。

但这个看似很普通的条款也要认真对待。

《民法通则》和《合同法》等法律法规对不可抗力进行了规定。根据《民法通则》第 153 条规定:"本法所称的'不可抗力',是指不能预见、不能避免并不能克服的客观情况。"根据《合同法》第 117 条和 118 条规定:"因不可抗力不能履行合同的,根据不可抗力的影响,部分或者全部免除责任,但法律另有规定的除外。当事人迟延履行后发生不可抗力的,不能免除责任。""当事人一方因不可抗力不能履行合同的,应当及时通知对方,以减轻可能给对方造成的损失,并应当在合理期限内提供证明。"

因此,不可抗力是指合同成立以后发生了订立合同时无法预见的特殊情形,致使合同无法履行,当事人可以根据不可抗力的影响,主张部分或者全部免除责任。

2020 年初,也就是笔者正在写这本书的日子,新型冠状病毒肺炎疫情席卷神州大地并且全球都出现病例。这个"黑天鹅"事件给许多行业都带来极大负面甚至是致命的影响,许多正在执行中的合同可能因为新冠疫情要被迫中断。

新冠疫情是否属于"不可抗力"?

2020 年 2 月 10 日,全国人大常委会法工委发言人、研究室主任臧铁伟发言表示,在当前我国发生新冠肺炎疫情的情况下,对于因此不能履行合同的当事人来说,属于不能预见、不能避免并不能克服的不可抗力。

比如,上海的一个公司 2019 年底和湖北的一家企业签署了并购协议,约定的交易前置条件包括:(1)在 2020 年 2 月底递交企业 2019 年审计报告和资产评估报告;(2)在 2020 年 3 月底前收购方完成对标的公司的尽职调查;(3)标的公司股东会全体股东通过这一交易方案。

新冠疫情一来,整个湖北陷入"冰冻状态",大家都不能外出,会计师和资产评估机构无法进场工作,收购方也不能开展尽调,标的公司也无法召开董事会股东会……

在这样的情况下,收购方无法按照合同约定支付股权收购款,就必须要和对方友好协商,以新冠疫情爆发这一不可抗力因素为由,双方重新签署补充合同。

还有一种情况也要当心,受新冠疫情冲击,餐饮、航空、旅游等行业遭受了沉重打击,这些公司 2020 年业绩肯定都会大幅下滑。如果这些行业的企业和收购方有三年利润承诺,2020 年的对赌业绩完不成,收购方要求标的公司原大股东赔偿时,新冠疫情这一不可抗力因素能否成立就会成为双方在仲裁或法院诉讼时获胜的关键!

在上市公司并购重组中,新冠疫情可能耽误中介机构尽职调查并出具相应审计报告、评估报告、意见书等文件的进度,如果耽误时间过长,可能会导致交易审批流程延后或失效,导致交易终止。

针对此,中国人民银行、财政部、银保监会、证监会、外汇局发布《关于进一步强化金融支持防控新型冠状病毒感染肺炎疫情的通知》(银发〔2020〕29 号,以下称"29 号文")规定:"适当放宽资本市场相关业务办理时限。适当延长上市公司并购重组行政许可财务资料有效期和重组预案披露后发布召开股东大会通知的时限。如因受疫情影响确实不能按期更新财务资料或发出股东大会通知的,公司可在充分披露疫情对本次重组的具体影响后,申请财务资料有效期延长或股东大会通知时间延期 1 个月,最多可申请延期 3 次。疫情期间,对股票发行人的反馈意见回复时限、告知函回复时限、财务报告到期终止时限,以及已核发的再融资批文有效期,自本通知发布之日起暂缓计算。已取得债券发行许可,因疫情影响未能在许可有效期内完成发行的,可向证监会申请延期发行。”

为何要对不可抗力条款引起重视?

进入 2020 年,我有个感觉,全世界进入一个风险高爆发期,各种极端恶劣天气的出现将会是常态,澳洲大火、印度蝗灾、新冠疫情、超级流感等都预示着地球在做激烈的“自我调整”。另一方面,全球政治也处于不断的碰撞对抗升级之中,中美超级贸易战、中东乱局、台海局势、英国脱欧、法国西班牙骚乱等显示人类越来越不和平友爱。地震、水灾、火灾、风灾或者其他极端恶劣天气,罢工、社会动乱等这些平时看起来好像离我们很遥远的小概率事件将可能成为常态在地球的各个地方轮番上演!

九、 标的公司高管稳定条款陷阱

对收购方而言,并购最大的风险之一是收购以后标的公司核心管理技术等高管骨干离职创业或跳槽到竞争对手公司。对于轻资产或所有经营高度依赖于核心团队的企业,这个风险尤其巨大。因此,建议收购方一定要把关于标的公司核心人员竞业相关条款写到并购合同中。

下面是一个并购协议中关于高管稳定的条款:

收购完成后,标的公司高管团队承诺在_____年_____月_____日之前在标的公司持续任职，并有义务尽力促使现有高管团队在上述期限内保持稳定，确保业务平稳过渡。

标的公司管理层股东，包括甲、乙、丙……股东应承诺签署竞业禁止协议，承诺交易完成后任职不少于____年，且离职后____年内不得从事与标的公司相同或相似的业务。

根据《劳动合同法》(2019 年版)的规定，竞业限制的人员限于高级管理人员、高级技术人员和其他负有保密义务的人员，同时，竞业限制期内也要给予受限人员经济补偿。

第 23 条：对负有保密义务的劳动者，用人单位可以在劳动合同或者保密协议中与劳动者约定竞业限制条款，并约定在解除或者终止劳动合同后，在竞业限制期限内按月给予劳动者经济补偿。劳动者违反竞业限制约定的，应当按照约定向用人单位支付违约金。

第 24 条：在解除或者终止劳动合同后，前款规定的人员到与本单位生产或者经营同类产品、从事同类业务的有竞争关系的其他用人单位，或者自己开业生产或者经营同类产品、从事同类业务的竞业限制期限，不得超过二年。

我们之前提到的暴风收购 MPS 交易中，一个核心问题就是没有对原来 MPS 的两个主要股东进行竞业禁止约束，导致 MPS 两个原有股东套现数十亿元后立刻成立自己的媒体公司甚至还和 MPS 竞标一些项目！

2012 年 6 月 12 日，深圳发展银行向深圳证券交易所提交公告称深圳发展银行已完成吸收合并平安银行的所有法律手续，深发展和平安银行合并为一家银行。10 月 24 日，据《21 世纪经济报道》报道，随着平安银行整合深发展对公银行业务的深入，深发展上海分行高管团队出现集体跳槽。据知情人士透露,原深发展上海分行行长、分管对公业务的副行长、公司银行部总经理、主管票据与资金拆借业务的金融同业部总经理与贸易融资部总经理,均已离开深发展上海分行,前往刚完成改制的宁波通商银行"创业"。

十、 并购过渡期条款陷阱

并购过渡期条款在并购中是个非常重要但是许多老板不重视的条款。

除了《上市公司收购管理办法》对过渡期做了明确的定义和界定外,其他与上市公司并购重组相关的法律法规并未明确规定过渡期的定义。《上市公司收购管理办法》规定"以协议方式进行上市公司收购的,自签订收购协议起至相关股份完成过户的期间为上市公司收购过渡期"。

除了在上市公司收购领域外,在财务领域并购过渡期一般是指交易双方所约定的评估基准日至交易交割日(上市公司成为被收购公司股东的工商变更登记完成之日或上市公司成为标的资产所有人的登记完成之日)的期间。

中国证监会上市部 2015 年 9 月 18 日发布的《关于上市公司监管法律法规常见问题与解答修订汇编》规定:

十、上市公司实施重大资产重组中,对过渡期间损益安排有什么特殊要求? 答:对于以收益现值法、假设开发法等基于未来收益预期的估值方法作为主要评估方法的,拟购买资产在过渡期间(自评估基准日至资产交割日)等相关期间的收益应当归上市公司所有,亏损应当由交易对方补足。

上面这两个法规对并购过渡期的定义是不同的,《上市公司收购管理办法》的定义是"协议签署日到股份过户完成期间";《关于上市公司监管法律法规常见问题与解答修订汇编》里是指"评估基准日到资产交割日"。根据实际经验,第二个"并购过渡期"一般要长于第一个。

因此,在并购协议中首先要对并购过渡期进行精准定义。其次,双方约定在并购过渡期内各自的权利义务。

下面给大家摘录一段我操作过的并购案例协议里关于并购过渡期的条款:

第六条　过渡期间经营管理的安排

6.1　在甲方(注:收购方)按本协议第七条规定向乙方(注:卖方)支付定金之当日,乙方将其持有之公司所有股权之股东知情权、董监事提名权、在股东大会上的提案权、在股东大会上的表决权等委托给甲方或其指定之第三方(上述投票权委托的有效期至按约定应该实施股权过户之日),在本协议如期履行的前提下,乙方将其持有之公司所有股权自 2005 年 12 月 31 日之后的股东收益权转让给甲方或其指定之第三方。

(注:这里的 2005 年 12 月 31 日是评估基准日,评估基准日到交割日之间的收益通常归买方,但如果这期间出现经营亏损则可以向卖方索赔,本合同中没有提及经营亏损问题是因为谈判时买方做了让步,这一段内容把前面分析的两个"并购过渡期"都包含进去了。)

6.2　在甲方按本协议规定向乙方支付定金之第二个工作日,甲方派驻高级管理人员和财务人员到公司,实质性接管公司的日常业务和资金运作,乙方应积极配合保证公司现有中高层管理人员平稳接受和服从甲方派出的管理人员及财务人员,并向甲方移交公司及其所有子公司、分公司的公司章、法人章、财务章、出纳章等所有印章和文件、资料。

(注:一般情况下,买方签署协议支付定金后乙方不会彻底交出所有印章、文件、合同以及业务管理权,很多情况下还是以卖方为主管理,本合同中买方如此强势也是谈判的结果。)

6.3 在甲方按本协议规定向乙方支付定金之第三个工作日,公司应立即召开董事会会议,提议改选2名公司董事。乙方承诺,其将确保此次董事会会议通过上述提议,提交随后召开的临时股东大会审议并配合甲方在临时股东大会上通过上述董事会决议。

6.4 在上述临时股东大会召开并做出决议日之第三个工作日,公司将召开董事会会议,本次董事会会议将提议更换1名董事和3名独立董事并重新聘任公司新的经理层,该等新的经理层成员应包括甲方提名的总经理、副总经理、财务总监和董事会秘书等。乙方应配合公司就该等董事、董事长、经理层成员的变更向其注册地的工商行政管理局履行必要的备案手续。

(注:本次交易的标的公司是一家上市公司,因此在过渡期内交易还没有得到中国证监会批准的情况下,卖方为了保护自己的利益,通常在交易未结束的情况下也不会答应彻底出让董事会控制权,本次交易收购方比较强势,才会提前要求控制董事会。我当时是买方顾问,记得在这个环节上双方老板差点翻脸谈崩。

2014年新修订的《上市公司收购管理办法》不允许这么野蛮操作了,其第五十二条规定:以协议方式进行上市公司收购的,自签订收购协议起至相关股份完成过户的期间为上市公司收购过渡期〔以下简称过渡期〕。在过渡期内,收购人不得通过控股股东提议改选上市公司董事会,确有充分理由改选董事会的,来自收购人的董事不得超过董事会成员的1/3;被收购公司不得为收购人及其关联方提供担保;被收购公司不得公开发行股份募集资金,不得进行重大购买、出售资产及重大投资行为或者与收购人及其关联方进行其他关联交易,但收购人为挽救陷入危机或者面临严重财务困难的上市公司的情形除外。)

6.5 如由于乙方原因导致本次股权转让的工商变更登记手续最终无法完成,则甲方有权收回其已经支付给乙方的所有股权转让款,乙方应给予配合。

(注:这个条款是甲方为了弥补前面两条有些霸道的提前入主条款做的让步,否则乙方也不会答应前两条。)

6.6 在本协议签署日至公司董事会、经理层改组完成使甲方合法控制公司董事会和经理层之日止,公司现有董事会、经理层做出任何重要决定前应告知甲方并获得甲方同意后方能执行,如因公司现有的董事会、经理层未通知甲方而做出任何有损于公司合法权益的事项或决定等,均由乙方承担由此产生的全部责任;自公司董事会、经理层前述改组完成之日起,公司的所有在此之后的经营管理活动所对应的全部责任均应由改组后的董事会和经理层承担,乙方不需再就公司此后的任何经营管理活动承担任何责任,但如乙方未就本协议第二条所列的披露事项作披露的,乙方仍须按照本协议 4.2(6) 约定承担相应责任。

6.7 乙方向甲方提交的公司的财务报表真实、完整地反映了公司的财务状况以及在相应期间经营的结果;上述财务报表截止日

（2015年12月31日）至甲方或其指定之第三方推荐董事进入公司董事会后的首次董事会会议期间，公司发生的任何重大交易，包括但不限于担保、抵押、投资、对外借贷、大额支出、出售公司实质性资产且其支出金额在人民币5万元（RMB 50 000）以上之费用、承担不合理的重大付款义务且不论该付款义务履行期限是否届满，上述交易均不得损害公司的合法利益，乙方有义务对前述交易进行审查，甲方有权对前述交易进行核定；对未经甲方核定且明显损害公司利益的行为，乙方按照本协议4.2(6)约定承担相应责任。

（注：什么叫完备的风险控制？这条就是，从协议签署日到收购方对董事会大换血之前，哪怕就只有一个月时间，甲方也要通过这个条款来把可能的经营风险漏洞通过上面两条给堵上！）

6.8　乙方保证附件一所列的由公司取得的所有商标、专利技术和非专利技术的所有权均归公司享有。公司有权通过实施、使用、许可使用、许可实施、转让等任何合法方式利用上述全部或部分商标、专利技术和非专利技术获得商业利益。

6.9　乙方保证在甲方按本协议7.2款规定支付定金之日起为公司现有银行债务担保的所有企业继续为公司现有之银行负债提供1年担保，担保金额总额不超过本协议签署之日之银行负债总额，1年期满后该等担保自然随贷款到期而结束并转换成甲方作为新担保方。

（注：许多上市公司借款时，银行都要求大股东追加担保，当上市公司被收购后理论上原大股东就没有担保义务，应该换成新大股东来担保。在本案例中经过激烈谈判，上市公司原大股东乙方同意继续为原有负债担保1年。）

6.10 乙方协助甲方稳定公司业务,促使公司现有业务2016年销售额较2015年没有大幅下滑。

(注:这个条款纯属心理安慰条款。)

十一、 资产交割条款陷阱

并购时,卖方控制的标的公司各种资产、证件、业务等如何及时有效转交给收购方,也是并购协议里需要认真关注的部分,稍有不慎将来交接时就会带来麻烦。

继续用前面一个并购协议的相关内容来分析一下关注要点:

第九条 公司的转让交接

9.1 会计资料交接

公司的全部财务会计资料和账目由公司保存管理,甲方有权在向乙方支付完首期股权转让款第二个工作日起对公司的财务会计资料进行接管和审计、核实,但是,甲方之审计和核实不能免除乙方、公司对因未根据本协议第2.1条(6)款规定全部披露公司的债务(不可预见的正常性开支、费用除外)、责任而给甲方造成实际损失后所应承担之责任,同时,甲方之审计和核实行为不能影响公司正常业务的开展和运作。

(注:甲方接管标的公司财务后,甲方为了避免因接管使得收购基准日前的各种债务和或有债务责任划分不清,特地在本条再次强调,可见或有负债问题在并购协议中一直都是收购方关注的焦点之一。)

9.2 人员交接

乙方承诺在甲方全面接管公司后半年内协助甲方稳定公司员工情绪、保留公司绝大部分中高层管理人员和核心技术人员。

（注：这条属君子约定，没有强制约束力，但对买家好歹是个心理安慰。）

9.3 业务交接与稳定

在本协议签署后，协议双方应该采取必要措施以保持公司所有业务的连续性和顺利进行。本协议签署之日起十个工作日内，甲方有权对公司的所有主要业务关系（包括合同、协议、技术、专利等）进行合理的审计和核实，但是，甲方之审核和核实不能免除乙方对因未根据本协议第 2.1 条 (4) 款的规定向甲方披露公司的主要业务关系而给公司和/或甲方造成实际损失后所应承担之责任，同时，甲方之审计和核实行为不能阻碍公司正常业务的开展和运作。

（注：有些大型集团公司并购案例，即便 10 天也不一定能把公司业务关系审核清楚，这里的 10 天是在尽调基础上做的一个预判，这里再次把业务或有负债责任划清。）

9.4 资产划分

在甲方按本协议第六条规定支付完第一笔股权转让款并派管理人员和财务人员接管公司后，乙方应配合甲方在一个月内将其他和公司无关的企业在资料、账目、存货、场地、厂房、办公楼、人员及设备等项目上和公司划分清楚。

（注：我们收购的上市公司和集团公司在同一幢楼里办公，因此要对方把两个公司在场地、设备、人员和资产方面彻底划清界限。）

9.5　子公司和分公司交接

在甲方按本协议第六条规定支付完第一笔股权转让款并派管理人员和财务人员接管公司后，乙方应配合甲方对子公司、分公司等分支机构进行稳定有序的接管，包括稳定该等分支机构的核心管理层和正常经营，并有效控制分支机构的财务资金业务等。

（注：对子公司和分公司何时交接做了约定。）

9.6　外部关系交接

在甲方按本协议第六条规定支付完第一笔股权转让款并派管理人员和财务人员接管公司后，乙方应配合甲方将公司在各地重要的政府关系、银行关系、客户关系、供应商关系、媒体关系妥善交接给甲方，使甲方和上述政府部门、银行、客户、供应商、媒体等继续保持良好合作关系。

（注：收购方收购的是一家外地上市公司，在当地人生地不熟，因此提出需要对方配合把当地重要的社会关系交接给买方。）

9.7　退税交接

乙方应负责将公司总部所在地政府给予公司的退税款项合法地转让给甲方或其指定之第三方，并负责使甲方或其指定之第三方顺利办理有关退税过户的所有合法手续。

（注：我们收购的这个上市公司在当地是利税大户，每年政府都

有一笔不小的通过财政奖励形式返还的税收,这种财政奖励没有文件依据更多依赖于企业老板和地方政府的良好关系,因此我们强烈要求对方必须保证我们收购后能继续得到以前一样的税收返还待遇。)

9.8　原料供应稳定问题
乙方承诺在甲方接管公司后继续为公司提供生产所需之原料,供应价格不得高于市场平均价格。

(注:收购方收购的上市公司所在行业和自己主业不符,因此需要对方帮助稳定原料供应。)

9.9　业务稳定问题
乙方承诺在甲方接管公司后1年内,协助公司稳定现有销售(包括外贸)业务骨干和外部外销合作伙伴,以便公司业务持续正常开展。

(注:因为跨界收购,并购后老客户的维系变得尤其重要,也需要对方帮助对接稳定。)

如果双方的交割条款没有订立清楚,磨合又不到位,交接时很容易发生不愉快,甚至发生严重纠纷。

2018年6月,A集团与B上市公司当时的控股股东C集团接洽,A集团后续斥资6亿元拿公司实控权,2019年1月股权完成划转,接盘方相关人员进入上市公司。

但A集团进来后发现"说话不顶用",现任管理层组成后,原任管理层本应尽快与现任管理层成员完成工作交接,现任管理层成员也已通过当面沟通、电话、电邮等多种方式,要求办理交接手续。但是,前任管理层成员不予配合,现任管理层目前仍不掌握公司印章、证照、公共电子邮箱、财务税务资料、业务文件、人事档案等管理工具和公司档案资料。

B公司公告称,2019年8月25日,在B公司董事会做出关于工作交接的决议后,公司原董事长兼总经理以统一交接为名,派人至公司总部办公室,将公司银行U盾、2018—2019年财务账册和凭证、2018—2019年业务合同等取走,拒不向现任管理层交接,公然阻挠交接工作。2018—2019年财务账册和凭证、业务合同均系公司当前经营活动的基础,现任管理层不掌握此类文件,公司正在进行的交易、经营都将无法正常进行;取走银行U盾,公司无法对外支付款项,现即刻面临无法发放员工工资、无法对外付款的情形。

最后特别提醒下印章交接的细节:

印章(包括公章、合同章、财务章)的移交,必须由移交双方制作印章交接表,卖方代表当场在交接表上盖下移交前的印纹,印章交给买方代表后,由接收人员当场在印章的边框上刻下痕迹(我见过有人在接收时用小刀把公章最外面那个圈上挖出一个细小缺口),再将刻下痕迹后的印章在印章交接表上盖下印纹,使交接前后的印章印纹有明显区别,由双方交接人员以及监交人在印章交接表上签字。

当然,如果卖方对标的公司原股东极为信任,收购后不更换任何公章也是可以的。

但若双方信任度没有到"生死之交"的程度,建议买方接收印章后,应尽快公告原印章作废,到当地公安局申请更换印章,再到工商银行税务等机关更换印鉴。

十二、 对赌条款陷阱

在企业引进私募股权投资基金中对赌条款是非常常见的,一般投资人会和企业或大股东就未来几年业绩承诺或上市承诺签署对赌条款。

"对赌协议"的英文原文是 Valuation Adjustment Mechanism（估值调整机制），原理类似于买东西时"多退少补"的机制。

在中国，上市公司并购中也出现大量的对赌补偿条款，因为上市公司通常按照标的公司未来三年业绩预测进行估值，这个估值通常会远远高于标的公司净资产。为了保护中小股东的利益，上市公司会和标的公司或其股东签署有关业绩对赌条款。

签这类条款时，一定要注意几个细节问题：

1. 不要直接跟标的公司签，应该跟标的公司原股东签

2012年"海富案"被称为"对赌协议"第一案，当时在投资界引起巨大反响。

苏州工业园区海富投资有限公司（投资方）与甘肃世恒有色资源再利用有限公司（目标公司）、世恒公司当时唯一的股东香港迪亚有限公司（目标公司股东）约定，世恒公司2008年净利润不低于3 000万元人民币。如果世恒公司未达到业绩要求，海富公司有权要求世恒公司予以补偿，如果世恒公司未能履行补偿义务，海富公司有权要求迪亚公司履行补偿义务。

针对该约定的效力，最高院再审后认为：海富公司作为投资人与世恒公司、迪亚公司在《增资协议书》中约定，如果世恒公司实际净利润低于3 000万元，则海富公司有权从世恒公司处获得补偿。这一约定使得海富公司的投资可以取得相对固定的收益，该收益脱离了世恒公司的经营业绩，损害了公司利益和公司债权人利益，该部分条款因违反《中华人民共和国公司法》第二十条和《中华人民共和国中外合资经营企业法》第八条的规定而无效。但是，在《增资协议书》中，原股东迪亚公司对于投资人海富公司的补偿承诺并不损害公司及公司债权人的利益，不违反法律法规的禁止性规定，是当事人的真实意思表示，是有效的。

"海富案"发生后,现在投资机构或收购方签署对赌协议时都会选择和标的公司大股东来签署。

根据 WIND 数据统计,2014—2016 年发行股份购买资产过会合计 803 单,至 2016 年,其中 512 桩并购交易需要履行业绩承诺,超过 60％以上进行了业绩对赌。

目前,法律法规及监管层对于上市公司收购后标的公司业绩承诺关注的核心要点包括:

(1)业绩承诺相关的评估作价方法:基于未来收益预期的评估结论(收益现值法、假设开发法),需要做出业绩承诺;资产基础法当中存在基于未来收益预测的部分,也需做出承诺。

(2)交易对方是否需要业绩承诺:交易对方为上市公司控股股东、实际控制人或者其控制的关联人,无论控股、参股、过桥安排等何种身份,均需强制做出业绩承诺;属于第三方的市场化并购交易对方,根据市场化原则和实际谈判结果确定,不强制做业绩承诺,业绩承诺内容也较为灵活;构成借壳上市的,交易对方的股份补偿不低于本次交易发行股份数量的 90％。

(3)业绩补偿原则:先以股份补偿,不足部分以现金补偿。

(4)补偿期限:一般为重组实施完毕后的三年,视情况可延长。

(5)重大资产重组的业绩承诺不可调整和变更。

补偿的方式一般是股份与现金两种。

如果采用股权的方式补偿,则一般是将需补偿的对价金额除以当年并购交易时发行股份的单价,计算出需要补偿的股份数量,然后由上市公司以 1 元的名义价格向当年被收购标的的股东们回购这些股份然后注销。与此相配合,当年通过交易获得上市公司股份的原被收购标的的股东,均需把这些上市公司股份进行锁定,锁定期与被收购标的业绩承诺期一致,以避免他们在承诺期内就抛售走人。

如果采用现金的方式补偿,就更加简单了,需要原被收购标的的股东掏出真金白银捐赠给上市公司。但往往设置兜底条款,即允许这些股东在拿不出那么多现金的情况下,使用股份来补偿,补偿方式参考上一段。

2. 可以要求标的公司为对赌提供担保提高保障度

这是一个"灰色空间",许多企业不知道这条主动放弃,甚为可惜。

2011 年 4 月 26 日,山东瀚霖生物技术有限公司(目标公司)作为甲方,强静延等(投资者)作为乙方,曹务波(目标公司股东)作为丙方,共同签订了《增资协议书》及《补充协议书》。主要约定:如果目标公司未能在 2013 年 6 月 30 日前完成合格 IPO,强静延有权要求曹务波以现金方式购回强静延所持的目标公司股权,回购价格为强静延实际投资额再加上每年 8％的内部收益率溢价,计算公式为 P＝M×(1＋8％)T,其中:P 为购回价格,M 为实际投资额,T 为自本次投资完成日至强静延执行选择回购权之日的自然天数除以 365;瀚霖公司为曹务波的回购提供连带责任担保。

该案件一审、二审均认为强静延与曹务波的约定未违反法律、行政法规的强制性规定,应属合法有效;而认为其与瀚霖公司的约定因损害公司、其他股东和债权人利益所以担保无效,主要理由为瀚霖公司的担保条款使股东获益脱离公司经营业绩,悖离公司法的法理精神,使强静延规避了交易风险,严重损害瀚霖公司其他股东和债权人的合法利益。

但最高院再审后认为,案涉协议所约定由瀚霖公司为曹务波的回购提供连带责任担保的担保条款合法有效,瀚霖公司应当依法承担担保责任,理由如下:强静延已对瀚霖公司提供担保经过股东会决议尽到审慎注意和形式审查义务;强静延投资全部用于公司经营发展,瀚霖公司全体股东因而受益。瀚霖公司提供担保有利于自身经营发展需要,并不损害公司及公司中小股东权益,应当认定案涉担保条款合法有效,瀚霖公司应当对曹务波支付股权转让款及违约金承担连带清偿责任。

这个案例具有非常重要的参考价值,它提醒我们,在与被并购企业签署对赌条款时最佳方案是:收购方和标的公司原股东签署业绩补偿对赌条款,同时要求标的公司对该业绩补偿对赌提供连带担保。

3. 引入国外成熟的"earn-out"对赌模式

中国上市公司签署的绝大部分业绩对赌模式,都是收购方一次性把交易对价(现金或股份)支付给标的公司原有股东,然后和这些股东签署对赌条款,当未来业绩不达标时让这些股东再把之前收到的现金或股份"吐回来"。

这个交易模式最大的风险在于,标的公司股东收到现金后可能挥霍掉或"人间蒸发",导致收购方无法通过司法执行拿回现金;若是给标的公司股东支付上市公司股份,如果没有提前冻结这些股份,那些股东往往会把股份对外质押融资套现后跑路消失。

这几年至少有上百家上市公司公告,因为收购标的未达到业绩承诺,原股东拒绝及时进行现金或股份补偿而起诉标的公司原股东。

因此,建议在并购后设计业绩补偿对赌条款时采用国外流行的"earn-out"模式,这样可以大大降低前述标的公司股东一次性套现风险。

"earn-out"和前面提到的业绩补偿对赌方式最大的区别是收购方不用一次性支付交易对价,而是和标的公司股东设定几年分期支付条件,收购结束后每一年若完成当年经营指标(不一定是净利润,也可以是收入、EBITDA、EBIT 等)时,就支付一笔交易对价。显然这种收购方式更加能保障收购方的利益。

依据美国律师协会(ABA)所做的研究,在 2017 年所报道的交易中 28％的私人并购交易采取了"earn-out"的形式。

2014 年 11 月,神开股份(002278)与张良琪、何雪坤、李立伟、周建文、周福昌五名自然人就杭州丰禾石油科技有限公司（简称"丰禾石油"）股权转让事宜签订了《股权转让协议》及《股权转让补充协议》，公司拟收购杭州丰禾60％股权。

据披露，丰禾石油成立于2007年2月14日，注册资本1 200万元，是一家专业从事石油测井仪器研发、生产、销售和服务的科技型企业。该公司2013年营收8 109.9万元，净利润2 610.9万元，预计2014年营收6 815.2万元，净利润2 060.1万元。

此次交易定价的依据：以丰禾石油管理团队所作的2014—2017年度累计实现净利润预测为基础，并经交易双方协商一致，本次交易价格总额上限为2.16亿元，相当于丰禾石油2014—2017年度净利润平均值的10.29倍（上限），具体股权转让价格将按丰禾石油2014年度至2017年度4年实际完成业绩确定。（表6-1）

表6-1 神开股份收购丰禾石油股权的付款条件

	付款条件		付款额（万元）
第一期	《股权转让协议》生效		2 000
第二期	股权转让工商变更登记完成		2 000
第三期	获得杭州丰禾2014年度审计报告		2 000
第四期 earn-out 付款安排	2014年度至2017年度累计实现的净利润	2017年度净利润	earn-out下付款额（万元）
	＞＝14 000万元	＞＝4 000万元	15 600
	10 736～14 000万元	＞＝2 684万元	2014年度至2017年度累计实现的净利润÷4×9.3×60％－6 000
	除以上两种情形以外的其他情形		2014年度至2017年度累计实现的净利润÷4×9×60％－6 000

尤其是当中国企业收购境外公司时，更加应该采用这种对赌模式。

2012年11月19日，浙江三花股份有限公司（以下简称"三花股份")新设立的下属子公司 Sanhua Appliance Systems GmbH(以下简称"德国三花")与德国亚威科电器设备有限合伙公司(以下简称"亚威科集团")、亚威科国际有限公司(以下简称"亚威科国际")签署了《关于亚威科电器设备有限合伙公司资产出售及转让协议》。

亚威科集团总部位于德国诺伊基希,主要从事洗碗机、洗衣机、咖啡机等家电系统零部件的研发、制造及销售,已有超过50年的经营历史。亚威科集团通过其全资子公司亚威科国际在德国、奥地利、波兰、斯洛伐克、中国等地开展上述业务。

按照盈利能力支付计划,三花股份拟用现金购买对方所出售的业务,在合同签署时点至2015年6月30日期间共分四期进行支付(即购买价款由购买价格1、购买价格2、购买价格3、购买价格4根据适用情形累加计算得出),累计最高不超过3 677.5万欧元。(表6-2)

表6-2　三花股份分四期支付亚威科业务的收购款

购买价格1	交割时	370万欧元
购买价格2	2013年7月31日前	155万欧元
购买价格3	2014年6月30日前	最多957.5万欧元
购买价格4	2015年6月30日前	最多2 195万欧元

第七章　并购整合陷阱

"相爱总是容易，相处太难！"婚姻如此，并购亦是如此。并购之后的整合过程非常复杂，陷阱很多，难度极高。

一、 整合迷信症陷阱

许多中国企业家读了国内外著名高校的 EMBA 或者 CEO 班，听了海归名校博士教授讲的许多关于并购的课程后，都知道了并购整合的重要性，但是往往又陷入另一个误区——"言必称整合"。

比如，一个只有小学文化的煤老板收购了一个有着 50 年悠久历史的消费品制造国有企业，这个国企有着非常成熟的管理体系和企业文化。请问这个煤老板拿什么去整合、凭什么去整合？

再比如，一个劳动密集型的类似富士康这样的电子元器件公司，收购了一个动漫企业。一个做高科技硬件，一个生产文化产品；一个强调军事化精细化管理，一个提倡个性化创意发挥；一个上下班时间以分钟准点来打卡，一个灵活工作可以中午到公司干活然后半夜回家；一个层级分明等级森严，一个等级模糊称兄道弟……我实在想不出这家做电子元器件的公司怎么整合这家动漫公司。

不是所有的并购都需要做整合！两个企业只有在产业链、业务链或地域上有强关联度时才有整合的必要性。如果不具备整合条件的两个企业，收购方硬要向另一方灌输自己所谓的管理体系和企业文化，极有可能把企业给整没了。

当并购对象为同行或产业链上下游时，并购整合就非常重要。

因为收购方对标的公司行业熟悉，因此可以从公司抽调大批精兵强将输送到标的公司进行整合管理。

而跨界并购后，收购方如果盲目去强行"整合"，自己派人接管行政财务，从行业里临时挖人派到对方，这种整合基本都会出事，因为太过草率和不专业。

十几年前接触了一个案子印象很深。

收购方是一个金矿公司老板，标的公司是一个精细化工企业，两个公司行业完全不同。

收购方看重的是这家化工企业的技术和业绩不错，具备上市条件，自己挖矿积累了大量的资金也想尝试转型做一个上市公司。

金矿老板不懂化工企业也不懂上市资本运作，正好有人推荐，就请了一位曾在小证券公司担任过副总裁刚退休的职业经理人张博士来负责这个并购项目。张总对资本运作毫无疑问是专家，因此，在前半段收购过程中表现得还不错，顺利地把精细化工企业给收购完成。金矿老板很高兴，要求张博士继续来负责并购后的整合，没想到张博士接任化工企业董事长宝座后，企业许多中高管陆续离职，企业一下变成巨额亏损。

我和离职的两个副总深度交流过，他们说了两个细节：

一是张博士和他们不是"一路人"：张博士曾是券商高管，对生活质量要求极高，永远西装革履精心装扮，而工厂里的原有高管上班都和工人一样穿着工作服；张博士要求工厂里所有人见到他都得客客气气称呼"张主席"，享受被人簇拥尊敬的感觉，而原来工厂里的高管们和普通工人十几年处下来都成了好朋友，称兄道弟的也很正常；张博士请专职保姆、司机和厨师为他一个人服务，经常在外面豪华酒店请客吃饭，一顿饭经常五六千甚至上万，而原来的高管们都非常节俭，看到张博士如此挥霍心痛不已。

二是张博士不懂业务胡乱指挥：张博士第一次召开中高层全体

干部开会就闹了个笑话,他说:"我要尽快熟悉业务,因此三天后公司生产全部停工,我要把每个生产环节弄清楚再开工。"这句话一说,大家就知道他是个彻头彻尾的外行,还以为这是证券公司业务可以暂停一天两天没关系,要知道这种大型化工企业需要连续生产,中间不能有哪怕一小时的中断,随意停工对企业会造成巨大损失;又过了几天,张博士把负责采购的副总狠狠骂了一通,认为公司采购管理不严存在灰色地带,他要亲自管采购,结果第二天采购副总把几十个化工原料的型号价格报给张博士确认他当场傻眼,一个外行哪搞得清楚这么多化工原料的及时公允价格啊。张博士于是又说了一句让大家傻眼的话:"这些订单先压在我这,我花几天来调研一下市场价格行情再决定是否批。"张博士不知道企业采购都是按照生产订单进程下单,今天下的单关系到一周以后某批产品是否能及时生产,供应链被打乱会直接影响生产及交货……

因此三个月后,公司三个副总忍无可忍先后跳槽,每个副总手下的中层亲信也相继离去。

并购整合工作是个极为复杂的系统工程,没有精钢钻不要轻易揽瓷器活。

二、 整合放松症陷阱

和"整合迷信症"对应的是"整合放松症",认为并购交易完成就可以好好休息,反正我已经控股对方,整合工作慢慢开展即可。

并购整合放松症也是很危险的一种思维,整合千万不能马虎。不管标的公司和收购方行业是否相同,对标的公司基本的管控都必须要做到位,公章、印鉴、合同、财务进出等公司运作的基本要件必须能有效控制起来。

广东文化长城集团股份有限公司(300089)收购北京翡翠教育科

技集团有限公司后的彻底失控案例就是一个教训。

2017 年 9 月 19 日,文化长城与翡翠教育 16 名原股东共同签订了《发行股份及支付现金购买资产协议》和业绩对赌协议,约定文化长城通过发行股份和支付现金的方式,购买翡翠教育 16 名原股东合计持有的翡翠教育 100％股权。

交易对价为 157 500.00 万元,其中以发行股份方式支付对价 82 170.438 0 万元,以现金方式支付对价 75 329.562 0 万元;股份支付对价为限售流通股。

翡翠教育的核心管理团队鲁志宏、李振舟、陈盛东及张熙承诺,自股权支付对价交割日起,鲁志宏、李振舟、陈盛东三人仍需至少在翡翠教育任职 60 个月不离职;张熙仍需在上海昊育信息技术有限公司任职 60 个月不离职。

在业绩承诺期限届满前,翡翠教育法定代表人、总经理由安卓易(北京)科技有限公司委派人员担任,财务负责人由文化长城委派。未经文化长城书面同意,股份支付股东不对锁定期内的标的股份设定任何质押等第三方权利。翡翠教育截至评估基准日的滚存未分配利润及评估基准日后至股权交割日期间实现的净利润归文化长城所有。

翡翠教育 11 名业绩承诺股东及核心管理团队鲁志宏、李振舟、陈盛东及张熙 4 人的盈利承诺为:翡翠教育 2017 到 2019 年分别实现净利润 9 000 万元、20 700 万元和 35 910 万元。

上述协议签订后,至 2018 年 3 月 27 日,公司完成了工商变更登记。

这个交易就是前面多次分析过的典型的上市公司"中国式并购"模式。

果然,2019 年 6 月,文化长城发布公告,宣布收购翡翠教育完成后,因翡翠教育不配合公司管理,导致公司完全失去对翡翠教育的控

制,具体如下:

（1）翡翠教育只以邮件方式提供电子财务报表,拒绝提供信息披露所需要的财务明细账;拒绝提供签字盖章的书面财务报表及重要的财务资料(如银行对账单、定期存单复印件、重要的业务合同等复印件);多次提供不同的 2018 年 12 月财务报表,重要的货币资金科目前后出现差异近 1.1 亿元,并拒绝解释差异原因。

（2）公司依据《发行股份及支付现金购买资产协议》向翡翠教育派驻财务总监,但翡翠教育核心管理团队阻挠其正常开展工作,致使公司派驻的财务总监无法正常履职。

（3）自 2018 年 3 月翡翠教育 100％的股权过户至公司名下后,在翡翠教育的日常经营中,核心管理团队未遵守翡翠教育章程和内部审批权限,未经翡翠教育的股东或董事会审批同意,多次与没有业务关系的第三方进行大额资金往来,其中大额资金拆出合计112 459.32 万元、大额资金拆入合计 78 660.50 万元(拆出资金大于拆入资金 33 798.82 万元)。

（4）自 2018 年 3 月翡翠教育 100％的股权过户至公司名下后,翡翠教育核心管理层和经营团队未曾向翡翠教育的董事会进行经营述职,且存在多次违规进行资金调拨、对外投资、对外收购、对外处置子公司的行为。

（5）公司作为翡翠教育的全资股东,多次向翡翠教育提出查阅账簿、查阅银行对账单定期存单等重要财务资料,翡翠教育管理层均置之不理。

（6）依照《发行股份及支付现金购买资产协议》第七条,在公司向股份支付股东发行股份后,翡翠教育截至评估基准日的滚存未分配利润及评估基准日后至股权交割日期间实现的净利润归公司所有,公司作为 100％持股的股东做出翡翠教育的分红决定,并多次要求翡翠教育实施分红,但翡翠教育均予以拒绝。

（7）为了督促翡翠教育配合公司聘请的大华的审计工作，公司多次尝试与翡翠教育的核心管理团队沟通，均未果。2019年1月15日，公司通过邮政EMS正式发函给翡翠教育法定代表人及总经理李振舟，要求其报送翡翠教育2018年度财务会计相关资料，但被翡翠教育拒绝签收并退件。

（8）2018年度审计期间，翡翠教育拒绝向负责审计的大华提供3亿元定期存单原件，拒绝向大华提供重要的收入确认资料。

（9）翡翠教育核心管理团队违反《发行股份及支付现金购买资产协议》，对公司聘请的审计机构开展的2018年审计工作进行多维限制，拒绝提供核心的银行存单、收入确认资料，导致大华无法对翡翠教育的财务报表发表审计意见，无法对翡翠教育2017年度、2018年度业绩承诺实现情况进行鉴证，逃避可能存在的业绩承诺补偿责任。

（10）截至目前，翡翠教育发生多起诉讼，如上海联升创业投资有限公司诉北京翡翠教育集团有限公司股权转让纠纷等，均未向公司履行报备义务。

综上，根据《企业会计准则第33号——合并财务报表》第七条规定：合并财务报表的合并范围应当以控制为基础予以确定。公司认为：由于翡翠教育核心管理团队的阻挠，以及其实施的违反协议、违反公司法和公司章程的行为，致使公司无法对翡翠教育的重大经营决策、人事、财务、资金等实施控制，公司于收购后已经在事实上对翡翠教育失去控制，2018年度公司不再将翡翠教育纳入合并报表范围。

2020年2月26日，文化长城公告，公司就收购北京翡翠教育科技集团被诈骗一案向北京市公安局东城分局报案并获得刑事立案批准。

这个案例完美地展现了并购后如果失控会有什么样的恶果。

并购整合包含两个层面的整合：

一是对标的公司基本运营层面的管控，包括董事会、财务、公章印鉴、合同专利、无形资产证书、企业重大对外投资、担保、采购及其他资金调动的审批流程等，都必须要有基本的控制，否则这种并购就是单纯地在控股权上做了个工商变更，对标的公司没有实际控制权，后果只能是"失控"。指望标的公司已经套现的管理层继续像以前那样兢兢业业为公司利益最大化而奋斗是"痴人做梦"。

即便两个企业的地域和行业跨度都很大，也要把第一层面的整合管控做到位。

二是对标的公司业务、组织、文化等深层面的整合，这类整合一般都发生在产业链并购案例中，双方需要在多层面进行深度业务交融、协同作战，文化的融合自然也成为关键环节之一。

记住，永远不要"考验人性"。

三、 成本降低协同效应陷阱

并购的协同效应，即所谓的"1＋1＞2"是许多并购的重要原因和目的。最容易实现也是可以量化计算的并购协同效应就是成本降低协同效应。

降低的成本包括采购成本、生产成本、人力成本、财务成本、销售成本、研发成本等，两个相同行业或产业链上下游相关的企业并购重组后确实存在许多成本降低的协同整合空间。

于是，大部分企业把并购后整合工作的80％精力和重心放在"降本增效"上，一味挖掘每个可能的成本降低空间来增加并购协同效应。

但是追求这种成本降低的协同效应，尤其是通过大面积裁员来降低人力成本的协同效应是很危险的事情，必须谨慎处置。

美国富国银行（WELLS FARGO），创立于 1852 年，总部设在旧金山，是美国唯一一家获得 AAA 评级的银行。富国银行是一家提供全能服务的银行，业务范围包括社区银行、投资和保险、抵押贷款、专门借款、公司贷款、个人贷款和房地产贷款等。2016 年，富国银行的市值曾一度超越中国工商银行，成为全球市值最高的银行。

1996 年，富国银行耗资 116 亿美元恶意收购第一洲际银行（First Interstate）是当时最大的银行并购案例之一。富国收购洲际银行看重的是洲际银行的私人银行业务。富国银行当时的私人银行业务比较薄弱，而洲际银行当时在美国 13 个州都有业务，特别是在加州的竞争优势极为明显。

富国银行收购后采取了激进的人力资源成本压缩措施，宣布计划关闭第一洲际银行在加州零售银行业务的 80％，削减个人银行 50％的员工。合并后公司 45 000 名员工中在短时间内有 7 200 人下岗，1996 年 7—8 月就有 250 多个分支机构关闭。

如此激烈的裁员让当时的公司业务一度陷入混乱。由于重组后的零售银行的网络系统不能提供顾客所需的服务，成千上万的顾客选择离开转到其他银行，公司私人银行市场占有率大比例下降，损失惨重。

即便到今天，全球包括中国的私人银行业务也离不开最基层的客户经理，私人银行的特殊性质决定了一个客户经理的离职会让信任该经理的许多客户转投到新的机构。

富国银行后来吸取了收购第一洲际银行的教训，又陆续并购了西北银行和美联银行等，成就为今天的全球顶级金融机构。

我们再来看 IT 行业曾经非常著名的一起并购案例：惠普收购康柏。

2001 年美国当地时间 9 月 4 日 10 时，惠普与康柏公司举行联合新闻发布会，正式宣布并购计划。根据协议，惠普公司出资 250 亿美元购买康柏公司的股票。合并后,新公司将继续使用惠普的名称,总部设在美国加州。惠普公司将拥有新公司64％的股权,康柏公司拥有36％的股权。惠普公司时任主席卡莉·菲奥莉娜(Carly Fiorina)将成为新公司的主席兼首席执行官,康柏公司的现任首席执行官迈克尔·卡佩拉斯(Michael Capellas)将成为新公司的总裁,合并交易预计将于2002年上半年完成。两家公司表示,合并后新公司的年销售额将达874亿美元,成为能够与IBM相抗衡的巨型公司,合并交易还将使新公司在2004财年中期以前节省25亿美元的成本。为了实现25亿美元的成本协同效应,新惠普共计划裁员15 000人!

惠普收购康柏不仅仅被Sun公司的CEO所嘲讽,戴尔公司的CEO迈克尔·戴尔(Michael Dell)也在一次商务会议上称:"在我们这个行业的历史上,从来都没有过特别成功的合并。"他还称此次合并已经让戴尔占据了更多的市场份额。当时,有调查显示,美国那几年IT领域的并购案例,70％以上都以失败告终。

华尔街对这个交易的反应是:两周内惠普的股价狂降38％!

把惠普和康柏亏损的PC业务合并在一起并没有能够通过成本协同效应让新惠普业绩增长,而合并后的PC业务在2003年和2004年都没有实现盈利的目标。倒是惠普的影像和打印机业务使惠普保持了令人尊敬的名声。惠普盈利的打印机业务依旧保持健康发展状态,这使得老惠普的股东们非常不满(老惠普股东原来持有的100％的打印机业务股权在合并之后仅剩下64％)。

2005年2月9日22点左右,惠普董事会宣布,公司董事长兼首席执行官、当时全球最知名的女企业家之一的卡莉·菲奥莉娜已经辞职,辞职即刻生效。卡莉在整合康柏时基本兑现了大裁员和25亿美元的成本节约,但在扩展新惠普的销售和盈利上显然工作不称职并最终因此下岗。

有意思的是,过了十几年,惠普现在成为被人恶意收购的对象。

2019 年 11 月开始,施乐一直筹划着收购惠普,施乐当时曾向花旗集团筹资,以 335 亿美元的报价对惠普提出收购要约。惠普当时表示,这一报价远远低估了惠普的价值。到 2020 年 3 月 6 日,施乐第四次提高报价欲以 350 亿美元收购惠普,再次被拒。施乐孜孜不倦追求惠普的一个重要原因就是认为两家企业合并后每年光节省的成本就至少高达 20 亿美元。

我工作后曾买过一台康柏的 14 寸笔记本电脑,用过几年后换成一台 13 寸的惠普笔记本电脑,对这两个品牌都有一定感情,因此复盘这个案例时还是感慨不已。

所以想提醒各位中国老板,并购整合时考虑成本协同效应是必须要做的事,但不能把主要整合工作重点放在"节流"上,应该把更多的精力用于"开源"。

四、 并购信息沟通陷阱

中国人好大喜功,完成一个并购交易,许多老板巴不得全世界都知道,因此会搞个隆重的新闻发布会。

中国企业并购常见的新闻发布会套路是这样的:

在当地最好的酒店(最好是五星级大酒店)包一个能容纳几百人的大会场,摆上几十桌。邀请对象包括各级政府官员(请到的官员级别代表了老板在当地的"活动能量",我见过一个老板竟然把退休的某上将请到会场来压阵!)、双方管理团队和员工代表、公司客户代表、供应商代表,以及工商、税务、银行等重要机构代表和各媒体记者。发布会一般从下午 4 点左右开始,仪式通常两小时,然后 6 点开始一边吃饭一边观赏文艺节目,中间穿插抽奖,最后每个嘉宾临走时带上一个伴手礼。

媒体记者每人都会心照不宣地拿到一个礼品袋,里面标配是一份纪念品、一个信封（润笔费）和一两页事先拟好的关于此次并购的新闻通稿。

第二天，关于这个企业并购的新闻席卷各媒体，在自媒体时代，当天晚上已经会有很多报道了。但有趣的是，大家报道的内容要点都像是一个人写出来的。

这就是中国许多企业做并购选择的信息发布方式，简单、粗暴、浪费、低效！

在国外，大型并购交易的媒体宣传以及信息沟通一般都会请专业的媒体公关公司来统一运作。许多中国企业家一听"公关公司"就会往"行贿官员"的方向上去瞎想，这完全是对公关公司的误解。

公关公司在并购中的作用是很大的，其主要职责包括：并购前帮收购方扫清各种对并购不利的舆论并树立收购方的良好形象；并购后建立专业全面的"并购信息沟通矩阵"，让企业各利益相关方都能获得最合适的关于并购交易的重要信息，为并购整合奠定良好基础。

中国企业并购国外公司时专业公关公司会更加重要。公关公司会帮助中国买家在标的公司所在地城市以及国家进行各种舆论公关工作，和企业工人、社区、媒体、政府以及上下游客户等等，都要展开公关工作，力求树立起中国买家的良好形象。

吉利收购沃尔沃时，欧洲人特别是瑞典人对吉利根本不了解，充满了质疑和担心。在福特宣布吉利为沃尔沃首选竞购方之后，各方人士纷纷就此事发表评论。

比如，瑞典的主流媒体《每日新闻》（DagensNyheter）说："沃尔沃不是用钱能买到的。在汽车大规模生产的中国，沃尔沃品牌的精髓将面临被慢慢挖空的风险。"有记者写道："吉利收购沃尔沃后，沃尔沃将驶向迷途。吉利仅仅有10年造车经验而已，缺乏在国际市场研发、生产和销售汽车方面的经验。吉利这个小小的汽车制造商能对沃尔沃的未来负起责任吗?"

《华尔街日报》一篇文章也指出:"缺乏全球化管理水平和其他不足可能让吉利难以消化沃尔沃。另一个潜在的问题是,试图保住欧洲工作岗位的工会组织和政府,可能不惜一切代价阻止吉利将就业岗位转移到中国。沃尔沃轿车公司的工会组织始终对吉利收购沃尔沃持比较消极的态度。"

吉利聘请了国际著名公关公司博然思维集团(Brunswick)作为项目的公关顾问,负责项目的总体公关策划、媒体战略制定和实施。

吉利收购沃尔沃时分管宣传的副总裁王自亮在《吉利收购沃尔沃全记录》一书中把吉利收购前后国际媒体对吉利的"先抑后扬"过程记录下来,这其中博然思维集团就发挥了重要作用。

在并购交易完成后,公关公司的作用就转到如何向企业各利益相关方高效快速传达最合适信息的阶段。

中国一些老板开新闻发布会只邀请标的公司的中高层去,公司的底层一线人员往往是第二天才从公开媒体了解到自己公司被收购,这种内心的失落、恐惧、气愤等各种情绪一定会迅速在标的公司底部开始迅速集聚并蔓延。如果收购方不能及时控制住这种负面抵抗情绪,并购整合一开始就会陷入敌对情绪的包围而难以推行。

图7-1是国际著名咨询公司 AT 科尔尼在 1998 年做的一个全球并购整合的调查,并购整合的问题中排名第一的就是"缺乏沟通机制"!

当一个并购信息仅仅是一个新闻发布会上流传出来的"新闻通稿"后,各方的反应在未来一周到一个月内会持续发酵,被并购公司的各利益相关方都有可能产生许多负面的想法。

高管:公司有没有前途?新老板会不会继续重用我?要不要委托猎头偷偷找后路?我看不上的对方某高管会不会被派到我们公司来管我?

中层:我的高层靠山会不会被裁员?是不是多找几个"靠山"?

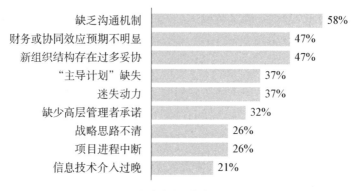

图 7-1 全球并购整合中的主要问题

底层：我会不会下岗或换岗？工资会不会下降？福利会不会减少？

股东：公司业绩是否会下滑？公司股价是否能上涨？公司分红是否减少？

客户：该公司产品质量会否下降？供货能否及时？销售对接人是否换岗？

供应商：之前发的货能否准时回款？以后账期是否会拉长？新老板会不会找其他供应商？我要不要去找关系"巴结"一下新老板？

银行行长：以前的贷款能否如期偿还？新业务会不会再找其他银行合作？以前的存款会不会抽走？

税务局长：企业经营会不会受到影响？今年的税收上缴会否大幅下滑？新老板会不会转移部分业务到外地去，减少本地交税额？

政府官员：新老板人好不好相处？公司会不会经营滑坡大量员工下岗、增加不稳定因素？以后再上新项目是否会选择外地？

……

被并购企业的不同利益相关方在得到同一个并购消息后的反应，可谓"各怀鬼胎"。如果收购方不能及时针对这些不同利益相关方展开快速有效的安抚沟通,被并购企业很快就会出现人心惶惶、军心涣散、效率降低、客户流失、人才跳槽等一系列负面反应。

这时期被收购公司员工的心理极其敏感脆弱,用"惊弓之鸟"来形容都不为过。一些很小的事情细节都会在这个阶段引起员工们的猜疑和担心。比如,并购后一个业务部门新进来一个普通员工,这个员工即便是正常的通过招聘流程加入公司,也会被该部门的许多员工误解为收购方"安插"到自己部门,一些员工会担心是否马上就有老员工要被裁员;收购方公告预计要裁员 100 人,标的公司员工私底下流传的裁员数字马上就变为 200 人……

专业的公关公司会在并购消息发布前就制订一个完善的"并购沟通矩阵",针对每一类企业利益相关方都准备差别化和针对性的沟通策略及沟通内容。

比如,针对标的公司几位核心高管,收购方董事长可以邀请所有高管带上家属到其家里吃饭参加私密 Party,这样可以迅速让高管们感到极受尊重;

针对几十位中层可以安排多次小范围的轻松茶话会,收购方老板和对方中层以聊天拉家常形式向他们阐述自己的发展战略和并购后的未来蓝图;

针对标的公司几百位基层员工,收购方老板可以写一封慰问信,打印出来后每封信上亲笔签个名寄给基层员工,相信这些员工会很感动;

如果标的公司有几千甚至几万员工,在现代科技面前这都不是个事儿。收购方老板可以让标的公司用上阿里钉钉或企业微信,在公众大群里给大家发视频问候与鼓励;

针对公司小股东可以专门召开一次投资者见面会,收购方老板带领双方高管和股东们坦诚交流,让董秘和股东们都加上微信便于快速及时联系;

对公司最重要的客户由收购方老板亲自上门拜访，其余重要客户由公司高管上门拜访，众多小客户则专门发函就本次并购后双方继续加强合作进行友善交流……

重要的事说三遍：沟通、沟通、沟通！

五、 整合工作运作陷阱

很多企业家在五星级酒店宣布并购成功那一刻都会觉得松了一口气，认为大势已定：如果说并购是长跑，到股权过户之时已经跑了90%，剩下的10%就随便跑跑了。

这种心态在我经手过的案例中非常普遍，而恰恰是这种心态导致后面在并购整合上出了各种问题。

中国企业家们在并购整合的整个筹划运作过程中存在以下一些常见问题：

1. 把并购整合工作放到交易结束后进行

前不久，一个老板给我打电话求助，四年前他在欧洲收购了一个新能源企业，现在公司已经快破产了，他急得不行问我怎么办。我了解了一下收购后的整合工作，发现四年前的外方CEO现在还在当CEO。我说："怎么不早些把这个CEO给换了，原来公司做得不好的主要责任就是这位CEO，你收购后无论如何也要换人啊！"老板说："我不是不想换人，但我这个公司管理团队里一个会说英文的都没有，而且这个公司还不在英语国家，我们托人临时找CEO找了半年都找不到合适的，只能将就用原来的CEO。"我说："那你收购前就没有想过这个派不出人手到国外接管企业的风险吗？"老板说："当时满腔热血一激动就收购了，一心只想着尽快做完交易，那些整合管理的工作收购完再说……"

并购整合工作应该从什么时候开始启动呢？前面在尽调陷阱里

已经提过,并购整合工作应该和尽职调查同时启动,而绝不要等到并购协议签署后才启动。

整合工作的起点是尽职调查,一边尽调一边搜集整合所需关键信息,一边设计整合进程图;在达成并购框架协议时整合指挥中心成立,开始筹备整合小组并根据尽调进程对关键整合问题进行专题准备;等到并购交易完成后整合团队进场实施具体的整合方案。

每年都有几千位企业家听我讲课,许多老板会在交易快结束时让我来把关是否要签约,问的都是类似"并购战略方向对不对,交易价格是否合理,交易结构能否优化"等问题,而我都会问他们一个问题:"如果明天就要签约,今天你手上是否已经有一份非常完备务实的标的公司并购整合细化方案?"得到的回答基本都是否定的。我会建议这些老板:"如果没有这套并购整合操作方案,明天就不要签约了,宁愿推迟几天直到把并购整合方案给做出来!"

2. 严重低估了并购整合工作的复杂性

许多老板认为并购整合就是自己或公司总经理、副总经理挂帅,公司派几个骨干到对方分别把董事长(总经理)、财务总监、销售总监、采购总监换掉就 OK 了。

如果并购标的只有几十人,业务简单规模不大,这样粗暴换人来管理也可能过关,但若标的公司人数超过 100 人以上就复杂了,人数越多越难管理。

美国著名的波士顿咨询公司(BCG,在并购整合咨询领域非常有经验)为大型复杂并购交易制订了一个并购整合团队结构图(图7-2),值得中国企业家们好好学习。如果是跨国并购,在上图中还应该把国际业务按照国家区域加入进去,就更加复杂了。

收购方老板最合适的位子是并购整合指导委员会主任,这个委员会可以由收购方老板、CEO 与核心顾问组成,负责制订并购整合的短、中、长期目标,根据各整合团队汇总的信息指挥整合进程,配合

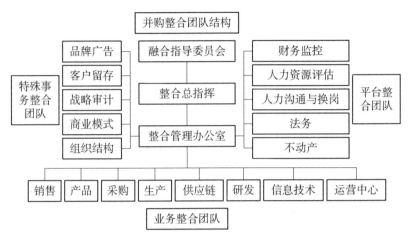

图 7-2　波士顿咨询公司的并购整合团队结构图

整合总指挥处理大的整合事项。

收购方董事长或总经理不适合担任并购整合总指挥,因为这个岗位需要全职才能做好。收购方可以派一位具有丰富专业经验并且深得老板信任的高管比如副总裁常驻标的公司担任整合总指挥(可以兼任标的公司董事长或总裁,以便开展工作)。

并购总指挥需要的才能包括:

(1)识人有术:总指挥需要在与标的公司中高层交流一遍后准确鉴别对方哪些人该留、哪些人该提拔或果断裁员;要善于搭建并购整合执行团队,这个执行团队在一定意义上就决定了并购整合的成败。

(2)运筹帷幄:并购整合战车一旦启动,每天都有无数繁琐琐碎的消息传来,有许多细节的问题需要及时处理,总指挥必须有大将才能,善于运筹帷幄、举重若轻,有效调动手下执行团队应对各种挑战。

(3)知己知彼:总指挥应谙熟收购方企业的组织制度、文化,对收购方老板的性格脾气等也非常了解。这样,他就能够向标的公司员工充分阐释清楚收购方的目标、价值观,从而弥合双方在整合过程中产生的矛盾和嫌隙,保证整合工作的顺利实施。

（4）八面玲珑：并购总指挥需要有极强的社交能力和高情商,不管是跟股东、高管、工人、客户、供应商,还是跟银行行长及政府官员等,都能迅速建立起好感并保持良好的交往关系。有些收购方老板派了智商极高的清华北大博士来担任一个并购项目整合总指挥,结果这些博士经常因为不善处理人际关系而最后黯然收场。

整合管理办公室由双方各抽调精兵强将组成,是整合工作的作战总指挥部。

在整合管理办公室下面分为平台型业务整合团队、特殊（专项）事务整合团队以及业务整合团队,分别就各子板块的并购整合进行管理。建议每个整合团队都由双方对应职能或业务部门的核心骨干组成。

如果一个大集团今后的发展就是以频繁的并购为主,在企业内部可能要学习当年鼎盛时期的美国通用电气集团,设立一个特殊的岗位——"并购整合经理"。

整合经理的来源可以是外部人才市场,也可以是企业内部。麦肯锡公司建议从并购企业的高、中层管理者中挑选。

整合经理的选拔标准之一就是非常熟悉并购企业。来自并购企业内高、中层的管理者对企业的战略、执行、文化以及组织结构等方面会有更深入的了解,他们能够向被并购企业员工清楚地阐释未来的目标,并在整合中时刻把握方向,监控战略任务的执行,顺利地推进整合进程。

整合经理的工作就是不断"轮岗",当集团下属某个事业部收购一个企业到后半程时,这位整合经理就要加入该项目并开始布局指导并购整合工作,他不能做并购整合总指挥（这个岗位需要长期在岗）,但可以在并购整合管理办公室担任要职,辅助总指挥开展工作。

六、 文化整合陷阱

企业文化是什么？

迄今为止我还没有看到一个能让绝大多数人高度认同的定义。每个人所处背景、行业、职位高低的不同决定了他对企业文化理解的巨大差异。

美国著名的关于并购整合的经典著作《并购之后》(*After the Merger*)中对公司文化的定义是：公司文化是一种独特的混合物，它包括组织的价值观、传统、信仰以及处理问题的准则。公司文化属于社会学范畴，它塑造企业的管理风格和管理理念，并指导实践。

《牛津商务辞典》把文化定义为"在一个组织内影响成员行为的价值、信念、规范和传统"。

这段话是不是读起来还是感到很"虚"，因为公司文化的核心在于"化"字，就是看不见摸不着的融化在公司所有员工血液里的一种神秘物质，形象点说就像中医推崇的人体的"经脉"。你用西医的所有高精仪器都无法在人体里找到经脉，但是你只要练过气功就知道这个经脉遍布人体无处不在（这是我的切身修炼体会）。

中国两大互联网巨头阿里和腾讯的文化就有很大差异，有人用漫画形式从十几个角度对比了两个企业的文化（图 7-3），我从中摘出三组图：

7-3　腾讯和阿里的文化差异（左边是腾讯，右边是阿里）

第一组图：腾讯以海归精英IT男为主，流行叫老板英文名字；阿里充满了金庸描绘的武侠气质，早期的阿里人人要取个"花名"。

第二组图：腾讯骨干员工在生日时经常收到公司送的包装精美的礼品；阿里没有送礼品给员工的习惯，要送也是"送个毛"。

第三组图：腾讯内部理工宅男为主，企业文化比较简单，直来直去；阿里则是典型的中国式企业文化，内部关系错综复杂。

我一直有个粗暴的对于企业文化的定义："企业文化就是老板的文化。"腾讯和阿里的企业文化差异其实就是马化腾和马云的个人文化的差异。

在大部分中国企业，员工都习惯于仰望、跟随甚至巴结老板，因此，对于老板的言行举止、喜怒哀乐、娱乐爱好等每个细节都会琢磨研究，久而久之，自己就会从各方面来学老板。老板爱穿布鞋，肯定有员工穿布鞋上班；老板爱书法，很多员工就会在朋友圈有意无意秀一下自己的书法作品；老板脾气暴躁，说话习惯爆粗口，员工也会情不自禁地说话不文明；老板习惯了遇到审批障碍用现金开路，员工也会跟着学歪，遇到麻烦不走正路……

企业文化就在这一个个细节中不自觉地让两个企业变得不一样，"润物细无声"是企业文化渗透的最好阐述。

两个企业如果文化有巨大差异，硬要融为一体，就像两个经脉完全不匹配的人硬要身体联在一起修炼武功，其结果肯定悲惨。

中国企业家在并购的文化整合方面常犯的错误有：

1. 不重视文化整合，只重视业务整合

并购整合需要尽快在业绩上见到成效是没有错的，但许多老板把并购整合的重点都放在业务整合赚钱上就有麻烦了。他们会觉得企业文化整合比较"虚"，花很多精力和费用（有时需要聘请专业咨询公司来指导），成效不会立竿见影，因此宁愿先抓业务。

这个想法的错误在于，如果没有双方文化的整合为基础，即使短期狠抓业务见到成效,最后也会得不偿失。随着时间的推移,文化冲突带来的企业内部矛盾会越来越大,迟早会有优秀人才因为接受不了收购方的企业文化以及因此带来的管理风格而愤然离职,那时再重新抓文化整合就晚了!

文化冲突无处不在,甚至一个商标的变动也会引来严重后果。

"新飞"曾是国内电冰箱知名品牌。1994年引入外资,到2005年外资绝对控股,期间冲突不断。2012年,新飞电器标志从老鹰变成了一只色彩斑斓的小鸟(图7-4),这个新标志让很多新飞老员工不愿接受:"从老鹰改成小鸟,哪有越改越小的!"

图7-4　新飞冰箱的新老标志

1998年,AT科尔尼研究了230个新近合并的公司,发现缺乏对文化差异的理解和管理是并购失败的首要原因。

2. 低估中国企业文化整合难度

先说个段子:粟裕将军夫人楚青曾经是有名的望族名媛。上海解放后,粟裕和他夫人在街上走着,粟裕忽然大声说,这家咖啡厅不错。楚青很是惊奇,以为粟裕将军变得很懂情调,问他为什么这么说啊?粟裕说,如果在这个咖啡厅上架几架机枪,就可以封锁整个街道。

这就是典型的文化差异,两个人的出身背景和成长经历完全不同,结婚后在许多细节方面就会有矛盾和冲突。

中国企业的文化差异来自于两个企业不同的所有制、地域、行业、成长阶段、规模以及老板等方面。

（1）所有制文化差异。比如一个民企收购了一个国企，民企老板把赚钱放在第一位，一切以绩效考核为先。而国企干部长期习惯了稳健经营不出事，遇到民企老板的激进盈利指标就会感到压力巨大无所适从。民企老板对员工的年龄、背景、专业、学历等虽然重视，但都没有赚钱的业务能力看得重要，可以让一个高中生担任公司高管；而国企干部习惯了拼资历、学历、人脉，一旦被民企收购，许多干部立刻感到不受尊重。

（2）地域、民族文化差异。中国地域广阔，南北差异、东西差异、沿海与内地差异、民族差异等都会导致企业文化差异很大，若并购双方处于这些差异大的地域或民族时，冲突是避免不了的。

比如上海人很喜欢说，喝咖啡的和吃大蒜的不可能坐在一起做事。

最近三十年，长三角珠三角之所以经济发展比东北好很多，由地域差异导致的企业做事文化差异是重要原因。东北一到冬天就冰天雪地，在极寒天气，人们习惯于窝在家里或即使上班也不愿外出，懒洋洋"窝冬"，因此，南方人的勤劳和东北人的安逸在企业经营上就会形成文化冲突。

（3）行业文化差异。行业不同，也会导致企业文化的巨大差异。比如一个传统保险公司收购了一个做保险互联网的高科技公司，虽然都是围绕保险行业开展业务，但是两个公司的文化差异会非常大。保险公司员工上班都讲究职业正装，而保险互联网公司员工上班着装非常休闲随心所欲；保险公司办公环境庄重严肃中规中矩，而保险互联网公司办公环境则五彩缤纷轻松活泼；保险公司做事等级森严层层汇报，保险互联网公司做事讲究平等效率快速反应；保险公司老板办公室一定是最大的单人间，保险互联网公司老板往往没有单独办公室，和员工坐在一起……

（4）企业成长阶段与规模不同造成的文化差异。一个有30年历史、规模几百亿元的大型企业集团收购一个只有三四年历史规模几千万元的小公司,双方基于成长历史和规模的巨大差异也会导致企业文化会有很大不同。大型企业往往制度严密决策缓慢,小企业做事灵活决策快速;大企业人数众多公司内部"政治斗争"现象普遍,小企业人数少人际关系相对简单;大企业高层往往重在"守成",小企业高层志在"进取"……

(5)老板文化差异。两个老板的个人差异可能是两个企业文化差异的核心所在,必须要认真分析对待,表7-1列出了一些比较典型的老板风格对比,这些不同的风格往往导致企业文化的差异。

表7-1　造成企业文化差异的老板风格

老板甲	老板乙
西装革履	运动休闲装
名片上一堆头衔	名片一个头衔或没有头衔
所有发票自己签字审核	大额发票自己签字审核
喜欢迈巴赫和劳斯莱斯	喜欢路虎和哈雷
喜欢下属叫"主席"	喜欢下属叫"某总"
事事管控,一杆子插到底	充分授权,扁平化管理
处处节省抠门,股权高度集中	慷慨大方,股权分散给员工
晚上去夜总会酒吧	晚上跑步或学习国学
暴躁霸道,粗口不断	谦谦如玉,温文尔雅
决策武断,敢于冒险	专业规划,冷静决策
重用亲朋好友	严格禁止家族成员进入公司
喜欢挑起下属斗争,坐山观虎斗	讨厌公司内斗和公司政治损耗
家中红旗不倒,外面彩旗飘飘	一生只爱一人
遇到麻烦,人民币开路	宁愿吃亏也要合规守法
严禁下属在媒体曝光,只能自己出风头	自己永远躲在幕后,让手下高管出名
股东第一、客户第二、员工第三	客户第一、员工第二、股东第三
和下属以微信方式交流	和下属以散步或吃饭方式交流
提拔员工把忠诚度放在首位	提拔员工以业绩为首要标准
公司出事责任推给下属	公司出事首先承担责任

看了上面这两种老板的对比,大家想象一下,如果老板甲的公司

收购了老板乙的公司,会不会爆发激烈的企业文化冲突?

3. 低估跨境并购文化整合难度

中国企业到国外并购,老板们都知道中外企业文化差异大,对文化冲突有心理准备,但是这种文化差异具体大到什么程度也没有个衡量标准。从我接触过的跨境并购案例来观察,大部分中国老板还是会低估跨境并购的文化整合难度。

首先,低估中日、中韩等亚洲国家企业之间并购发生的文化冲突。

第一章分析过的上汽并购韩国双龙汽车 5 亿美元投资打水漂的悲惨案例,导火线正是中方低估了韩国企业内部"论资排辈"传统的力量。

日系企业的论资排辈和等级森严比起韩国来毫不逊色。中国企业和日本大企业谈并购,一定要做好充分的对方"磨洋工"的思想准备,日方会一层一层地派人来和你谈判,效率比国内低很多。我在2012—2013 年间花了不少精力想推动中日并购,当时发现日本股市有大量市净率不到 1 倍的价值低估公司,因此想推动一些中国企业去日本"抄底",记得当时谈过的项目有做音响的、有做高尔夫球杆的、有做医疗体检的、有做日式温汤的,也去日本出差过几次,但是最终一个项目都没有做成,原因就是交易环节太长,搞到最后我和我的中方客户都没有耐心磨下去了。另外还有个十分重要的原因,就是中日之间近代历史上那场惨绝人寰的大战给双方国民带来的心理创伤和阴影至今仍在,和一些日本企业老板交流时,尽管他很看重我们中国老板口袋里的钱,但交往时又时不时流露出"大日本民族高人一等"的真实心态,我们一旦感觉到对方有这种心态,也会很不舒服甚至生气,在谈判桌上不欢而散。

中国和美国及欧洲国家企业的并购文化冲突更多的是"中西方"文化冲突。

2020 年美国奥斯卡最佳纪录片奖颁给了《美国工厂》,这部片子由美国前总统奥巴马参与投资,开拍于 2015 年,历时四年,讲的是中国汽车玻璃大王福耀集团收购美国工厂的经过,展示了中国企业给美国中西部"铁锈地带"带来的改变和影响,以及不同文化背景下的矛盾与发展、冲突与融合,我看完后推荐给了许多要做中美并购的老板们。

这部片子通过大量真实的细节把中美企业之间的文化差异展现得淋漓尽致。

细节一:美国工厂经过福耀投资重新开工,福耀董事长曹德旺实地考察时突然和美方负责人说要把一个车间门封闭重新换个方向开个门,外方经理傻了,告诉曹老板说这个门刚装好,现在更换需要花很多钱。曹老板霸气地回答说,门的朝向有问题。美方经理永远也不会理解"风水"("FENGSHUI")在中国的重要性。

细节二:美国极为重视工会制度,保障工人的利益。美国几大汽车巨头日趋衰落的重要原因也是美国汽车工业工会力量太庞大,经常和汽车厂老板举行罢工谈判。福耀收购的美国工厂当地政府一直积极推动在这些工厂建立工会,但是遭到曹老板的坚决抵抗,曹总直接放言:"如果硬逼我建立工会,我就把美国工厂关了!"同时,福耀的中方管理层展开了与美国工会的抗争:第一,提高工人薪酬;第二,加强舆论攻势;第三,及时清除厂里的亲工会分子。为此,福耀不惜花费上百万美元聘请美国当地的一家咨询公司来做通工厂内美国工人的思想工作。没过多久,中方就把这次工会的萌芽扼杀在摇篮之中。解决了工会的福耀在第二年就盈利,这给广大美国老牌资本家们上了生动鲜活的一课。纪录片展示了在福耀福建总部工厂中方工人的辛苦加班镜头,其用意不言而喻。

细节三:福耀收购美国工厂后,邀请了美方中高层来总部考察交流。这些美国经理们第一次深入中国制造业工厂,处处感到新鲜。

正逢年底,他们参加了福耀总部的企业新春聚会,看着员工们在舞台上各展才艺、老板员工水乳交融像个大家庭,这些美国经理既震撼也感动,加入到大联欢中。他们偶然在车间外的一个处理废品玻璃的地方看到没有戴护目镜和防护手套的中国女工直接用手来搬运废玻璃,表情顿时极为严肃生气,认为福耀不考虑女员工的安全,这在美国是不可想象的。

细节四:曹德旺董事长和中国许多老板一样诚心信佛,影片里专门有曹总烧香祈福的镜头。曹总也很信命,当他考察美国工厂时,美方经理问他到10月份举办开工典礼时是否要搭个大棚以防下雨,曹总非常自信地回答"不会下雨不用搭这个大棚"。对于中方老板的这种"迷之自信",美方经理需要花时间来慢慢理解和适应。

华人区的企业一般都会让员工勤劳工作,加班是家常便饭,做事反应快速灵活,而欧洲国家企业整体比较懒散,让员工加班几乎不太可能,做事习惯按部就班循规蹈矩。华人企业还有个特点,喜欢捡便宜货。这些特征放到多年前那场全球关注的"明基收购西门子手机"案例中就导致了令人唏嘘的结果。

2005年时,明基已经是世界第一大手机代工厂商,不过明基董事长李焜耀依然希望拥有自己的自主品牌,但单靠明基的力量还不具备可行性。因此,并购一家与之相关的知名的国际品牌就成为明基的首选。

2005年6月8日,明基正式宣布并购西门子手机业务。其中,德国西门子以倒贴的形式——自掏腰包填补5亿欧元债务,并向明基提供2.5亿欧元的现金与服务,同时以5 000万欧元购入明基股份。当时,这曾被外界视为非常划算的一笔交易。明基和西门子在"新婚"之初都表现了强大的上升势头,西门子的深厚底蕴和德国工艺的严谨,使得明基获奖达9项之多,这是并购前明基获得的总奖项的3倍。两家公司也乐观地表示,这次合并是一次"生命的完美互补"。

在并购之后,对目标企业的整合往往考验着企业的执行力。尽管明基已经为接受西门子做好了充分的准备,但事后企业的整合特别是两家企业的文化调和一直没有达到想象中的状态。

首先,西门子的"慢"文化与明基的"快"文化存在着较大的差异,整合难度较大。作为欧洲知名的大型企业,西门子一直以其强健的企业文化著称。而明基作为中国新兴的一个刚几十年历史的企业,在吸收甚至改变西门子文化上显得势单力薄。

另外,整合过程也受到了当地政治、文化和法律的一些影响,这种直接的文化与体制冲突风险加大了整合成本,如对本地劳工强有力的保护体系和各种组织力量的干扰。明基陷入3 000名德国员工的高薪酬水平无法降低以及囿于当地法律限制无法裁员减负的困境就是很好的证明。

直到2006年9月28日,由于陷入不断增加的亏损黑洞及股东方的压力,明基不得不宣布,停止向其德国手机子公司BenQ Mobile注资,这家子公司将会申请破产保护。明基放弃西门子手机也让德国人非常生气,认为明基不守信用不负责任,那段时间德国媒体对明基满是讨伐之声,以致对整个华人区企业都开始心怀不满和警惕。

对于明基与西门子手机业务这个跨国并购案的失败原因,相关分析认为,明基电通放弃明基移动,是不得已而为之。明基电通自称,过去两年中已向明基移动注入了8.4亿欧元资金,而账面亏损也累积达到了6亿欧元。明基电通估算,为了实现2007年下半年扭亏的目标,大约需要再向明基移动投入至少5亿欧元的资金。

后来,李焜耀专门写了一篇文章总结收购西门子的教训:

"回首明基并购的历程,有几点可与台湾企业、全世界的华人企业分享:(1)亚洲的消费型、成长型品牌,要收购融合一个欧洲"汽车文化"式的老品牌,困难超乎想象。一个是快速、弹性、机会型,一个是稳健、规范、完美型,双方的企业体系和社会体系相差太远。(2)买亏损企业,事先的资金准备一定要充足,三倍四倍可能都不够。(3)如果买的是大公司的一部分,进入之前就必须要求对方和母公司彻底切割,独立运作一段时间,千万不能先进去再切割;要换人,最好尽早换。(4)在个人信念和公司风险之间,必须果断作抉择,哪怕个人声誉受损。明基这次收购的失败,一半是先天缺陷,一半是战略失误。"

这段话我看过无数遍,真的是"字字血泪",每次看时都感慨不已。

七、 业务整合陷阱

业务整合包含面非常广,在业务整合中应该注意的风险包括:

1. 草率整合风险

跨界并购时由于两个企业所处行业、性质、背景、成功关键要素等差别很大,在业务上没有交叉性,因此不存在业务整合的需求,收购方最多就是把自己的企业文化和管理体系输入到标的公司(前提是确认自己的企业文化和管理体系明显优于标的公司)。

如果是同行业并购是否就要大刀阔斧地对标的公司进行改造整合呢? 依旧要当心。

收购方需要认真研究标的公司现有经营模式的细节,吃透其业务链之间的内在逻辑,用"沙盘推演"方式来预测把标的公司部分或全部业务链融入到收购方后对两个公司的可能影响。

收购方如果不能吃透标的公司的业务,草率整合就容易出事。戴姆勒奔驰 1998 年以 360 亿美元收购克莱斯勒就是一个典型的例子。

1998 年初春,奔驰总裁施伦普飞往美国,只身走进了克莱斯勒公司总裁伊顿的办公室。据媒体报道,他们俩"一见钟情",两位总裁关于两大汽车合并的问题仅用了 17 分钟就达成共识。施伦普事后曾自豪地谈到,他们甚至连一杯咖啡也没有喝完,就把合并的事情搞定了。在那之后,他们敲定了一桩 360 亿美元的天价合并,这也是商业史上最著名的一次跨文化合并。两大公司总裁曾信誓旦旦地表示,新公司将重塑全球汽车产业格局,并为超大规模的跨国整合提供样本。

当戴姆勒收购克莱斯勒的消息公布后,分析师们开始鼓吹"协同效应"。戴姆勒回应称,整合两家公司将剥离 80 亿美元的"多余"成本。

收购之前的十年,大约从 1988 年到 1998 年,克莱斯勒积极地将其产品模块化,将其汽车组装所需的子系统外包给一级供应商。这大大简化了其设计流程,以至于克莱斯勒可以将设计周期从五年缩短到两年(相比之下,戴姆勒约为六年),并可以戴姆勒所需间接成本的五分之一设计一辆汽车。因此,在此期间,克莱斯勒推出了一系列非常受欢迎的车型,并每年增加近 1 个百分点的市场份额。

但当戴姆勒将克莱斯勒的资源(品牌、经销商、工厂和技术)投入新公司的运营时,收购的真正价值(克莱斯勒的快速流程和精益利润公式)就消失了,克莱斯勒成功的基础也随之消失了。戴姆勒如果能将克莱斯勒的商业模式作为一个独立的实体保留下来,或许结果不会这么差。

2018 年 12 月,《证券市场红周刊》采访了银隆新能源前总裁孙国华,他披露了许多董明珠入主银隆新能源后的整合问题。

格力管理团队进入银隆新能源带来的弊病就是用空调行业的管理模式往汽车行业上套,虽然空调和汽车都是制造业,但两者无论是从前端采购,还是生产理念都是完全不同的,生搬硬套导致银隆出现了很多问题。举例来说,格力电器本身的体量非常庞大,它在采购的时候就站在一个非常主动的位置。对于格力的生产线来说,只要开足马力生产即可,销售不成问题。

但银隆不一样,银隆新能源的订单大部分都是定制化产品。定制化订单就决定了新能源车的生产不是一个常规化的流水线作业。从下订单到生产的环节上,就完全不能以格力的模式照搬照抄。销售环节同样如此。银隆新能源车不是一个民用化产品,公司与政府部门打交道比较多,这也就意味着企业不能太强势,而且还要处处考虑政府的难处,如地方政府财力都比较紧张。所以我们一直采用10年租赁的模式,正好银隆的钛酸锂电池寿命比较长,这种技术模式就决定了走10年租赁是可行的。而且,银隆一直奉行"四方共赢"的商业模式,政府采购零首付,争取在政府、公交、车企、金融机构实现利益平衡。

不过,格力进来以后,基本上就把之前的这种销售模式全部给推翻了。董明珠提出要在不考虑"国补"的基础上,实现30%的净利。我觉得这种要求根本达不到,就算考虑"国补",净利都很难达到30%。另外,董明珠要求签订单的时候,必须要付30%的预付款,交车的时候必须全额付清,这对车企来说真的做不到。在我离开银隆新能源以后发生的事情,我不是很清楚。但我敢拍着胸脯说,这样的要求(30%预付款销售模式)根本实现不了。

这段话信息量很大,充分展现了一个空调行业的全球冠军的董事长涉足新能源汽车新行业时的业务管理模式冲突问题。

2. 采购业务整合陷阱

整合采购业务一般的做法是把双方的采购渠道进行整合,针对共同采购产品联合招标来降低采购成本;共享供应链通道,优化供应商体系;重组采购部门,挖出内部"蛀虫",招聘新鲜血液。

在一个企业内部负责采购的员工不管级别高低都很容易被"腐蚀",因此在整合采购资源时,第一件事就是要把对方过往的采购清单调出来,核实查清采购环节的"干净程度"。

在这个过程中,要小心掌握某些特定关系和采购渠道的核心骨干,他们仗着这些关系在每一笔采购中"揩油"。如果把这些"采购蛀虫"立刻清理干净,可能一些关键原材料零部件的供应就会立刻接不上。因此,一方面要掌握这些"采购蛀虫"的贪腐证据,另一方面要尽快派可靠的人掺入标的公司采购部,想办法逐步接管这些关键原材料或零部件的供应资源。

整合采购业务时,往往会对上游客户的账期进行调整,希望能发挥双方的协同效应增加老客户采购量,同时拉长账期降低公司财务资金成本。

在压缩上游账期的环节也得注意分寸,分清核心供应商和普通供应商,对于核心供应商要拉拢甚至主动压缩账期;对于普通供应商则可以增加竞争紧张感,适当拉长账期。

3. 生产业务整合陷阱

生产业务整合需要考虑的因素包括:对方现有产能是否有扩大空间?对方生产设备是否能满足最新的市场竞争需求?双方有哪些大型生产设备可以共享?现有生产管理团队是否称职?我方生产工艺技术有哪些可以嫁接到对方?对方哪些好的工艺技术可以被我所用?双方能否联合生产工艺创造新产品?能否利用标的公司空置厂房或空地新建我方所需之生产线?双方的仓库物流配送体系能否统一管理?

整合生产业务需要双方生产业务负责人组建联合整合小组,充分沟通讨论后制订切实可行的整合计划。收购方整合团队切忌在没有摸清楚对方生产实际情况的背景下粗暴地进行生产业务整合。

4. 销售整合陷阱

我遇到不少老板,收购企业后首先把整合工作重点放在成本节约上,所以在降低采购成本、裁减重复岗位员工、降低财务成本等方面花很多精力取得一定效果,但是在我看来,并购整合后最先需要关注的还不是成本压缩,而是客户资源的整合。

根据一项国外的调查显示,90%的企业并购中,以创造收入利润为并购核心动因产生的价值比用其他原因进行并购产生的价值要高。增加1%的利润比减少1%的运营支出对标的公司底层员工的影响要高出5倍以上。不幸的是,大部分企业并购中,收购方都把主要精力花在降低运营成本方面。

在研发、采购、生产、销售等环节中,为什么强烈建议先从营销和销售资源开始动手整合呢?

企业的业绩和现金最主要还是靠销售而来,而挽留一个老客户比开发一个新客户要容易得多,因此,并购一个企业后,建议收购方老板或并购总指挥必须第一时间去拜访安抚公司重点核心客户,其余客户也要根据级别和重要性不同安排销售部专人去对接稳定。

最近某企业家找我说遇到麻烦,他们收购的一个军工企业在三年业绩承诺期内以军方保密为由从来不让他们和军方任何一个客户见面,他担心三年对赌完成后,这个军工企业原大股东另起炉灶(找人代持股份)把客户全部带走!我问他:"今年已经第三年了,你前两年干吗去了?为何不想办法接触客户?"这位老板说,前两年没太重视这事,最近才突然想明白这个巨大风险,因此急得不行。

企业并购一个非常大的陷阱就是并购后核心客户流失。

2005年5月1日,联想正式宣布完成对IBM全球个人电脑业务的收购。

联想并购完成后首先遇到的挑战就是以美国为代表的核心政府客户的流失。为了稳固IBM电脑在美国原有的市场品牌和客户,IBM派出了2 000名员工到各个大客户中稳定军心。

2005年2月24日,IBM公司向美国外国投资委员会提出包括禁行、迁址、不提供客户名单在内的三项让步,并邀请包括前国家安全顾问在内的政要出面游说政府部门。

但在三个小时的会谈后，委员会仍然未达成一致。据彭博财经新闻透露，美国外国投资委员会还向 IBM 提出其他一些苛刻条件，如禁止 IBM 研发人员加入联想、增设安全门等，但遭到了 IBM 的拒绝。

最终，联想做出了妥协。2005 年 3 月 11 日，柳传志表示，就收购 IBM 做出让步，将放弃美国政府客户名单，这意味着联想将失去 IBM 在美国 10％的营业额。同一天，美国外国投资委员会全体成员一致批准了交易。

全球许多国家政府原来采购笔记本电脑首选 IBM，现在美国一带头，这些政府客户也压缩甚至取消订单，这使联想收购 IBM 个人 PC 业务后几年内压力巨大。

国外政府客户流失的重要原因是联想的股权结构让他们觉得不安全。当时联想的大股东是中科院下属资产经营公司（现在叫国科控股），控股联想 50％以上，后来转出一部分股份给泛海控股集团，今天国科控股仍然是联想控股单一最大股东，持有 29.05％的股份。（图 7-5）

在企业销售环节一般都或多或少存在虚报促销费、差旅费造假、销售办事处费用失控、私分进场费、广告费回扣、勾结经销商等"跑冒滴漏"的现象。收购方在整合营销和销售资源时肯定会想办法把这些漏洞给堵上。但是在堵漏洞的同时也得注意节奏。

曾经有个朋友收购了一个连锁服装品牌企业，收购后他发现公司有个大区经理把业绩做得很好，但是在发展当地加盟商时会从加盟商那里拿些回扣。我问他怎么不处罚这个大区经理？他说："那个地方在西部地区，有些天高皇帝远的感觉，大区经理在当地人脉非常深、资源很多，贸然拿掉他可能会对当地区域业绩有大的短期冲击。只要他完成了我下达的任务目标，体外他要捞就捞点吧，中国有句古话我一直很喜欢：水至清则无鱼。"

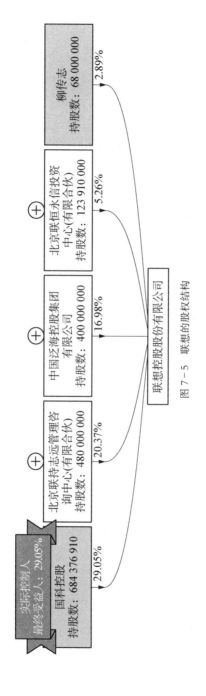

图 7-5 联想的股权结构

中国企业这些年很喜欢收购国外知名消费品牌，山东的如意集团是其中代表。2018 年，如意集团宣布收购瑞士奢侈品牌 Bally 的多数股权（据传 Bally 的标价为 7 亿欧元，到 2020 年 3 月该交易还未完成），这让山东如意在坊间拥有了"中国 LVMH"的名号。这两年，瞄准国内大幅增长的对高端产品的消费能力，山东如意以"买买买"的形式，先后收购了拥有百年历史的日本 RENOWN（运营着 D'URBN、Anya Hindmarch、Simple Life 等在内的 23 个服装品牌）、法国轻奢集团 SMCP（旗下包括 Sandro、Maje、Claudie Pierlot 三大主力轻奢品牌）、英国品牌 Aquascutum（1.17 亿美元买入）、高端男装利邦控股（CERRUTI1881、KENT&CURWEN、GIEVES&HAWKES、Hardy Amies 等男装品牌）等国际奢侈品牌。

2019 年 1 月，如意集团联合基金公司出资 26 亿美元完成对美国综合纤维和聚合物公司英威达（Invista）旗下服装和高级纺织品业务（其中包括全球知名的莱卡"LYCRA"品牌）的收购。

收购国际知名品牌对中国买家的最大风险也是因为股东变更导致消费者对品牌印象的折损从而流失客户。十几年前我特别喜欢英国高档服装品牌 Aquascutum，买过至少四件西装。但自从这个牌子被如意集团收购后，就再没买过其衣服了。

如意集团一路狂买并购的时候，危机也悄然而至。

数据显示，截至 2019 年 6 月末，如意科技总有息债务为 317.75 亿元，其中短期有息债务 149.84 亿元，占总有息债务的 47.16%；同期，如意科技手头现金仅约 90 亿元，非受限现金余额更是只有 42 亿元，无法完全覆盖到期债务。

2019 年 12 月 11 日，国际评级机构穆迪将如意科技的家族评级从 B3 下调至 Caa1，同时，穆迪将由盛茂控股有限公司发行、如意科技担保的高级无抵押票据的评级从 Caa1 下调至 Caa2。展望从评级观察调整为负面。

八、 人员整合陷阱

人员整合是并购整合的关键所在，一切的业务都得靠人来执行。

中国企业家们在并购后的人力资源整合方面存在以下一些问题：

1. 拖延症陷阱

许多老板对并购后的各重要岗位人选迟迟定不下来，公司里最优秀的人才在这时是心理最脆弱，也是猎头或竞争对手最好的挖人时机。

国外并购整合有个著名的"百日整合计划"：最高层管理岗位10天内定下来，核心层30天，中间层90天。可是在中国，根据我的经验，100天太长了，目标公司中高层最好并购后一个月内全部定下来，并及时宣布以安抚人心，千万不能拖延。

2001年，当通用电气金融服务公司（GE Capital）决定收购美国海勒金融公司（Heller Financial）时，就表示要对海勒裁员35％以保证交易切实可行。然而，通用并没有迅速决定哪些员工将被留用。因此，一批精英未等到结果宣布就纷纷跳槽，其中几个甚至在第二年帮助美林证券（Merrill Lynch）设立了中间市场业务部，与通用金融相抗衡。

2. 冰冷粗暴整合陷阱

人心和其他事物不同，需要用心安抚，切忌粗暴用强。

我一直和老板们打个比喻，被收购公司员工的内心就像一块遍布棱角的冰块，这些棱角就是阴暗、恐惧、愤怒等各种负面情绪。如果收购方想把这些棱角去除，千万不能用斧头去削去砍，最好的办法就是温暖这些员工的内心，温度合适了，这些棱角自然就会消散成水。

图 7 - 6 很形象地展现了被并购企业员工内心的情绪转换过程，但后半部分的上扬曲线需要收购方用合适的"春风化雨"的手段来进行整合，如果整合方式过于残酷粗暴，有时会发生非常悲惨的结果。

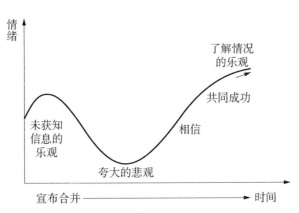

图 7 - 6　被并购企业员工在并购过程中的情绪走势图

2018 年深秋，董明珠和许家印，两位中国顶尖企业家的日子不太好过。

董总投资的银隆汽车和许老板投资的 FF（法拉第未来）汽车先后爆出巨大问题，两个被投企业原实际控制人与董老板及许老板分别发生剧烈冲突并上升到法律诉讼战层面。

董明珠投资银隆后其股份并没有超过原创始人，只是第二大股东。但董明珠从投资开始就俨然以银隆新掌门人形象到处接受媒体采访，批评银隆原有管理模式粗放才导致困境，并派格力系多位骨干进入银隆汽车各部门逐步掌权。

许家印出资 20 亿美元虽然占了 FF 母公司 SMART KING 公司45％股份是单一最大股东，但贾跃亭旗下企业通过特别投票权协议安排控制了 SMART KING 超过 80％的投票权。许老板等不及，迅速安排其副手担任 SMART KING 董事长。2018 年 8 月 14 日，恒大法拉第未来智能汽车(中国)集团在广州恒大中心举行盛大揭牌仪式,公司计划在中国华东、华西、华南、华北和华中地区,建设五大研发生产基地,并宣布十年后年产能计划达到 500 万辆。如此盛事,作为 FF 创始人的贾跃亭和 FF 有关人员竟然没有出现在揭牌仪式上。恒大法拉第未来公司法人代表也是恒大高管彭建军。

董明珠和许家印都不是其收购公司实际控制人但却强势以公司大老板及救星身份对外亮相,这对银隆和 FF 的原老板而言是很屈辱却无奈的事。怨气积累到一定程度就会爆发,只不过我们都没想到爆发得这么快。

十几年前发生在东北的那场民企收购国企惨案至今让我想起来都非常感慨,许多媒体都曾做过报道,下面的内容主要摘自《中国新闻周刊》及其他一些媒体的报道。

2009 年 7 月 22 日下午,吉林省国资委向通化市最大的员工 3 万人的国企通钢集团高层传达了一项决定:著名民营钢铁集团建龙集团向通化钢铁集团增资扩股至 66%。

建龙钢铁在 2005 年已经重组过一次通钢集团,2008 年退出,2009 年再次收购,因此通钢员工对建龙的管理风格非常熟悉。

2005 年底通钢改制重组的时候,建龙集团拥有通钢 36.19% 的股份。2006 年 6 月,建龙集团正式介入通钢的管理,派陈国君任通钢副总经理,事实上“大权在握”。

建龙进入通钢后,首先进行了人员调整,即把原来通钢中不合适的人都给清理走。2006 年 6 月 6 日,33 个处级干部离岗,其中 1/3 是专业干部。同时,新的减员增效计划仍在不断出台,许多年轻的工人继续下岗。出现的岗位缺口,公司则另外雇用临时工来解决。

减员增效实施后,在岗工人也未尝到最后的甜头。建龙来之前,通钢一个炉前工,月工资高的上万元,一般也有个 5 000~6 000 元,连个水泵工也有 3 000~4 000 元。而现在,通钢工人没有拿 3 000 元的,大部分在1 700~1 800元,最少的则只有1 000元左右。

为了防止工人怠工,陈国君在采取新的管理模式后,又制订了很多项严格的规定,加强劳动纪律,动辄加以各种罚款。

2008年6月,因受整体经济形势的影响,钢铁业开始出现危机,通钢亏损严重。结果,建龙于2009年3月宣布撤出通钢。工人们为此鼓乐齐鸣,欢呼胜利。工人们的情绪高涨,生产积极性一度增强,使得通钢在2009年6月盈利4 279万元,7月份盈利约1亿元。

但是在2009年7月22日,突然又有消息称,吉林省国资委与建龙集团达成新的协议,由建龙控股通钢集团。根据新方案:建龙集团以10亿元现金和其持有的通钢矿业公司股权向通钢集团增资控股,持股66%。此次建龙增资扩股,行动迅速,各项手续可谓一路绿灯。工人们无论如何不能接受此事,通钢长期以来积压的劳资矛盾瞬间又被激化。另一方面,建龙再度入主通钢也对部分干部的利益产生了影响。因为这一次建龙来势汹汹,早就培训了一大批干部准备接替通钢的处级、科级干部,甚至连保安都要调换。2009年7月22日,在长春的通钢集团总部由省国资委召集的通钢重组会议上,通钢集团董事长安凤成,集团副总经理鞠忠、胡品、孙玉斌四人拒绝签字,并当场辞职。

7月23日,通钢召开副处级以上干部大会,传达建龙集团控股决议。随后,建龙集团控股的消息在通钢职工和家属中传开。

7月24日早上,职工愤怒的情绪被进一步激化,并演化为大规模的抗议示威。当工人得知由建龙集团委派的新任总经理陈国君在焦化厂时,抗议队伍开始向焦化厂行进。此前,陈国君正在炼钢厂和负责人谈话,焦化厂和炼钢厂是通化钢铁职工最多、矛盾最激烈的两个部门。在这里,陈国君被愤怒的抗议人群反复殴打。

当天下午,吉林省国资委主任李来华再次来到焦化厂,宣布终止建龙集团重组并控股通钢集团的决议。当天晚上11点,陈国君被送至医院时,已经死亡。

这就是中国国企并购历史上非常令人痛心的"通钢事件"。

2010年7月,首钢控股公司正式重组通钢集团,并承诺通钢的人事、制度、工资、福利等三年不变。

国企最终还是回到国企怀抱,尘归尘,土归土。

3. 表态模糊陷阱

公司被收购后,被并购公司各层面员工的心理调节节奏差别很大:高层很早就得到消息并且可能得到买方老板的亲自见面安慰;中层晚些得到消息,有高层领导做靠山的心理调整速度会较快;而最惨的是大部分底层员工,有的是从媒体上才了解公司发生了控股权转移。

在被并购后的几个月内,公司内部会陷入一种奇怪的"模糊"状态。从上到下,大家都小心翼翼,不敢随意发表意见,不敢做超常规的业务活动。

各路消息在这个时候四处流散,员工们会紧盯着收购方派来接管的领导者的一言一行,每个人都在用心解读领导的任何一个细节。

这时,收购方负责整合的管理者必须牢记以下几点:

(1)说任何话必须要言辞达意,表达清楚,切忌说模棱两可的话,比如"我们将尽最大努力保障所有员工的合法利益";

(2)言必行,行必果,切忌整合第一天就说"我们不准备调整核心团队",这样说就没有退路了,后面哪怕裁掉一个管理人员都会让整合领导者的信誉一夜破产;

(3)抓住所有机会和各级员工交流,就他们提出的"谣言"或"传闻"及时予以澄清或共同寻找答案;

(4)举止温和谦虚,学会尊敬对方的各级员工,避免任何让对方感到粗鲁、傲慢、盛气凌人的言行举止。这样员工们自然会主动和收购方人员坦诚交流,减少误解和对立。

第八章　反收购陷阱

企业并购是婚姻，也是一场看不见硝烟的战争。

有攻必有守，知己知彼百战不殆。很多收购方老板对标的公司的种种反收购方法没有基本常识，对并购对方最可能采用的反收购手段不加防范就贸然冲锋上前，等杀到对方阵中才发现已经深陷对方埋好的一个个"陷阱"，再想调头回撤损失就大了！

本章将对企业反收购的主要陷阱做精要分析，让并购方企业家们迅速掌握这个"打仗秘诀"。

一、 董事条款设置陷阱

我几乎每次讲并购课程都要让大家讨论一个案例：

如果甲公司花费10亿元收购了乙公司60％的股份，乙公司有很好的厂房设备，但是现有核心管理层不称职，一直亏损，甲公司必须要把乙公司包括总经理、副总经理、财务总监等核心高管换成自己选派的人才进行管理，乙公司才有可能起死回生。请问，给甲公司一年的时间能否完成乙公司核心管理层的调整？

上课的老板们都陷入深思，好像这个问题问得很奇怪：甲公司都花了10亿元绝对控股乙公司了，不要说一年，一个月内就应该可以把对方管理层给换掉啊！

我说："不要说一年，有些时候给你两年，你都换不了原来的总经理或财务总监。假设乙公司被并购前的公司章程里有这么一句话：公司董事会由9人组成，董事任期三年，三年内每年董事会更换董事人数不得超过两名。在这样的情况下,甲公司要想取得乙公司董事会过半数席位就需要花费三年时间!乙公司管理层是董事会任命的,如果甲公司控制不了乙公司过半数席位董事会,理论上只有等到三年后才能更换乙公司现有无能的管理层!"

一些老板反应很快,说甲公司可以召开临时股东大会修改公司章程,把这个"每年更换董事人数不得超过两名"的条款给删掉。

可是,修改公司章程属于公司最重大事项之一,需要公司股东会三分之二股东表决通过才可以执行,在本案例中,甲公司只持有乙公司 60% 股份,还不到三分之二。

因此,我提醒老板们,以后收购企业不要先急着看对方的财务报表,还有个非常重要的文件,就是想办法把对方最新的公司章程研究一下是否有类似的"董事更换限制条款",这个条款就是企业反收购手段里常见的"驱鲨剂"(shark repellant)条款之一。

企业并购的核心就是五个字:争夺董事会!成为公司第一大股东不代表能控制公司。

在国外成熟资本市场,许多并购基金会盯着一些上市公司做恶意收购,上市公司为了吓退这些资本市场"大鲨鱼",就会在公司章程里设置一些条款,让这些"鲨鱼"知难而退。

中国自从股权分置改革完成后,一些上市公司大股东持股比例降到30%以下甚至更低,在二级市场可能被其他投资人在不触发强制要约收购的情况下夺取控股权,因此,很多上市公司都纷纷在公司章程里设置了各种"驱鲨剂"条款。

和公司董事相关的"驱鲨剂"条款包括:

1. 董事提名权的限制

方大集团公司章程第84条:董事、监事候选人名单以提案的方式提请股东大会表决。董事会应当向股东公告候选董事、监事的简历和基本情况。除职工代表董事以外的非独立董事候选人由上届董事会、单独或合并连续 365 日以上持有公司发行在外有表决权股份总数 5％或以上的股东提出，每一提案中候选人数加上职工代表担任的董事人数不得超过公司章程规定的董事人数。

龙宇燃油公司章程第 82 条：董事会换届或改选董事会时，连续270 日以上单独或合并持有公司 3％以上（包含 3％）10％以下（不包含 10％）的股东只能通过以其名义向股东大会提出提案的方式提名一名董事候选人，连续 270 日以上单独或合并持有公司 10％以上（包含 10％）的股东只能通过以其名义向股东大会提出提案的方式提名不超过董事会人数的三分之一的董事候选人。

2. 董事、高管资格的限制

世联行公司章程第 97 条：在发生公司恶意收购的情况下，为保证公司及股东的整体利益以及公司经营的稳定性，收购方及其一致行动人提名的董事候选人应当具有至少五年以上与公司目前（经营、主营）业务相同的业务管理经验，以及与其履行董事职责相适应的专业能力和知识水平。

福星股份公司章程第 96 条：为保证公司在被收购后的经营稳定性，维护公司及全体股东的长远利益，收购方及其一致行动人提名的董事候选人除应具备与履行董事职责相适应的专业能力和知识水平外，还应当具有至少五年以上与公司主营业务相同的业务管理经验。收购方及其一致行动人提名的董事候选人在股东大会、董事会或职工代表大会审议其受聘议案时，应当亲自出席会议，就其任职资格、专业能力、从业经历、违法违规情况，与公司是否存在利益冲突，与公司控股股东、实际控制人以及其他董事、监事和高级管理人员的关系等情况进行说明。

3. 更换董事的比例

世联行公司章程第 97 条：在发生公司恶意收购的情况下，如该届董事会任期届满的，继任董事会成员中应至少有三分之二以上的原任董事会成员连任;在继任董事会任期未届满的每一年度内的股东大会上改选董事的总数,不得超过本章程所规定董事会组成人数的四分之一。

2015年10月,商赢环球(600146.SH)就在其公司章程中加入了限制董事被更换人数的条款,其章程第98条规定:董事任期届满需要换届时,新的董事人数不超过董事会组成人数的1/3。商赢环球在公告章程修改议案后不久就收到了上交所的问询函,要求说明对章程条款的修改是否符合法律规定,是否涉嫌侵害上市公司股东权利。对此,商赢环球在公告中回复称:为维护全体股东利益,对董事换届时新董事人数进行比例限制,才能保证董事会的稳定;并且当恶意收购发生时,可以有效防止收购方迅速控制董事会从而全面控制公司的情形发生。

4. 职工董事

福星股份公司章程第96条:如发生本章程规定的恶意收购情形,恶意收购发生时的当届董事会任期届满时,继任董事会成员中至少应有三分之二以上的原任董事会成员连任,且继任董事会成员中必须至少有一名公司职工代表担任董事,职工代表董事由在本公司连续工作满五年以上的职工通过职工代表大会民主选举产生后直接进入董事会……

5. 董事长的任免

世联行公司章程第113条:董事长由董事担任,以全体董事的三分之二以上多数选举产生。罢免董事长的程序比照第一款规定执行。违反本条规定而做出的选举、更换、罢免董事长的决议无效。

6. 四分之三表决权

佰利联公司章程第78条:股东大会审议收购方为实施恶意收购而提交的关于《章程》的修改、董事会成员的改选及购买或出售资产、租入或租出资产、赠与资产、关联交易、对外投资（含委托理财等）、对外担保或抵押、提供财务资助、债权或债务重组、签订管理方面的合同（含委托经营、受托经营等）、研究与开发项目的转移、签订许可协议等议案时，应由股东大会以出席会议的股东所持表决权的四分之三以上决议通过。

世联行公司章程第78条：股东大会审议收购方为实施恶意收购而提交的关于购买或出售资产、租入或租出资产、赠与资产、关联交易、对外投资（含委托理财等）、对外担保或抵押、提供财务资助、债权或债务重组、签订管理方面的合同（含委托经营、受托经营等）、研究与开发项目的转移、签订许可协议等议案时，应由股东大会以出席会议的股东所持表决权的四分之三以上决议通过。

7. 禁止董事协助恶意收购方

建研集团公司章程第99条：公司董事负有维护公司经营稳定性的义务。公司董事不得怂恿、协助恶意收购方收购公司股份，或利用职务便利向拟实施或正在实施恶意收购的任何组织或个人提供任何形式的帮助。公司董事违反本项规定的，公司董事会应视情节轻重对负有直接责任的董事给予处分，对负有严重责任的董事提请股东大会予以罢免。

佰利联公司章程第112条：董事应当遵守法律、行政法规、部门规章及规范性文件和本《章程》的有关规定和要求，忠实履行职责，维护公司利益。当其自身利益与公司和股东利益相冲突时，应以公司和股东的最大利益为行为准则，对公司负有下列忠实义务：……（十四）不得为拟实施或正在实施恶意收购公司的任何组织或个人及其关联方及一致行动人和其收购行为提供任何形式的有损公司或股东合法权益的便利或帮助；……

上述这些章程中的"驱鲨剂"条款有的已经违反了中国的相关法律，比如我国《公司法》及《上市公司章程指引》都明确规定，单独或合计持有公司 3％以上股权的股东,有权向公司提出提案以及提名董事候选人,即享有提案权和提名权。除了上面列出的这几家公司外,还有许多上市公司章程里也提高了提名董事所需要的股权比例要求:天坛生物章程第 82 条要求持股 5％以上;凯莱英章程第 96 条及第 136 条明确,享有提名董事、监事权的股东,持股须在 5％以上,提名独立董事的股东,持股须在 10％以上;岳阳兴长章程第 59 条规定,以提案方式提名董事的股东持股在 10％以上;梦洁股份章程第 102 条规定,董事候选人由董事会或占普通股总股份 10％以上的股东单独或联合提出;尔康制药第 83 条规定,提名董事、监事,须持股在 10％以上。

交易所和证监会很反感上市公司章程里设置这些阻碍并购的相关条款,因为一个活跃的并购市场是健康的资本市场的重要组成部分,可以促使市场化资源要素重组优胜劣汰,而这些“驱鲨剂”显然大大降低了上市公司的并购活跃度。

我的看法是,对于股权特别分散的上市公司,大股东为了保证自己的合法利益可以适当设置一些反收购条款,但要符合现有的规章制度。

许多收购方不了解企业仅在董事一个问题上就能设置这么多“陷阱”,听了我的介绍后冷汗直冒,纷纷表示并购一定要请专业人士来把关,否则他们就是看到对方提供的公司章程,也不一定能把里面埋藏的这么多“地雷”给全部找出来。

二、 同股不同权陷阱

同股不同权也称 AB 股制度,在许多高科技公司,经过多轮融资,创始人持股比例往往降低到 20％甚至 10％以下,这时如果不做 AB 股安排,让创始人团队的每股投票权远远高于财务投资人,创始人就极有可能失去对公司的控制。

"同股不同权"是对双层股权架构的通俗说法,采用这类资本架构的公司,股份会分为投票权不同的普通股,通常命名为 A 股和 B 股。

其中 A 股为一股一票,在市面上可以正常流通;B 股则为一股多票的超级投票股(每股投票权通常有 2~20 张),不能随意在二级市场转让,如果转让则要放弃投票特权、先转化为普通投票权股票,它通常为管理团队所持有。需要说明的是,AB 股在分红上的权利是一致的。

该股权架构可以让公司创始人或管理团队以少数股份把握对公司的控制权,实现扩大融资和不丧失控制权的双重目的。

美国市场"同股不同权"制度有很长的历史,实行"同股不同权"的高科技上市公司非常普遍。在美上市的中国互联网企业京东、百度、阿里也都有这方面的安排,如:截至 2018 年 2 月 28 日,京东集团 CEO 刘强东持股 15.5%,拥有 79.5%的投票权。腾讯持有京东集团 18%的股权,拥有 4.4%的投票权。沃尔玛持股 10.1%,拥有 2.5%的投票权。这一制度安排是美国市场吸引他国企业前往上市的因素之一。香港股市此前缺乏这方面的安排,2013 年阿里巴巴就是因这一原因离开第一首选上市地香港,前往纽约。港交所为弥补这个缺憾专门修改了法规,因此,最近两年香港上市了一大批内地互联网企业,阿里巴巴也选择再度到香港挂牌交易。

小米集团的招股书显示,Xiaomi Corp 采用 AB 股架构,A 类股拥有 10 票投票权,B 类拥有 1 票投票权。在 AB 股结构下,雷军的 31.41%股份中有 20.51%的 A 类股,加上其 10.9%的 B 类股,雷军的投票权达到了 55.7%,再加上委托投票的 2.2%,雷军实际拥有公司 57.9%的投票权。林斌的 13.33%中有 11.46%的 A 类股,加上 1.87%的 B 类股,根据 A 类股的投票规则,林斌拥有公司 30%的投票权。这样一来,雷军的创始团队则拥有公司超过87.9%的投票权,可以决定公司重大事项和一般事项。

2019年6月,最高人民法院发布《最高人民法院关于为设立科创板并试点注册制改革提供司法保障的若干意见》,第6条从审判的角度认可科创板上市公司在上市前经股东大会特别决议做出的差异化表决安排,尊重科创板上市公司构建与科创新特点相适应的公司治理结构,在司法的层面上首次肯定了"同股不同权"的公司治理安排。

2020年1月20日,国内云计算企业优刻得科技股份有限公司(UCloud)完成了长达9个多月的上市长跑,正式登陆科创板。

在本次上市中,优刻得创始人持有的A类股表决权是其他股东B类股的5倍,以实现创始人对公司的控制。相比在港股和美股上市的中国公司通常采取的10∶1投票权较低,但仍然是国内二级市场审核机制的跨越性一步。

"允许设置特别表决权,对于整个国内的创业公司来说,是一个非常重大的利好。"优刻得创始人兼CEO季昕华在接受采访时表示。根据招股书,上市之后,季昕华、莫显峰和华琨三人将持有公司23.12%的股份,并获得60.06%的表决权。

收购这类公司要注意,如果收购非创始团队股份,即便获得多数股权,由于AB股制度的存在,收购方仅仅能在分红权上获得多数权益,公司控制权还是在原有创业者手上。

如果收购创始团队股权,创始团队股权一旦转让就丧失了特别投票权,B股自动转A股,则收购创始团队的百分之十几股权不足以控制公司,还得向其他股东收购股权来实现公司控制。

三、"金色降落伞"陷阱

之前多次提到的"金色降落伞"最早产生在美国。"金色"意指补偿丰厚,"降落伞"意指高管可规避公司控制权变动带来的冲击而实现平稳过渡。这种让收购者"大出血"的策略,属于反收购的"驱鲨剂"之一。其原理可扩大适用到经营者各种原因的退职补偿,而这些补偿包括股票期权、奖金、解雇费等。

在美国,一个大型公司 CEO 离职时的"金色降落伞"往往超过 1 亿美元。比如无数中国企业家曾经的偶像、通用电气集团(GE)的前任 CEO 杰克·韦尔奇,他在 2001 年结束了在该集团为期 20 年的职业生涯并获得了 4 亿 1700 万美元的补偿金。

2012 年,摩托罗拉被谷歌收购后,时任摩托罗拉移动 CEO 桑杰·贾卸任,获得离职金总计或高达 6600 万美元。

2013 年 9 月初,诺基亚官方突然宣布微软将以 72 亿美元收购自己的设备与服务部门,其中就包括手机业务。据《华尔街日报》报道,一份由诺基亚提交给监管机构的文件中显示,CEO 埃洛普将在离开诺基亚时获得一笔 1880 万欧元(约合 1.6 亿元人民币)的巨款,其中除了 1460 万欧元(约合 1.21 亿元人民币)的股权奖励之外,还有工资及各种奖金总计 420 万欧元(约合 3500 万元人民币)。

中国的上市公司学得也很快。

金洲管道公司章程第 10 条:当公司被恶意收购后,公司董事、监事、总经理和其他高级管理人员任期未届满前如确需终止或解除职务,则公司须一次性支付其相当于其年薪及福利待遇总和五倍以上的经济补偿,上述董事、监事、总经理和其他高级管理人员已与公司签订劳动合同的,在被解除劳动合同时,公司还应按照《中华人民共和国劳动合同法》规定,另外支付经济补偿金或赔偿金。

宝安股份为了防止恶意收购在 2016 年 6 月做出修改公司章程的约定:当公司被并购接管,在公司董事、监事、总裁和其他高级管理人员任期未届满前如确需终止或解除职务,必须得到本人的认可,且公司须一次性支付相当于其年薪及福利待遇总和十(10)倍以上的经济补偿,上述董事、监事、总裁和其他高级管理人员已与公司签订劳动合同的,在被解除劳动合同时,公司还应按照《中华人民共和国劳动合同法》另外支付经济补偿金或赔偿金。

在中国,"金色降落伞"是否合法也存在争议。

《公司法》第二十条规定:公司股东应当遵守法律、行政法规和公司章程,依法行使股东权利,不得滥用股东权利损害公司或者其他股东的利益;第二十二条规定:公司股东会或者股东大会、董事会的决议内容违反法律、行政法规的无效。

《上市公司收购管理办法》第七条规定:被收购公司的控股股东或者实际控制人不得滥用股东权利损害被收购公司或者其他股东的合法权益。

有人根据上述条款认为,上市公司修改规则或章程会限制股东权利,若不分过错与否,一律要求"公司向原管理层成员支付超额补偿金",会损害股东利益,其他股东可以主张股东大会决议或章程无效。

监管层对此也持谨慎态度,针对宝安股份2016年6月修改公司章程一事,深交所的问询函中也要求公司说明此次修改"是否存在限制股东权利、损害股东基本权益的情形"。

但目前的实际情况是,只要上市公司董事会、独立董事以及股东大会都同意把"金色降落伞"条款加到公司章程中,这个章程就有法律效力,可以执行。

因此,收购方在遇到对方设置"金色降落伞"条款时要十分谨慎。首先,要决定是否留任对方核心高管;其次,即便自己想留任,还要考虑对方愿不愿意留任;最后,若不管对方主动还是被动离职,都必须支付这笔巨额补偿费用,能否承受?

如果判断对方高管基本不留,我建议在谈判并购交易价格时争取把这笔离职补偿费用从交易金额里扣除。

四、"焦土战术"陷阱

什么是"焦土战术"(scorched earth)?

我有个形象的比喻:一个美女被一个她不喜欢但是有权有势黑白两道通吃的男人苦追不舍,被逼得没有办法的时候,就拿起一把刀,在自己脸上划两个大口子,果然一毁容后这个男人就放弃了。因此,这个战术也称"自残大法"。

"焦土战术"常用的方法有:

(1)若收购方看重自己公司账上趴着大量现金,则召开股东大会把绝大部分现金通过分红或股份回购的形式用光,或者用现金收购一块无效的烂资产;

(2)若收购方对自己的某处土地厂房垂涎三尺,则把这处土地厂房卖给自己的关联方或好朋友;

(3)若收购方看重自己主营业务的盈利能力非常强,则在被并购期间有意让公司业绩大幅下滑,吓退买家;

(4)若收购方看重自己资产负债率不到20%,有很大的举债能力,则向各个金融机构借款,让自己负债率飙升;

总之,收购方看重自己什么,就想办法把什么给"毁容"。

我国有关证券方面的法规规定,上市公司在被并购期间不能为所欲为损害公司全体股东利益,一切重大事项需要得到独立董事事先审核,确定没有损害小股东利益后才能操作。

但若收购方收购的是一个非上市公司,标的公司完全可以采用上述几种"毁容"自残的手段来吓退收购方。

因此,给收购方的建议是,尽量不要做恶意收购,和卖方友善谈判沟通,避免对方做出这些"杀人一千自损八百"的两败俱伤的极端行为。

五、 舆论控制陷阱

企业被并购时还有个"杀人不见血"的反并购手段：舆论控制。特别是在外资收购中国知名企业时，经常因舆论反对声音过大而夭折。

我们找了三个代表性案例来分析一下并购中舆论控制不当的巨大风险。

1. 凯雷收购徐工

2005 年 10 月，美国凯雷投资集团经过招标和徐州市政府签署协议，拟以相当于人民币 20.69 亿元的等额美元购买徐工集团所持有的 82.11％徐工机械股权。凯雷收购徐工是大型国有企业改制进程中，第一个外资控股收购案例，西方舆论将徐工完全出让控股权的改制模式，称为国际资本"检验中国政府改革大型国企决心的试金石"。

这一事件激发各界大争论：到底该不该让凯雷收购徐工？

那时还没有微信、微博，网络舆论主战场是新浪博客。当时徐工的主要竞争对手、也是中国民营工程机械龙头三一重工执行总裁向文波就利用博客阵地提出强烈指责："装备制造业是国家战略产业，是建立强大军事工业的基础。"除了指责徐工贱卖，他还质问："难道我们要想靠外国人来为我们的现代化提供装备？"

我曾有幸在三一上市后不久应邀到其总部和管理层交流，那时见到了三一集团的四大金刚"梁唐向易"，为这帮湖南汉子的创业激情和雄心所感染。所以向总在网络上一开炮我就特别关注这件事的进展。

外资并购引发了中国政府的关注。2006 年春天"两会"期间，全国政协委员李德水称，要谨慎对待垄断性跨国并购，防止财富创造出来后，其所有权和支配权却不完全属于当地政府和人民。

经济学家张军 2006 年 6 月向《东方早报》记者表示，他不同意李德水提出的国家经济安全论。张军认为，经济安全不能滥用，我国在经济改革进入 20 世纪 90 年代以后，对"左"的观点一定要当心，中国经济目前还很脆弱，中国现在不是外资多的问题。张军表示，他对于凯雷收购徐工的背景细节并不清楚，"但这肯定跟安全扯不上边，目前国内贸易保护主义在抬头，一些西方国家提出中国崛起是个不安全因素，我们就要告诉他们中国崛起后也不会改变规则，如果崛起后就改变规则，会引发外资的恐慌。"

而商务部研究院专家梅新育则称，凯雷并购徐工跟贸易保护主义没什么关系，而是外资目前享受超国民待遇，引发了国人对超国民待遇的反弹。

这件事炒到后来，反对的声音铺天盖地占据主流，凯雷投资当时为扭转局面还动用其强大的全球政要顾问资源（凯雷号称"总统俱乐部"，许多国家总统退位后都选择给凯雷打工或做顾问），把当时因指挥攻打伊拉克而红遍全球的退位不久的前国务卿鲍威尔先生请到中国来斡旋。

我一直记得 2006 年那个炎热夏天的晚上，我西装革履到上海波特曼酒店参加凯雷举办的一个小范围神秘酒会，全上海市请了不到 100 位客人。我到会场才知道是专门为鲍威尔先生举办的迎接酒会，和他聊了几句，非常平易近人。当时我很想问他关于徐工事件的看法，但话到嘴边还是没有说出口，因为这么敏感的问题肯定不合适当面问。

或许深知"强扭的瓜不甜"，凯雷集团最终放弃了收购徐工。如果当时凯雷不是一步到位控股徐工（后来凯雷修改收购方案，把控股比例降到 50%，但还是遭到各方反对），先参股投资的话估计就不会有这么大的反对声音。

在并购徐工的同时，凯雷做了另一个投资金额比徐工还大的交易,因为参股就没有多少舆论关注和反对,没想到这笔不声不响的投资让凯雷发了大财。

2005 年 12 月,凯雷和其战略投资伙伴保德信金融集团在注资 4.1 亿美元(折合 33 亿元人民币)后拥有 24.975% 的太保寿险股份。此项协议已于 2005 年 10 月 26 日获得太保集团股东大会通过,并获得中国保监会批准。这笔投资在 6 年后让凯雷大赚了 6 倍。

2. 可口可乐收购汇源果汁

2020 年情人节那天,香港上市公司汇源果汁发布的公告显示,香港联交所上市委员会已经做出取消其上市地位的决定。此前两天,2 月 12 日,汇源果汁发布公告称,朱新礼父女退出汇源果汁董事会:"自 2018 年 4 月 3 日起,汇源果汁的证券交易买卖已经彻底停止,同时无法于 2020 年 1 月 31 日前履行复牌条件。如果汇源果汁决定不提交复核,其股份的上市地位将在 3 月 2 日上午 9 时被取消。"

汇源果汁董事长朱新礼于 1992 年创办山东淄博汇源食品饮料有限公司,此后迅速打开海外市场。汇源活跃在电视广告中,成了家喻户晓的畅销品牌。

2007 年 2 月,汇源果汁在香港联交所主板上市。2008 年可口可乐收购汇源的失败,成为汇源发展的分界线,不仅使汇源股价大跌,更使其整个产业布局被全盘推翻。

2009—2016 年,汇源连年亏损,且负债总额逐年增加。截至 2017 年底,汇源果汁负债总额高达 114.02 亿元,近年来得以维持依赖于政府补贴与出售资产。

我们来复盘一下可口可乐收购汇源失败的过程及原因。

2008 年 9 月 3 日,可口可乐公司宣布,计划以 24 亿美元(179 亿港币)收购在香港上市的汇源公司。汇源果汁停牌前最后一个交易日 9 月 1 日的股价为 4.14 港元,可口可乐的收购价格相当于收购公告发布前一天"中国汇源果汁"市值的 3 倍,为其上市发行价的 2 倍。如果此项交易能够成功,汇源集团将获得其中近 80 亿元港币。

记得当时我看到这个新闻时非常激动,为汇源果汁老板朱新礼大声叫好,因为罕有中国企业能让国际巨头乖乖服输并且以如此高的价格下"聘礼"来求婚。一般做全面要约收购,按照市价溢价 50% 就已经很有胜算了,没想到可口可乐给出的价格比市价溢价了 200%!汇源真是为中国民族企业争了口气。

但没想到的是,这个消息出来后又引发了一场比凯雷收购徐工案例还要广泛的全民大争论,因为汇源果汁是大众消费品,影响比徐工大许多。

2008 年 9 月 4 日,一项关于"可口可乐收购汇源果汁"的调查显示,在参与投票的四万余人中,持不赞同意见的比例高达 82.3%。当时特别让我生气的是,国内一些知名学者也跳出来反对,最重要的反对理由竟然是"可能危害国家安全"。到今天我都想不明白,一个中国果汁龙头企业被外资收购怎么就能上升到"危害国家安全"层面,难道担心"外国人放毒"?!

还有一些中国企业家高喊:"为什么汇源要卖给外资、不能卖给中国企业?我们中国这些民营企业可以凑钱来收购汇源果汁!为什么不给我们这个机会?"

这种外资阴谋论是非常抓眼球的,迅速引发全民跟进批判可口可乐。

2008 年 12 月 4 日,商务部首次公开表态,已对可口可乐并购汇源申请进行立案受理。

2009 年 3 月 5 日,汇源董事长朱新礼表示,可口可乐董事会内部反对并购汇源的声音越来越多。但随后,香港上市的汇源果汁连夜发布澄清公告。

3 月 10 日,商务部部长陈德铭表示,商务部正在根据《反垄断法》

依法审核可口可乐收购汇源案,不会受任何外部因素的影响。

3月18日,商务部正式宣布,根据中国《反垄断法》,禁止可口可乐收购汇源。

商务部否决这个交易自然有很多根据,但我一直坚信当时的舆论一边倒才是这个交易泡汤最重要的原因。

我不知道朱老板在得知最终结果时的心情,但是我当时的反应就是仰身长叹、悲愤交集!悲的是朱老板一生最闪耀的机会被舆论扼杀,愤的是那些曾经高喊要收购汇源果汁的民营企业家们也全部销声匿影。

2019年底,市场传来汇源果汁濒临破产的消息,一代"果汁大王"沦落至此,让人扼腕叹息。

3. 宝能收购万科

这一事件的经过前面已经介绍过,这里想分析的是万科在此期间如何有意无意地利用社会舆论来反击宝能集团。

首先是万科董事长王石先生的言论。

2015年12月17日晚间,王石内部会议发言开始流传,称不欢迎"宝能系"成为万科第一大股东,同时称"宝能系"信誉不够、在资本市场赌博等,并称要为万科的信用、为万科这个品牌而战,为中小股东而战。12月21日,王石在其微博转载《万科被野蛮入侵背后的真相,一场大规模洗钱的犯罪》,并评论称"下星期一见",不过该微博随后被删除。要知道,若按知名度排序,在中国老百姓心中最出名的企业家,王石肯定能排到前10名,粉丝极多。因此,王石的表态直接昭告天下:这就是一场恶意收购,我们不欢迎你。

其次是万科的独立董事们发言造势。

我先后担任过9家中国上市公司的独立董事,在那个阶段实在看不下去万科几位独立董事的"表演"。2016年7月,在我的微信公众号"外滩并购工坊"发表了一篇引起不小反响的文章《一个独董老兵对万科独董问题的追问》。下面摘录部分内容：

　　为何万科董事会对独董华生不当言论没有做出任何反应？

　　在万科股权大战中，万科独董华生以《我为什么不支持大股东意见》为标题在媒体上连发三文。在文章中，华生透露了外界所不了解的一些细节，包括万科与华润的沟通问题，并质疑华润与宝能或存在关联关系，华润反对万科引入深圳地铁是想重新当回第一大股东等。

　　华生教授在文章一开始就为自己披露董事会内情找到了光明正大的理由："我借《上海证券报》这一指定信息披露媒体尽可能就我作为一名万科独立董事所知晓的情况，对我作为独立董事的投票立场和理由作一个说明，希望有助于推动上市公司信息披露的公开化，促进上市公司治理结构的进步，进一步厘清独立董事的职责和作用，并对那些关心万科收购这一中国证券市场经典案例的教学研究人员也有所助益。"

　　上市公司董事会上各方发言意见要点都会被记录在董事会会议记录里，董事们签字后还要妥善保管 10 年以上。从我近 10 年参加上市公司董事会的经验，董事们在讨论议题时都采用比较开放发散的方式即兴发言、讨论甚至争论，不管争论得如何激烈，最终表决后形成董事会决议，由董秘根据有关规定决定这次董事会决议是否对公众进行披露。在董事会以外，任何董事都负有保密义务。比如万科公司章程第 123 条也规定，董事"不得擅自披露公司秘密"。

　　华生教授认为，他在董事会上和华润、万科管理层之间沟通的细节应该阳光化、透明化，这样才有利于保护中小投资者的利益。

　　我们不妨摘一段华生教授的回忆分析一下："华润方面回应，关于谁当第一大股东问题，这两天华润与深圳市已达成一致，同意恢复华润的第一大股东地位。但具体实现的环节比较复杂，华润主张现在不搞股权重组，可以用现金购买资产，待此完成后，再考虑择机向华润和深圳地铁定向增发比如10％的股票。"这段华润方面董事的发言内容信息量非常大,问题在于,这些董事会上的即兴发言并不一定代表各股东方面的真实想法,有些仅仅是面上敷衍回答一下,有些则是有意误导对手。万科股权之争正在半途,华润方面董事的这些回应真的代表了华润的真实意图吗?

总之,这些董事们讨论时的发言可以记录在案,但不适合全部披露给公众,否则一定有误导中小投资者的风险。如果股民看了华生教授的这段话并做出买进或卖出万科股票的决定,华生教授能对其投资损失负责吗?

为防止上市公司信息多头披露的混乱局面,中国证监会2016年最新修改的《上市公司信息披露管理办法》明确规定上市公司信息披露的具体路径,比如第45条:"董事会秘书负责组织和协调公司信息披露事务,汇集上市公司应予披露的信息并报告董事会,持续关注媒体对公司的报道并主动求证报道的真实情况。董事会秘书负责办理上市公司信息对外公布等相关事宜。除监事会公告外,上市公司披露的信息应当以董事会公告的形式发布。董事、监事、高级管理人员非经董事会书面授权,不得对外发布上市公司未披露信息。"

根据这个规定,华生教授是没有权利披露董事会上的许多讨论细节的。即使他想要披露也应该向董事会提出申请公开董事会会议纪要,董事会书面授权后,由董事会秘书以董事会公告的形式刊登在证监会指定媒体上。

根据万科章程,"监事应当对公司董事、高级管理人员履行信息披露职责的行为进行监督;关注公司信息披露情况,发现信息披露存在违法违规问题的,应当进行调查并提出处理建议。"

华生教授在《上海证券报》发表第一篇文章当天,万科的监事应该及时进行调查并提出处理建议来阻止后续文章的陆续刊发。公司负责信息披露的董事会秘书也应该及时向董事长汇报此事并及时处理。

华生教授洋洋洒洒上中下三大篇文章出台，万科方面没有对此表达任何异议和做出有关处理，或许正是这种态度鼓励华生教授继续帮助万科团队摇旗呐喊。华生教授在2016年7月6日又出长篇《大股东就是上市公司的主人吗?》，主要内容就是万科团队如何优秀，国企华润如何腐败，宝能地产如何糟糕……万科独董发表的这些偏向性如此之强的言论又不知会误导多少人做出错误的投资决定，可惜万科董事会和监事方面仍然没有任何针对性措施。

除了华生之外，在宝万之争打得如火如荼之际，刘姝威也卷进了这场旷日持久的战争。中央财经大学刘姝威教授作为会计专家以揭露蓝田股份造假事件闻名于世，在业内和民间影响巨大。她质疑宝能收购万科资金来源，在微博上连续发表《刘姝威：钜盛华一年内负债增20倍　宝能举牌合规性存疑》《刘姝威：宝能举牌万科　监管不清晰将酿成大祸》等文，力挺万科管理层。

2017年6月，万科董事会换届，65岁的刘姝威当选万科独立董事。据AI财经社报道，刘姝威对万科充分肯定，表示十几年来万科的报告是她要求学生必读的范文，但紧接着，她难掩对宝能系的反感："'万宝事件'具有示范作用。我们注意到，在宝能成为了万科第一大股东之后，它马上把目标对准了格力；如果我们对宝能的行为不制止的话，损害的不止是万科一家公司的利益，而是全体上市公司的利益，这是我们大家都绝不允许的!"

2018年1月，刘姝威致信时任证监会主席刘士余，表示"宝能系"旗下的钜盛华通过9个资管计划合计持有万科10.34%股权，其中7个资管计划已于2017年末到期，加之上述资管计划中钜盛华均动用了两倍杠杆，不符合相关规定，因而请求监管部门命令钜盛华将已经到期的7个资管计划(持股比例6.9%)立即清盘，不得续期。

宝能系发出《澄清公告》回应称,已经签署了《补充协议》,延长了资管计划清算期,相关行为符合现行法律法规及相关规定。刘姝威则继续公开发文,连发五问质疑宝能系发出的《澄清公告》。

这封公开信让万科市值蒸发约 244 亿元,但万科高层却对刘姝威十分宽容,甚至还在股东大会上批准了董事监事加薪方案,将包括刘姝威在内的四位独董的年薪从原来的税前 30 万元提高到 60 万元。

我对刘教授曾一直心怀敬意,但她在万科事件中的表现让我感到一些悲哀。

最后,真正压倒宝能的那一根舆论"稻草"可能是格力电器董明珠的一番惊人之语。

2016 年 11 月格力电器公告显示,11 月 17—28 日,宝能集团旗下前海人寿大量购入公司股票,持股比例由 2016 年三季度末的 0.99% 上升至 4.13%,持股排名则由第六大股东上升至第三大股东!以最新价格计算,前海人寿这部分股份最新市值高达 71.45 亿元。

由于格力电器股权分散,董总对宝能的这一投资非常生气。12 月 3 日上午,董明珠接受记者采访时表示,格力不会对举牌进行应对,"如果成为中国制造的破坏者,他们会成为罪人。"

董总估计怎么也不会想到,她为自己公司控股权安全性所说的一段话成了王石最大的"神助攻"。

2016 年 12 月 3 日,在中国证券投资基金业协会第二届第一次会员代表大会上,时任证监会主席刘士余发表了一番关于"土豪""妖精""害人精"的著名讲话,让四座皆惊。

后面发生的事大家都知道了……

六、"毒丸"陷阱

"毒丸"计划（Poison pill）是美国著名的并购律师马丁·利普顿（Martin Lipton）1982年发明的，正式名称为"股权摊薄反收购措施"。当一个公司一旦遇到恶意收购，尤其是当收购方占有的股份已经达到10%～20%的时候，公司为了保住自己的控股权，就会大量低价增发新股，目的就是让收购方手中的股票占比下降，也就是摊薄股权，同时也增大了收购成本，目的就是让收购方无法达到控股的目标。

举个简单的例子就知道"毒丸"的威力了。

假设乙公司股本1亿股，甲公司恶意收购乙公司，从二级市场按照均价10元的价格收购乙公司股票比例达到10%，引发乙公司实施"毒丸"计划：乙公司向剩余9000万股的股东发放一个低价配股权，每股股份可以按照每股1元价格配发10股新股。这样，乙公司9000万股股份可以配9亿股新股，总股本从1亿股扩张到10亿股，甲公司原来收购的1000万股持股比例瞬间从10%暴跌到1%，而且甲公司的成本为每股10元，新增加的9亿股每股成本只有1元！

这一反收购措施，于1985年在美国特拉华法院被判决合法化。"毒丸"诞生以来，在美国资本市场极受追捧，美国有上千家上市公司都有类似安排。

2004年11月，自由传媒集团与美林公司签订了一项股票收购协议，自由传媒集团有权在2005年4月从美林手中收购新闻集团大约8%有投票权的股票，这一计划将使自由传媒集团所持有的新闻集团具有投票权的股权比例增至17%，仅次于默多克的19.5%。传媒大亨默多克绝对不允许他计划传位给儿子的新闻集团的控制权受到任何侵犯，随即发布一项反收购股东权益计划：当有人收购公司的股份超过15%，或者持股数已超过15%的股东增持1%的股份时，公司现有的每一位股东将有权以半价购买公司的股票,购买量是其已持有股份的一半。这一毒丸一旦被激活,自由传媒集团如果想收购新闻集团更多的股份,将需额外付出数倍的代价。新闻集团发布这一消息后,自由传媒集团的老板马龙马上顺水推舟卖一个人情,不再继续增持新闻集团的股份,维持第二大股东的地位。

2019 年 11 月初,全球打印机巨头施乐向 IT 巨头惠普发出收购要约,欲通过蛇吞象式的交易收购惠普,因为惠普当时的市值约为280 亿美元,而施乐市值为 84 亿美元。施乐预计与惠普合并每年能够节约至少 20 亿美元支出。不过为完成收购惠普的交易,施乐方面可能需要举债至少 200 亿美元。惠普随后两次拒绝了施乐的收购要约,称施乐的报价“大大低估了惠普的价值,不符合股东的最佳利益”。惠普董事会还质疑“过高的债务水平对合并后公司股票的潜在影响”,如果施乐实施其融资计划,可能会产生不利结果。惠普董事会表示愿意探索合并,但认为 335 亿美元的收购价格低估了该公司的价值。

施乐在 2020 年 2 月 10 日宣布,将收购惠普的报价提高至每股24 美元,共约合 340 亿美元。2 月 21 日,惠普董事会针锋相对地在声明中表示,它已经通过了一项股东权利计划(“毒丸”),并宣布对惠普每股已发行普通股分配一股优先股购买权,这也就意味着惠普的流通股数量可能扩大,增加了收购惠普的难度。惠普董事长奇普·伯夫(Chip Bergh)在声明中称:“正如我们此前所说,我们非常担心施乐激进而仓促的策略,任何不基于充分信息的程序都是对我们股东的威胁。”惠普在文件中表示,这项股东权利计划“是对任何未经董事会批准而收购惠普 20% 或更多流通普通股的个人或团体的重要惩罚”。

中国也曾有上市公司尝试设置“毒丸”计划,但基本没有成功案例,因为和美国股市相比,中国股市对新股发行有独特的“强监管”环境。中国上市公司所有新股发行都需要得到中国证监会核准,不确定性很大。

更重要的是,这类旨在阻碍市场化并购的行为是监管机构所不愿看到的。

如2018年《公司法》第126条规定:股份的发行,实行公平、公正的原则,同种类的每一股份应当具有同等权利。同次发行的同种类股票,每股的发行条件和价格应当相同;任何单位或者个人所认购的股份,每股应当支付相同价额。

2014年《上市公司收购管理办法》第33条:收购人做出提示性公告后至要约收购完成前,被收购公司除继续从事正常的经营活动或者执行股东大会已经做出的决议外,未经股东大会批准,被收购公司董事会不得通过处置公司资产、对外投资、调整公司主要业务、担保、贷款等方式,对公司的资产、负债、权益或者经营成果造成重大影响。

所以,中国企业家们在收购境内上市公司时,目前还不用太担心遇到"毒丸"陷阱,但要收购国外特别是美国上市公司,必须仔细研究对方是否有"毒丸"安排,因为美国上市公司"毒丸"计划非常普及。

七、"白衣骑士"陷阱

"白衣骑士"(White Knight)是一个很有意思的反收购手段。

假设一个美女被一个恶魔一般的男人穷追不舍,即使这个美女威胁用刀子毁容自残(焦土战术),可这个恶魔还是要娶她。在这种情况下,美女被逼要嫁人不如选择一个自己喜欢的人,于是美女找到一位容貌英俊武艺高强的大侠并向其求援,大侠骑着一匹白马赶过来杀死恶魔并抱得美人归。

上面段子里的大侠就是我们在并购中常提到的"白衣骑士"。

宝能收购万科,当双方僵持不下谁也不会轻易放弃时,万科主动寻求引进深圳地铁集团来取代华润集团成为自己新的大股东。深圳地铁集团非常完美地扮演了"白衣骑士"的角色,因为它代表的是深圳市政府,总部在深圳靠深圳起家的宝能集团只能含怨而退。

最近中国民营企业继峰集团成功扮演"白衣骑士"收购德国格拉默(Grammer)公司的案例非常有意思。

格拉默集团成立于1880年,总部位于德国安贝格,是全球知名的乘用车头枕扶手供应商和商用车减震座椅龙头。格拉默集团的股票于1996年在德国SDAX上市,并通过电子交易系统Xetra在法兰克福和慕尼黑证券交易所交易。2017年销售额接近18亿欧元。

宁波继峰汽车零部件股份有限公司(603997)成立于2003年,是国内知名的乘用车座椅系统零部件制造商。公司主营业务为乘用车座椅头枕及扶手的研发、生产与销售,主营产品包括乘用车座椅头枕、头枕支杆、座椅扶手。继峰股份于2015年3月2日在上海证券交易所上市。

2016年,Hastor家族通过旗下两家子公司开始在二级市场增持格拉默股份。截至当年年末,Hastor家族合计持有的格拉默股份达到了20.22%。增持股份的同时,Hastor家族发起了对格拉默的声讨,认为管理层未能尽责,导致其收入增加,利润却有所下降,要求改变董事会和监事会构成,寻求对格拉默的敌意收购,但遭到了格拉默管理层的集体抵制。

2017年2月,格拉默与继峰股份达成战略伙伴关系,继峰股份实际控制人通过其间接控制的子公司认购了格拉默发行的6 000万欧元强制性可转换债券。此后,又通过二级市场不断增持格拉默的股份,并帮助格拉默有效稳定了其股东结构。截至2017年10月,其已持有格拉默共计25.56%的股份,成为第一大股东。2018年5月29日,格拉默发布公告,与继峰股份子公司继烨投资的德国SPV签订了业务整合协议。6月25日,继烨投资的德国SPV正式发布要约公告收购格拉默的股份，要约收购价为 60 欧元/股。在正式要约期以及德国法律要求的两周额外要约期结束后，2018 年 9 月 6 日要约成功交割，继烨投资目前已成功持有格拉默共计 84.23％的股权，实现对格拉默的绝对控制权。

如果收购方在收购标的公司时遇到对方拉来一位"白衣骑士"，一定不能麻痹大意，应对这位"白衣骑士"要注意两点：

（1）不要意气用事把收购价格哄抬到不理性的程度。对方找来白衣骑士既是威慑也是一种谈判技巧，希望借此把收购价格炒高。因此，收购方一定要冷静分析当前出价的合理性。

（2）不要轻易得罪"白衣骑士"。有些买家见到"白衣骑士"冲过来，顿时火冒三丈，直接冲过去和其开打，堵死谈判之路。其实，聪明的买家应该尽力想办法也和这位"白衣骑士"建立良好合作关系，探讨三方联合重组的可能性，或找到"白衣骑士"的诉求让其主动撤出战局。

另外也提醒中国老板，不要轻易去当别人的"白衣骑士"，尝试火中取栗或"趁火打劫"。

中国现在最有名的"白衣骑士"无疑是融创集团董事长孙宏斌先生，孙老板到处行侠仗义去救火，有赚有赔，干的都是至少上百亿元的大买卖。问题是孙老板有钱，经得起折腾。

财力一般的老板还是谨慎点好。毕竟并购是个需要精心战略谋划后才能发力推进的大事，哪有"美女"一求救就骑马赶过去"抢亲"的道理。

只要你做企业，这一生大概率会遇到你收购别人或别人收购你的时机，这次机会把握得好，或许就能改变企业和你个人的命运。因此，对并购过程中各种可能的风险、陷阱等要有深入的理解，才不至于未来发生并购悲剧。

最后用我特别喜欢的一句话来为本书收尾：

心有猛虎，细嗅蔷薇。

后　记

2020 年注定是人类百年来值得纪念的一年。

到今天，中国的新冠肺炎已经基本控制并稳定，而病毒在全球的扩散正在加速进行，全球陷入大恐慌，美国道琼斯指数在 10 天内四次"熔断"，各国纷纷封锁边境……在全球一体化的今天，谁也不能独善其身，我们正在经历一个历史性的时刻。

2020 年 1 月，我和上海三联书店的匡志宏女士聊天时，提到想把近 20 年并购投资中的一些经验教训以及教学和研究心得写本新书，她立即予以大力鼓励并提出一些很好的建议。

本来计划大年初三去埃及旅游，没想到疫情发展如此迅猛，大年初二晚上接到航空公司通知航班取消。

疫情最厉害的时候，每天看着不断上涨的触目惊心的确诊和死亡数字，恐惧、烦躁、郁闷。

古人云，"每逢大事有静气"，于是在 2 月的第一天上午，写下本书第一行字。

那一刻，心如止水；那一刻，思如泉涌。

整个创作过程非常顺利，平均每天写五六千字。因为许多案例及问题都是我平时研究及讲课时深度剖析过的，所以创作时常常数千字一气呵成。

阳光灿烂的日子，不能外出，习惯在阳台上沏一壶香茶，坐在摇椅上，用笔记本电脑写作。眼睛累时就看看窗外外滩一带空荡荡的寂静街景，或者用一管竹箫活动下手指并锻炼心肺。

几个月后，上海重新恢复车水马龙、灯红酒绿时，该会怀念曾有这样的一段被迫慢下来和自己安静相处的日子。

书中提到许多我亲身经历的案例,为了保护客户机密,都对这些案例做了必要的"脱敏处理",我的客户们大可放心。

书中提到的企业名称的案例都是来自公开出版物、媒体报道或上市公司公告内容,若无意中得罪了哪些企业家朋友,在此先道个歉。

书中涉及的各类统计数据、图表等,都尽可能标明来源,若有遗漏,先向数据图表提供方道个歉,留待再版时补上。

感谢恩师陈琦伟教授给弟子的这本新书写了精短深刻的推荐序。

感谢夏大慰、方洪波、卫哲、于刚、孙坚、刘晓丹、吴志祥、秦朔、吴晓波、方毅等各位大咖好友,接到我的微信邀请后都第一时间爽快答应给我写推荐语。

感谢这些年听过我并购课程的数万名企业家朋友,是你们的积极鼓励才让我有勇气把课堂上的精彩互动交流变成文字传播到更广阔的世界。

感谢太太的一路支持,才让我能在自己喜欢的天地自由翱翔。

一切皆缘。

俞铁成

2020 年 3 月 19 日于上海

图书在版编目(CIP)数据

并购陷阱/俞铁成著.—上海：上海三联书店,2020.7(2024.11重印)
ISBN 978-7-5426-7040-3

Ⅰ.①并…　Ⅱ.①俞…　Ⅲ.①企业兼并－基本知识－中国
Ⅳ.①F279.21

中国版本图书馆 CIP 数据核字(2020)第 073968 号

并购陷阱

著　　者 / 俞铁成

特约编辑 / 舒　宝
责任编辑 / 李　英
装帧设计 / 尚世视觉
监　　制 / 姚　军
责任校对 / 张大伟　王凌霄

出版发行 / 上海三联书店
　　　　　(200041)中国上海市静安区威海路 755 号 30 楼
邮　　箱 / sdxsanlian@sina.com
联系电话 / 编辑部：021-22895517
　　　　　发行部：021-22895559
印　　刷 / 上海盛通时代印刷有限公司

版　　次 / 2020 年 7 月第 1 版
印　　次 / 2024 年 11 月第 6 次印刷
开　　本 / 655mm×960mm　1/16
字　　数 / 300 千字
印　　张 / 23.5
书　　号 / ISBN 978-7-5426-7040-3/F·804
定　　价 / 88.00 元

敬启读者,如发现本书有印装质量问题,请与印刷厂联系 021-37910000